KB119022

집중력 설계자들

집중력 설계자들

몰입의 고수들이 전하는
방해받지 않는 마음, 흔들리지 않는 태도

제이미 크라이너
Jamie Kreiner

박미경 옮김

위즈덤하우스

| **일러두기** |

· 외래어 인명과 지명은 국립국어원 표준국어대사전의 외래어 표기법 및 용례를 따랐다. 단 표기가 불분명한 일부는 실제 발음을 따라 썼다.
· 라틴어, 그리스어 등 현대 영어를 제외한 언어를 병기할 때는 기울임체로 표기했다.
· 원서에서 기울임체로 강조한 단어는 고딕체로 표기했다.

• 머리말 •

5년, 10년, 또는 50년 전보다 요즘 들어 더 산만해졌다고 느끼는가? 대부분의 사람이 확실히 그렇게 느낀다. 2012년 이 문제를 놓고 설문에 응했던 사람들은 스트레스와 인생의 큰 변화, 수면 부족과 휴대전화를 주된 이유로 꼽았다. 2019년 데이터과학자와 물리학자로 구성된 한 연구팀은 갈수록 쇄도하는 정보 때문에 산만함이 집단적 차원에서 증가한다고 주장했다. 다른 관찰자들은 미디어 기술의 급속한 발달, 노동과 시간의 자본화, 광범위한 연결로 산만함이 점점 더 문제가 된다고 설명한다. 이러한 비판은 19세기부터 이어져왔다. 그리고 2022년 저널리스트 요한 하리Johann Hari가 《도둑맞은 집중력》을 펴내며 고질적 산만함을 유발하는 요인으로 열두 가지를 꼽았다. 그 가운데 감시자본주의surveillance capitalism와 ADHD 약물에 대한 과잉 의존은 비교적 최근에 등장했다.[1]

산만함이 점점 심해진다는 느낌은 불길함을 담고 있다. 여러 전문가는 주의가 산만해지면 비생산성 증가, 지루함 만성화, 수면 부족, 성적 하락, 인간관계 약화, 교통사고 증가, 개인적 성취감

하락, 시민적 연대 상실 등 심각한 결과가 초래된다고 경고한다. 중장비와 멀찍이 떨어져 있더라도 산만한 상태에선 여전히 끔찍한 일이 벌어질 수 있다.[2] 한편 요즘처럼 뭐든 빠르게 변하고 쇠퇴하는 세상에선 먼 과거가 유난히 매력적으로 보인다. 산만함과 관련해서도 마찬가지다. 몰입이 너무 쉽게 흐트러지다 보니, 요즘 사람들은 집중의 달인으로 여겨지는 중세 수도자들에게 향수를 느낀다. 그들은 이런 문제를 느끼지 않았으리라고, 설사 느꼈더라도 다 해결했으리라고 생각하기 때문이다.[3]

현대의 전문가들만 수도자들을 본보기로 삼았던 게 아니다. 중세의 관찰자들도 수도자들이 샛길로 빠지지 않는 듯한 모습에 탄복했다. 하지만 수도자들은 자기 자신을 잘 알고 있었다. 당시엔 트위터나 유튜브, 온갖 링크가 딸린 친구들의 문자 메시지가 없었고, 수도자들은 대부분 혼자 살거나 일상적 대화마저 억제하는 수도원에서 살았다. 그런데도 끊임없이 주의가 흐트러졌다.

그래서 수도자들은 산만함의 문제를 깊이 파고들었다. 산만함의 원인을 정확히 파악하고자 고심했고, 산만함을 떨쳐내고자 갖가지 전략을 개발했다. 우리와 아주 다른 세상에서 살았지만, 그들의 투쟁은 우리에게 산만함과 집중의 문제를 새로운 관점에서 생각해볼 기회를 제공한다. 아울러 산만함이 단지 테크놀로지에서 비롯되지 않았다는 사실도 인식하게 해준다. 그들은 우리 마음이 상호 의존적이고 가변적인 더 큰 체계의 일부라는 사실을 일깨워주고, 급변하는 세상에서 집중력을 키우기 위한 실천 규칙을 알려준다. 아울러 우리가 처한 곤경에 대해 누구를 탓할지도 짚어

준다. 우리가 산만함에 도덕적 잣대를 들이미는 이유는, 일면 그들도 1500년 전에 그러했기 때문이다.

수도자들은 고대 후기와 중세 초기, 즉 대략 300년에서 900년 사이에 활동했다. 그들은 사유thinking에 대해 많이 생각했는데, 마음을 절대자와 연결하고 흔들리지 않는 집중 상태에 도달하는 것이 최고의 목표 가운데 하나였기 때문이다. 그런 상태에 도달하면 시공간을 초월해 삼라만상을 바라볼 수 있었다. 혼돈을 넘어선 진짜로 차분한 상태였다.

이러한 이상은 카타르에서 아일랜드까지 여러 지역에서 수 세기에 걸쳐 등장했고, 성인들의 일대기를 정리한 성인전과 수도 규칙서, 논문, 벽화에 두루 기록되었다. 관련 기록이 방대한 이유는 수도자들이 집중하는 데 능숙했기 때문이 아니다. 오히려 그 반대기 때문이라고 수도자들 스스로 설명했다. 산만함이 부분적으론 악마적 적대감의 결과이자 자신들이 저지른 잘못된 행동의 결과이며, 전체적으론 창조주와 피조물의 결합이 깨진 결과이기 때문에, 그들은 애초에 산만함을 투쟁 대상으로 보았다. 그들은 산만함이 모든 인간에게 나타난다고 이해하면서도, 당연하기보단 의무적으로 맞서 싸워야 할 것으로 보았다. 그들의 투쟁은 결국 직업적 정체성으로 자리 잡았다. 윤리적으로 열세한 것들에 맞서 중요한 문제에 마음을 쏟아야 진정 수도자답게 사는 삶이었다.

산만함을 다스리려는 수도자들의 분투는 애처롭기까지 하다. 하지만 그들의 삶과 관점이 굉장히 낯설게 보일 때조차, 마음에 대한 그들의 관심만큼은 우리 자신을 다시금 돌아보게 한다.

• 차례 •

· 프롤로그 ·

가장 고요한 곳에서 끊임없이 흔들린 사람들

고대 후기와 중세 초기에 수도자들이 집중력을 찬양하고자 사용한 은유가 급증했다는 점에서 그들이 집중력을 대단히 중요하게 여겼음을 알 수 있다. 아주 좋은 날에 수도자들의 마음은 멀리까지 뻗어나가고 불꽃처럼 타오르며 호수처럼 맑았다. 하늘과 맞닿을 만큼 높다란 건물을 짓고, 좋아하는 것들과 실컷 시간을 보냈다. 또 낚이지 않으려고 깊은 곳에서 헤엄치는 물고기가 되기도 하고, 폭풍우 속에서 배를 조종하는 조타수가 되기도 했다. 옹기를 만드는 도공이나 쥐를 붙잡는 고양이, 조심스럽게 알을 품는 암탉이 되기도 했다.[1]

활발한 내적 상태와 달리 겉으로는 너무나 차분했다. 관찰자들은 이렇게 상반된 외적 상태에 무척 놀랐다. 마음이 활발하게 움직이는 동안 수도자들의 몸은 조각상처럼 움직이지 않았다. 장시간 움직이지 않는 것으론 세계기록을 세울 만했다. 호Hor라는 수도자는 교회에서 20년 동안 기거하면서 단 한 번도 눈을 들어 지붕을 쳐다보지 않았다. 강가에 살았던 사라Sarah는 60년 동안 강물에 눈길 한 번 주지 않았다. 마틴은 동굴에서 3년 동안 뱀과 함께 지냈는데, 당황했던 적이 한 번도 없었다. 칼루파Caluppa는 동굴에서 기도할 때 천장에서 수시로 뱀이 떨어져 목에 상처를 입기도 했지만, 한 번도 움찔거리지 않았다. 랜디버트Landibert는 눈이 발목까지 차오르도록 밖에 서서 기도했다. 야고보는 눈에 완전히 파묻혔다. 결국 동네 사람들이 삽으로 눈을 퍼내야 했다. 그리고 저명한 파코미우스Pachomius는 주의를 흩트리려고 점점 더 과격해지는 악마들을 모두 물리쳤다. 파코미우스가 식사하는 동안 악마들은 벌거벗은 여인으로 분해 옆에 앉았다. 다음으론 병사들처럼 대열을 지어 앞뒤로 행진하면서 파코미우스의 이름을 부르고 경례했다. 그들은 또 파코미우스의 숙소 벽이 와르르 무너지는 듯한 소리를 냈다. 노동자들이 바위를 옮길 때처럼 야자수 잎사귀에 밧줄을 묶고 영차영차 끌고 다니며 그가 웃게 하려 애썼다. 하지만 파코미우스는 자신을 괴롭히는 악마들에게 눈길을 주지 않았다. 그의 관심을 끌려고 별수를 써도 실패하자 악마들은 결국 사라졌다.[2]

물론 이런 성공담을 소개하려고 이 책을 쓰진 않았다. 수도자들의 업적을 기리는 이야기에는 훨씬 더 흥미로운 역사, 즉 (집중을 업으로 삼았는데도) 제대로 집중하지 못한 그들의 딜레마가 담겨 있다. 인지적 위엄에 관한 이야기를 그들이 반복해서 들려준 이유는, 대다수가 산만함에 시달렸기 때문이다. 전문가들조차 실패하고 좌절하는 경우가 많았다. 8세기에 지금의 이라크 북부에 살았던 존경받는 수도자이자 스승인 달야타의 요한John of Dalyatha은 형제이자 동료인 수도자에게 보낸 편지에서 "내가 하는 일은 그저 먹고 자고 마시고 태만하게 지내는 것뿐일세"라고 한탄하기도 했다.[3] 아주 좋은 날에는 요한도 온전히 집중할 수 있었고, 그때의 놀라운 경험을 쓰기도 했다. 하지만 자신의 부족함 때문에 줄곧 괴로워했다.

원치 않는 생각으로 굴러떨어지다

수도자들은 산만함을 다른 방식으로 정의했다. 기본적으로 산만함은 정신적 우회로였으며 때론 좋은 일일 수도 있었다. 가령 아바 *abba*(사부라는 뜻으로 주교나 수도원장을 지칭. 이하 사부—옮긴이)였던 또 다른 요한은 바구니를 짜는 동안 하나님을 생각하느라 정신이 팔려서 테두리를 원래보다 두 배나 넓게 만들었다. 요한 콜로보스John Colobos라는 수도자는 낙타 몰이꾼과 거래하는 도중에 정신이 팔렸다. 몰이꾼에게 전할 밧줄을 가지러 수도실에 들어갔다가 명상에 빠져 하던 일을 싹 잊어버렸다. 밖에서 한참 기다리던 몰이꾼이 결국 수도실 문을 두드려 밧줄을 내오라고 재촉했다. 요한은 재빨리 행동을 개시했지만, 이내 정신이 다시 팔렸다. 곧 이어진 세 번째 시도에서 그는 "밧줄, 낙타"라고 계속 읊고서야 마침내 그 일을 완수할 수 있었다.[4] 수도자들은 이러한 이야기를 공유하고 감탄하며 즐거워했다.

이러한 산만함은 그나마 하나님에게 빠져들게 했다는 점에서 긍정적이었다. 하지만 대체로 산만함은 **원치 않은** 일을 하다가 결국 원치 않은 생각으로 굴러떨어지게 했다. 수도자들은 어떻게든 이를 피하고 싶어 했는데, 대제로 불리는 그레고리우스의 사례가 대표적이다. 그레고리우스는 평범한 수도자로 지내다가 부제副祭로 서품되었고 590년엔 다시 로마 주교로 추대되었다. 그런데 그는 이런 직책 때문에 자신이 좋아하는 사색을 못 한다고 자주 괴로워했다. 중세 초기에 엄청난 인기를 모은 그의 《대화집Dialogues》 서문은 잠시 주의를 딴 데로 돌리고자 조용한 곳에 숨어들었던 경험담으로 시작된다. 그는 은신처에서 발각되자 "내 마음의 배는 사이클론에 심하게 흔들리고 있다"라고 한탄한 후, 자신의 부제와 독자를 위해 자신보다 더 나은 삶을 살았던 성인들의 이야기를 기록해나갔다.[5]

그런데 그레고리우스가 중세 초기의 가장 유명한 교황이 되지 못하고 평범한 수도자로 남았더라도, 아마 더 나은 삶을 살지는 못했을 것이다. 수도자들은 마음 내키는 대로 행하거나 생각할 수 없었다. 예를 들어 (지금의 요르단강 서안 지구, 즉 웨스트뱅크인) 코지바의 안토니우스Antonius of Choziba는 수도원의 지하실 관리자 직책이 산만함을 일으킨다고 불평했다.[6] 하지만 더 일반적이고 더 심각한 문제가 있었으니, 수도자들은 완벽한 조건을 갖추었을 때조차 여전히 그들의 가장 중요한 일에 집중할 수 없었다. 즉 하나님에게, 우주의 창조에서 최후의 심판까지 아우르는 신성한 논리에, 그 체계 내에서의 도덕적 의무에 온전히 집중할 수 없었다. 수도자가 되려면 반드시 이러한 주제들에 마음과 자아를 온전히 바쳐야 했다. 더 나아가 그들은 이러한 집중을 영생과 죽음의 문제로 보았다. 자신들의 영혼은 물론이요, 다른 사람들의 영혼까지 거기에 달려 있었다. 수도자들은 단순히 모든 일에 집중하려고 애썼던 게 아니다. 구원의 윤리에 올라타려고 애썼다. 위험부담이 이보다 클 수는 없었다.

수도원의 초기 개척자인 카이사레아의 바실리우스Basilius of Caesarea는 집중의 중요성을 그런 식으로 이해했다. 바실리우스는 빈틈없는 교육자였다. 370년대에 로마령이었던 카파도키아Cappadocia에서 주교로 활동했는데, 자신이 10년 동안 감독하던 수도공동체와 대화하면서 일련의 성찰과 지침을 기록했다. 이후 수세기 동안 수도자들은 그의 가르침을 따랐다. 바실리우스는 수도자들이 하나님을 기쁘게 하려고 애쓰지 않을 때마다 산만함이 깃든다고 충고했다. 그리고 "마음이 이리저리 방황하면 우리는 어떠한 계명도 지킬 수 없다"라고 하면서, 산만함을 다스리는 일이 온갖 수행의 기본이라고 강조했다.[7]

"모든 사악함의 핵심은 방황하는 생각"

고대 후기와 중세 초기의 수도자들은 산만함의 끔찍한 결과를 활발하게 논의했다. 이와 관련된 폭넓은 은유를 보면 그들의 관심사와 우려를 짐작할 수 있다. 산만함은 벗어버려야 할 뱀의 허물이었고, 찰싹 날려버려야 할 파리였으며, 정육 시장 주변에서 개를 유혹하는 냄새였다. 산만함은 또 커다란 먼지구름이나 눈을 찌르는 머리카락, 들끓는 쥐, 울창한 숲, 위험한 늪, 수로의 균열, 거침없는 무법자, 나무를 강타하는 폭풍, 화물을 너무 많이 실은 배, 마을을 공격하는 강탈자, 마구간에서 탈출한 말, 남의 집에 들어온 도둑이었다. 이러한 것들이 수도자를 마른 땅에 떨어진 물고기처럼 헐떡이게 했고, 수도자의 기도를 유산시키거나 엉뚱한 방향으로 흐르게 했다.[8]

수도자들은 산만함을 다스리고자 이러한 은유만큼이나 생생한 언어로 조언했다. (나일강 삼각주 서쪽, 지금의 와디 엘나트룬Wadi el-Natrun에 있는) 스케티스Scetis수도공동체의 영향력 있는 사부였던 포이멘Poemen은 멋진 비유로 유명했다. 그의 비유는 《교부들의 명언집Sayings of the Elders》으로도 불리는 《아포프테그마타 파트룸*Apophthegmata patrum*》에서 상당 부분을 차지하는데, '사막 교부desert fathers'와 '사막 교모desert mothers'로 알려진 수도원의 초기 영웅들에 대한 여러 이야기와 함께 널리 퍼져나갔다. 그들은 대부분 4세기와 5세기 초에 살았던 이집트인이었다. 시리아어 번역본의 《아포프테그마타 파트룸》에서 포이멘은 "모든 사악함의 핵심은 방황하는 생각이다"라고 꼬집었다. 이 구절은 다른 언어로 번역된 판본에서도 보인다. 《알파벳순 문집Alphabetical Collection》으로 알려진 그리스어 번역본에도 포이멘의 것으로 여겨지는 여러 격언이 수록되어 있다. 가령 "군주가 경호원을 고용하듯 마음에도 경호원이 필요하다", "수도자들은 옷을 옷장에 정리하듯 생각을 정리해야 한다", "뱀이나 전갈을 병에 가두듯 원치 않은 생각을 가둬야 한다", "좋은 생각은 남은 음식처럼 식혀서 해충이 꼬이게 하지 말고 불에 올려서 부글부글 끓어오르게 해야 한다" 같은 것들이다. 포이멘의 격언은 수도자들이 산만함을 다스리도록 돕겠다는 그의 결의를 드러낸다.[9] 이렇게 참신한 비유를 들 수 없을 때 그는 항상 운동경기와 군대에서 실마리를 찾았다. 산만함은 경기장과 전쟁터에서 반드시 무찔러야 하는 적이었다. 산만함에 대한 전투적 접근 방식은 전직 스포츠 스타와 군인이 수도자로 개종하는 이유 가운데 하나였다. 수도자들은 자신을 운동선수이자 전사로 여겼다. 수행은 지구력이 필요한 스포츠였다. 더 나아가 전쟁이었다.[10]

산만함을 표현하는 은유가 많았다는 점에서, 수도자들이 자신의 인지 경험을 포착하려고 부단히 노력했다는 사실 또한 알 수 있다. 그런 점에선 우리와 크게 다르지 않다. 우리는 여전히 뇌와 그 뇌의 작동 방식을 설명하고자 적절한 은유를 찾고 있다.[11] 하지만 산만함을 다스리는 문제에선 아무래도 수도자들이 평범한 현대인들보다 더 영리했다. 그들은 마음의 성향이 바뀔 수 있다고 확신했다. 산만함을 포괄적으로 생각하면서 자신의 뇌를 넘어 더 큰 사안들과의 연관성을 탐색했다. 그 결과 놀라울 정도로 정교한 집중 전략을 다수 개발해냈다. 그들은 산만함이 사회, 돈, 문화 등 여러 사안과 체계적으로 연결된다고 판단했기 때문에, 그런 세상에서 자신을 분리한 후 공동의 가치를 바탕으로 한 새로운 집단과 관행을 구축하려 애썼다. 일과를 재정비하고 서로 책임을 분담했으며, 몸과 마음이 잘 화합하도록 심신 수련법을 개발했다. 영적 성장을 향한 관심과 헌신을 심화하고자 출판 기술, 연상과 명상, 메타인지를 실험하고 수행했다.

다만 은유는 물론이고 방법 측면에서도 수도자마다 의견이 달랐고, 각자의 기호에 따라 시도하더라도 누구 하나 산만함의 문제를 완전히 해결하진 못했다. 어떤 전략이나 단점과 결함이 있었고, 수도자들도 이를 잘 알았다. 그들의 역사는 특별한 속성 해결책을 제시하지 않는다. 하지만 수 세기에 걸친 그들의 분투와 성공담은 경고이자 안내자 역할을 톡톡히 해낸다.

내부에 도사린 적

산만함은 현대 세계와 경험에 국한되지 않는다. 산만함에 대한 **우려**도 마찬가지다. 신경과학자 애덤 개절리Adam Gazzaley와 심리학자 래리 D. 로즌Larry D. Rosen이 말했듯이, 우리에겐 "고대의 뇌ancient brain"가 있다. 그래서 산만함의 신경학적 역학은 공통된 조상에 의해 우리에게도, 근대 이전의 수도자들에게도 똑같이 부여되었다. 하지만 우리 현대인은 인지를 둘러싼 일련의 문화적 가치를 물려받은 사람들이기도 하다. 이러한 가치는 수도자들의 것과 흡사하다. 즉 어느 정도 기독교적이다. 그렇다고 집중과 산만함의 문제가 기독교의 전유물이라는 말은 아니다. 고대와 중세 당시 유라시아 전역의 여러 종파, 여러 부류의 영적 숙련자들도 차분하고 집중된 마음을 추구했고, 도교와 불교 승려들도 주의력을 높이기 위해 각종 기술을 고안했다. 그들 가운데 일부는 산만함을 그냥 무시하거나 기다려야 하는 것으로 간주했고, 일부는 사악한 장애물이나 과업을 방해하는 신호로 여겼다. 예를 들어 5세기에서 7세기 사이에 중앙아시아의 불교 승려들은 흔히 악마를 명상 중인 승려에게 위협을 가하는 침입자로 묘사했다. (그들의 견해를 보여주는 증거가 실크로드를 따라 형성된 정착지인 투르판Turfan에 집중적으로 나타난다. 지금의 중국 북서부 지역인 투르판엔 공교롭게도 기독교 수도원에서 작성된 여러 문헌이 9세기와 10세기, 어쩌면 그보다 훨씬 전부터 널리 퍼져 있었다.) 어쨌든 초기 기독교 시대의 수도자들은 산만함에 관심이 무척 많았으며, 그 정도가 때로는 동시대의 동양인들보다 더 컸던 것으로 보인다. 산만함에 대한 그들의 너른 관심 덕분에 우리는 지금 그 유산 속에서 살고 있다. 얄궂게도 유럽과 북미에서 남아시아와 동아시아의 관습을 널리 채택(도용)하며, 애초에 그런 관심과 우려를 싹트게 했던 수도 문화에 대한 기독교의 지분이 가려졌을 수도 있다.[12]

그리스와 로마의 철학자들은 자기통제 윤리의 핵심으로서 생각과 행동, 현재와 신성에 대한 주의를 강조했다. 하지만 산만함은 그들에게 큰 관심사가 아니었다. 산만함에 대해 어쩌다 불평하긴 했지만, 대체로 자기 외적인 것으로 치부해버렸다. 스토아학파를 예로 들어보자. 기원전 4세기부터 이런 전통을 추구해온 스토아학파는 플라톤의 형태물리학을 거부한 것으로 유명한데, 심리학을 포함해 논리학과 윤리학에는 관심이 무척 많았다. 고대 그리스어로 산만함을 뜻하는 **페리스파스모스***perispasmos*에 대해 스토아학파는 흔히 진지한 철학을 방해하는 의무와 잡다한 업무를 떠올렸다. 산만함은 다른 사람들의 요구나 적절한 우선순위를 정하지 못한 데서 비롯되었다. 물론 스토아학파는 방해받지 않는 철학자들도 잠재적으로 다른 식의 산만함을 경험할 수 있다고 인정했다. 바로 뜻밖의 대상과 마주칠 때였다. 인간은 흔히 자신이 원하거나 예상하지 못한 일에 직면하게 되는데, 스토아학파는 이러한 마주침을 '조우appearance'라고 불렀다. 연극의 한 장면, 소득 격차에 대한 갑작스러운 인식, 친구의 죽음처럼 어떤 상황을 우연히 마주치게 되는 조우는 대개 개인이 통제할 수 없으나 그에 대한 자신의 **반응은 통제할 수 있으므로**, 결국 그 반응이 진짜로 중요하다고 스토아학파는 주장했다. 아울러 별로 중요하지 않은 일에 대한 최선의 반응은 기본적으로 무반응이라고 여겼다. 즉 어떤 식으로든 판단하거나 평가하지 않아야 그 결과에 고정된 감정을 느끼지 않고 평온한 상태에 이른다는 것이다. 우리가 조우를 무관심하게 다루면, 그것은 우리를 방해하거나 탈선시킬 수 없다. 따라서 잠재적 산만함은 실제적 산만함이 될 수 없다.[13]

수도자들은 스토아학파를 비롯해 지중해 일대의 고대 철학 전통에 다방면으로 신세를 졌다. 하지만 산만함에 대해서만큼은 크게 호응하지 않았다. 관심을 요하는 뜻밖의 상황에 적절히 대응하는 것만으론 부족하다고 여겼다. 오히려 그들은 산만함이 상호작용의 부족으로 느껴질 수 있다고도 생각했다. 아울러 중요하고 좋은 일에 집중하려는 의지를 떨어뜨리는 선제적 상태로서, 자아와 얽혀 있는 내적·무의식적 상태라고 보았다. 여러 수도자에게 산만함은 단지 잠재적 방해물이 아니었다. 이미 벽을 뚫고 들어와 내부에 도사리고 있는 존재였다.

산만함의 징후, 호기심

산만함과 관련된 여러 행동 가운데 호기심nosiness(여기서는 꼬치꼬치 캐묻거나 참견하기 좋아한다는 뜻—옮긴이)에 대한 두 가지 견해를 비교하면, 수도자들의 관점을 명쾌하게 설명할 수 있다. 수필가이자 철학자인 플루타르코스는 1세기에 〈**호기심에 관하여***Peri polypragmosynes*〉라는 짧은 글을 썼다. 이는 오늘날 《모랄리아》로 알려진 수필집에 수록되어 있다. 플루타르코스는 자칭 플라톤주의자였지만, 이 글에선 특정한 철학 학파를 옹호하진 않았다. 오히려 철학이 일상생활에 도움이 된다고 엘리트 독자들을 설득하려 애썼다. 한편 호기심에 대한 그의 견해는 산만함에 대한 고대의 전통적 생각과 정확히 들어맞았다. 이전의 여러 그리스 및 라틴 작가와 마찬가지로, 플루타르코스는 호기심이 부적절하고 비생산적이라는 이유로 비판했다. 뜬소문을 퍼트리고, 남의 집이나 차량을 엿보고, 숨을 헐떡이며 최신 뉴스를 쫓고, 동네를 쏘다니며 누가 누구와 가장 친한지 알아보느라 바쁘다면, 더 지적인 활동을 추구하거나 자기 문제를 처리하는 데 소홀할 수밖에 없다는 것이다. 호기심은 철학적 타성에 빠지기 쉬운 사람들을 계속 그런 상태에 머물게 한다. 플루타르코스는 남의 일에 참견하기 좋아하는 성향은 시간이 지날수록 심해진다고 꼬집었다. 그가 보기에 호기심에 굴복해서 온갖 일에 참견하는 사람들은 쉽사리 산만해져 진짜 중요한 일에 몰두할 수 없었다.[14]

300년쯤 뒤에 요한 카시아누스John Cassianus라는 수도자도 호기심을 문제 행동으로 지적했는데, 그는 호기심이 훨씬 더 심각한 문제의 징후라고 여겼다. 카시아누스는 사교적이고 탐구심이 강했으며 자기 성찰도 많이 했다. 특히 친한 친구이자 동료 수도자인 게르마누스Germanus와 함께 20년 가까이 여행하면서 자아, 무엇보다 마음을 수련하고자 권위 있는 수도자들에게 조언을 구했다. 그들과 나눈 대화를 기초로 5세기 초에 자신의 수도 규칙서도 썼다. 카시아누스는 **큐리오시타스***curiositas*(호기심)가 정신적 불안정의 징후, 더 구체적으로는 **아케디아***acedia*(나태, 태만이라는 뜻—옮긴이)의 징후라고 결론 내렸다. 아케디아에 빠진 수도자는 불만과 무력감을 동시에 느꼈다. 자신이나 자신의 상황을 어떻게 바꿔야 할지 몰라 불쾌한 동료나 이웃 사람처럼 다른 수도자들을 쫓아다니며 그들의 일에 참견하는 부적응적 해결책에 의존했다.

카시아누스는 이러한 진단이 (플루타르코스보다 대략 한 세대 앞서 태어난) 사도 바울에게서 비롯되었다고 했지만, 이는 사실상 고대 후기의 수도 문화를 반영한 것이다. 산만함은 여전히 진정으로 중요한 일에 대한 헌신을 방해하는 우회로로 여겨졌다. 하지만 단순히 외적 영향으로 그치지 않았다. 직무나 자기 성찰을 피하려는 사람들에게 영향을 미치는 역할에 국한되지도 않았다. 윤리적으로 생각하고 행동하기로 굳게 다짐한 사람들마저 괴롭힐 수 있는 근본적인 인지 상태를 가리켰다. 아울러 산만함은 애초에 내적 혼란에서 비롯되었기 때문에, 단순히 특정 자극을 회피하거나 더 나은 실천 규칙을 따르겠다고 다짐하는 것만으론 교정될 수 없었다. 수도자들은 산만함을 체계적으로 해결해야 했고, 그 일을 도덕

적 책임이라고 생각했다. 오늘날 우리가 그렇게 느낀다면, 일면 수도원 제도 덕분이라고 할 수 있다.[15]

악마 때문인가, 의지 탓인가

그렇다면 수도자들의 산만함은 어디에서 비롯되었을까. 앞으로 살펴보겠지만, 그들은 일상의 분주한 업무, 정보 과부하, 타인 등 오늘날 우리에게도 익숙한 여러 요인을 파악했다. 하지만 이는 근접한 원인에 불과했다. 수도자들은 멀찍이 떨어져서 봐야 하는 형이상학적 설명을 제시하기도 했다. 일례로 산만함이 악마와 같다는 이론을 들 수 있다. 우주적 힘이 인간에게 영향을 미친다는 믿음은 고대 세계에 이미 널리 퍼져 있었다. 하지만 초기 기독교의 악마학에서 그 영향의 크기와 방향은 대단히 개인화되었다. 즉 선과 악의 원시적 싸움에서 악마는 목표물에 딱 들어맞는 방해 전략을 구사했다. 악마의 무기가 워낙 정교하게 설계된 탓에 어떤 수도자는 악마가 자기 마음을 읽을 수 있다고 느꼈다. 카시아누스와 게르마누스는 진짜로 그런지 확인하려고 원로들에게 물어보기도 했다. 하지만 세레누스Serenus 사부는 악마에게 그만한 힘이 없다고 반박했다. 그저 인간 행동을 탁월하게 분석할 뿐, 그 이상은 아니라고 안심시켰다.

그렇다고 악마 세력이 약해지진 않았다. 수도연맹의 창시자인 파코미우스에게 대적했던 악마 무리를 포함해, 고대 후기의 수도원 문헌에 걸핏하면 악마가 등장하는 것도 다 그 때문이었다. 엄격하기로 유명한 세누테Shenoute 수도원장은 465년에 사망할 때까지 거의 80년 동안 상부 이집트의 수도연맹을 이끌었는데, 한번은 청중에게 그리스도가 사지를 잘라냈으므로 악마는 이제 생각만 활발하게 할 수 있다고 설교했다. 하지만 몬티 파이선의 코미디에 등장하는 흑기사와 달리, 악마는 보통이 아니었다. 악마의 힘은 집중하려는 수도자의 내적 투쟁에 대한 은유를 뛰어넘었다. 악마는 정신적으로 맞서야 할 적수였지만, 때로는 물리적 형상도 지녔다. 그러나 물리적 공격은 그들이 사용하는 무기 중 극히 일부에 지나지 않았다. 미묘한 인지 공격이 훨씬 더 사악했다. 낮잠을 자고 싶은 충동처럼 아무런 해가 없어 보이는 행동이 실은 악마의 꼬드김일 수 있었다. 폰토스의 에바그리우스Evagrius of Pontos는 4세기에 다음과 같이 주장했다.

"악마는 몸이 얼음처럼 차갑다. 그래서 몸을 따뜻하게 하려고 수도자의 눈꺼풀과 머리를 만지는데, 그 과정에서 수도자를 졸리게 한다. 수도자가 책을 읽으려는 시점에 더 그렇게 한다."[16]

에바그리우스는 흑해와 맞닿은 아나톨리아에서 태어났다. 이곳저곳을 떠돌며 여러 선각자를 두루 만나본 뒤 켈리아Kellia에 정착했는데, 나일강 삼각주에서 가장 유명한 수도원 본부가 있는 곳이었다. 에바그리우스는 이곳에서 훌륭한 원로들과 함께 수행했고 자신도 교부가 되었다. 수도원의 마음 이론과 실천 규칙에 관한 한 에바그리우스는 가장 영향력 있는 교부였을 것이다. 그의 업적은 논쟁을 촉발하기도 했지만, '마음을 계몽하는 자illuminator of the mind'나 '생각을 점검하는 자examiner of thoughts' 같은 칭호도 안겼다. 하지만 수도 문화가 전통적이면서도 실험적이었기 때문에 수도자들은 배운 바를 그대로 보존하기보단 옛것을 바탕으로 새로운 것을 구축하려 애썼다. 예를 들어 에바그리우스의 제자였던 카시아누스는 악마를 믿긴 했지만, 약점이나 **결함***vitia*을 산만함의 더 지속적인 원인으로 지목했다. 카시아누스에 따르면, 분노와 욕망과 슬픔 같은 약점은 유익한 동기부여 요소로 작용하도록 하나님이 인간에게 심어준 선한 힘에서 비롯되었다. 그런데 자꾸 부적절하게 사용되다 보니 결국 결함이 되어 집중을 방해했다.[17]

다른 수도자들은 내적 갈등과 그에 따른 부수적 산만함을 **의지***thelema*, 또는 *voluntas* 탓으로 돌렸다. 이 용어는 자기 보존과 자기 분열을 동시에 추구하는 힘을 의미한다는 점에서 '자아ego'와 비슷했다. 의지는 대조되는 것을 동시에 원하면서도, 가장 유익한 것보다는 가장 매력적이거나 편리하거나 편안한 것을 얻으려고 하는 경향이 있었다. 그럼으로써 사람의 동기를 뒤섞어 하나님에게로 가는 길을 막았다. 7세기 후반에 카타르 수도자 다디쇼Dadisho'가 제안했듯이, 일부 수도자는 올바른 실천 규칙에 전념하려는 의지를 강화하면 산만함을 해소할 수 있다고 믿었다. 하지만 다른 수도자들은 애초에 산만함을 일으키는 건 약한 의지가 아니라 **강한** 의지라면서 정반대로 주장했다. 이는 바르사누피우스Barsanuphius와 가자의 요한John of Gaza이라는 독거 수도자들의 견해였다. 두 사람은 6세기에 가자 외곽에 있는 타와타Tawatha수도원의 수도자들과 활발하게 서신을 주고받으며 영적 멘토 역할을 도맡았다. 이 두 원로

는 산만한 욕구가 떠오를 때마다 거부하거나 조각조각 잘라내는 식으로 의지를 꺾어야 한다고 충고했다.[18]

근원적 분열과 오염된 마음

수도자들은 악마와 개인적 결함과 의지를 각기 다르게 강조하면서도, 또 다른 산만함의 원천이 있다고 주장했다. 이 요소는 개인적이기보단 원시적이었으니, 즉 산만함은 원래 그리고 준準유전학적으로 인류가 하나님에게서 분리되었기 때문에 생겨났다.

이러한 이론에 따르면, 태초에 인간의 조건은 통일성과 불변성을 특징으로 했다. 하지만 아담과 하와가 하나님을 거역하고 자기 자신에게 집중하기로 선택하면서, 그들은 정신적 동요와 분열의 불씨를 댕겼다. 이는 모든 인간을 태어나서 죽을 때까지 괴롭힐 타락의 길이었다. 안토니우스Antonius 사부가 330년대와 340년대에 쓴 편지들은 현존하는 가장 오래된 수도원 문헌 가운데 하나인데, 수도 생활이 그러한 분열을 봉합하고 하나님과 재결합하려는 노력이라고 설명한다. 4세기 후반 시리아에서 작성된 설교 문집은 더 노골적인데, 산만함의 원인을 에덴동산에서 추방된 탓으로 콕 집는다.

"아담은 처음엔 순수하게 살았고, 자기 생각을 잘 통제했다. 그런데 하나님의 명령을 어긴 후부터 무거운 산이 그의 마음을 짓눌렀고, 악한 생각이 마음속에 깃들어 마구 뒤섞였다. 그런 생각은 악에 오염되었기 때문에 본래 인간의 마음이 아니었다."

산만함은 대단히 충격적인 단절의 신호였다. 집중하지 못한다는 것이 창조주와 인간의 거리를 반복해서 상기시켰다.[19] 이러한 사고방식은 성경의 창조 신화에 뿌리를 두고 있지만, 신플라톤주의의 색채도 띠었다. 3세기에 이집트 철학자 플로티누스 Plotinus는 산만함이 자아를 분열시킬 뿐 아니라 하나님과도 분리한다고 주장했다. 그러므로 영혼의 시야에서 이러한 산만함을 제거하고 창조주를 향한 명확하고 숭고한 시선을 완성하라고 강조했다. 하지만 플로티누스 이후로 한 세기 이상 활동한 수도자들에게 정신 집중은 근본적으로 마음이 천상계 아래로 뚝 떨어진 데서 비롯된 것이었기에, 단순히 잡념만 없애면 되는 문제가 아니었다. 내부에서, 또 수평으로 자신을 공격하는 산만함과 맞서 싸우면서 수직으로 뻗어나가야 했다. 수도자들은 하나님과 다시 결합하기 위해 물리적·사회적·심리적 수단을 총동원했다.[20]

한마디로 수도자들은 산만함을 조용한 독방에서 듣는 우주적 드라마의 일부라고 생각했다. 그렇기에 어떻게든 산만함을 다스리고 하나님에게로 마음을 뻗쳐야 했다.

수도자들은 이러한 도덕적이고 실질적인 변화를 자각하고 있었다. 그리스어와 라틴어와 시리아어로 번역되어 널리 읽혔던 《아포프테그마타 파트룸》의 한 일화는 이 점을 잘 드러낸다. 그 이야기는 이렇다. 어느 비기독교 철학자 무리가 일종의 금욕적 평가를 통해 수도자들을 시험하기로 했다. 그들이 처음 만난 수도자는 옷을 잘 차려입었는데, 마주치자마자 모욕적인 발언을 쏟아냈다.

그래서 그를 그냥 지나쳤다. 철학자 무리가 다음에 만난 수도자는 나이도 많고 행색도 후줄근했다. 그를 별 볼 일 없는 사람으로 판단하고 두들겨 패기 시작했지만, 전혀 반격하지 않자 철학자 무리는 깊은 인상을 받았다. 그를 진정한 수도자라 부르며 어째서 그렇게 초연한지 알아보기로 했다. 그들은 수도자가 쓴 수기를 읽어보고, 수도자를 따라 금식과 금욕에 매진했다. 수도자가 하나님의 은총을 믿으며 항상 마음을 경계하고 다스린다고 고백하자, 철학자 무리는 하나님에 대한 그의 논평엔 귀 기울이지 않았으나 마음에 대한 지적엔 동요했다. 바로 그 점이 수도자와 자신들을 구별 짓는 요인이라고 결론 내렸다. 그리하여 "우리는 이렇게까지 마음을 경계하고 다스릴 수 없다"라고 인정한 뒤 조용히 떠났다.[21]

이 이야기에 역사적인 의미가 있다고 하더라도, 약간의 왜곡 또한 포함되어 있다. 가령 집중하려고 분투하는 수도자들의 노력을 경시하고, 정신적 습관의 차이를 서로 다른 인지 문화 탓이 아닌 능력 탓으로 돌린다. 그리고 마지막 단계에 이르러 수도자와 철학자 무리 사이를 대비시킴으로써, 앞서 이루어졌던 그들의 상호작용을 다 가려버린다. 그렇긴 하지만 산만함에 대한 수도자들의 우려가 대단히 컸다는 점은 잘 포착하고 있으며, 또 다른 시사점도 제공한다. 이 일화에 등장하는 두 수도자는 행색이 무척 다르다. 이 부분에서 '수도원 제도monasticism'가 초창기부터 다채로우면서도 때로는 경쟁적이었음을 살짝 엿볼 수 있다. 이러한 다양성은 산만함의 역사에서 중요한 역할을 했다.

수도자의 탄생

고대 후기와 중세 초기의 수도원 제도는 실험적이었을 뿐 아니라 경쟁적이기도 했다. 4세기부터 9세기까지는 수도원이 명확하게 정의된 시대가 아니었다. 오히려 두 역사가가 “수도 연구소”라 부를 정도로 다양한 시도가 이루어졌다. 또는 5세기 초에 삭개오라는 기독교인과 아폴로니우스Apollonius라는 철학자가 나눈 가공의 대화에서 나타난 대로, 수도원의 실천 규칙은 가지각색이었고 수도자의 종류도 무척 많았다.[22]

500년 동안 수도자들과 그들의 공동체가 너무나 다양한 관행과 관점을 발전시켰기에 이 책은 그 표면만 간신히 들춰볼 뿐이다. 당시에는 수도원 제도의 근본적 정의를 둘러싸고도 의견이 분분했으며 끊임없이 바뀌었다. 하지만 이 연구소의 왕성한 활동 덕분에 산만함의 역사는 헤아릴 수 없을 정도로 깊고 풍부해졌다. 수도자들은 산만함이 심각한 문제라는 데 동의했고, 이를 바로잡기 위해 깜짝 놀랄 만큼 다양한 해결책을 개발해냈다.

수도원 제도의 초기 역사를 연구하다 보면, 수도자 사이에 존재하는 엄청난 차이에 놀라게 된다. 아울러 그러한 차이를 하나로 묶어주는 이상과 논쟁에 또다시 놀라게 된다. 그러한 차이에서 비롯된 긴장감은 이 책에도 스며들어 있는데, 본문의 이야기는 니케아공의회 이후post-Nicene와 중세 초기 기독교(또는 로마제국, 사산왕조 페르시아, 이교도barbarian, 비잔틴제국, 우마이야왕조, 아바스왕조와 관련된 정치적 시기)의 전통적 연대 구분을 넘나들고, 중동, 지중해,

유럽을 종횡무진 누비며 펼쳐진다. 또한 긴장감은 역사적으로 종파적 정체성과 연결되기도 했다. 고해성사를 주장하는 수도자들은 자기네가 믿는 기독교가 표준이라고 주장하면서, 스스로 정교회, 또는 가톨릭이라고 불렀다. 그리고 경쟁자들을 이단으로 낙인찍으려고 경멸적 용어를 고안했다. 하지만 수도자들의 담론은 교리적 소속을 초월하기 일쑤였고 무엇이 옳은지에 대해 합의하는 경우도 거의 없었기 때문에, 누가 무어라 하든 특별히 관심을 두지 않았다. 이 책도 그러한 용어를 피하고자 한다.

따라서 이 책은 다양한 형태의 수도원 제도를 실험했던 사람들을 지칭하고자 '수도자monk'라는 용어를 포괄적 의미로 사용한다. 고대 후기와 중세 초기에는 수도자들을 가리키는 여러 용어가 있었다. 콥트어*monachos·monache*, 라틴어*monachus·monacha*, 시리아어*iḥidaya*, 아라비아어*rahib·rahiba*, 고대 영어*mynecenu·munuc* 등 언어별로도 다양했는데, 가장 기본적인 용어('고독'을 뜻하는 고대 그리스어인 *monakhos*—옮긴이)는 성별에 상관없이 사용했다.[23] 이 중립적 용어는 수도원 제도가 남녀 모두에게 보편적 선택이라는 통념, 즉 누구나 수도자가 될 수 있다는 사실을 반영한다. 그렇다고 남녀 수도자의 경험이 똑같았다는 뜻은 아니다. 앞으로 살펴보겠지만, 남성과 여성의 수도 생활은 성별에 따라 상당히 달라지기도 했다. 그리고 사막 교부들에 관한 이야기가 사막 교모들에 관한 이야기보다 훨씬 많은 것으로 볼 때, 당시 여성 수도자들은 흔히 과소평가되었던 것 같다. 다만 여성 수도자가 부수적으로나마 자주 언급되는 점으로 봐선 그 수가 무척 많았다는 사실을 알 수 있다. 아무튼 내가 확보한 증거에 따르면, 수도자들이 스스로 정한 인지 목표와 실천 규칙은 성별에 상관없이 비슷했고, 실험의 주도권과 영향력은 양방향으로 움직였던 것으로 보인다.

출가와 고행부터 명상과 메타인지까지

이처럼 한계가 없진 않지만, 수도 문화에 대한 증거는 대단히 풍부하다. 솔직히 말해 고대 후기와 중세 초기의 수도자들은 그야말로 수다스러운 사람들이었다. 그들이 남긴 글의 상당수는 수도 생활에 대한 새로운 관점을 개발하고 어려움을 해소하기 위한 실험적 노력의 하나였다.[24] 여느 역사적 증거와 마찬가지로 이러한 자료도 해석하기가 쉽지 않다. 역사학자들은 이러한 자료가 필연적으로 과거에 대한 불완전한 견해를 제공한다는 점에 동의하면서도, 수도 문화가 폐쇄적이지 않았다는 점에 주목한다. 수도공동체는 상담 센터, 싱크 탱크, 자선 단체, 부동산 개발사, 금융 센터, 교회, 축제 장소 등으로 운영되었다. 상당수는 기독교, 조로아스터교, 이슬람교 통치자들에게서 사소한 선물부터 토지까지 다양한 재정 지원을 받았다. 심지어 그들의 규칙을 존중하고 그들의 책과 포도주를 즐기는 이슬람교 지도자들이 즐겨 방문한 곳도 있었다. 일부 공동체는 국내 테러리스트로서, 또는 국가가 승인한 '특공대shock troops'로서 폭력을 행사하기도 했지만, 대부분의 공동체는 중재자로서 활약했다.[25]

내가 확보한 증거만으로는 파코미우스가 실제로 얼마나 많은 악마와 싸웠는지 결코 알 수 없지만, 산만함의 문제와 그 치료법에 관심이 얼마나 컸는지는 충분히 알 수 있다. (1장에서 살펴보겠지만) 수도자들은 대중을 위한 임무를 수행하고자 항상 산만함과 맞서 싸워야 했다. 기본적으로 가까운 곳에서, 또는 멀고 험한 바위산에서 수행하는 수도자들의 인지적 업적은 그들의 이야기를 들은 여러 공동체의 상상력을 자극했다. 사람들은 남녀 누구나 그러한 일을 할 수 있으며, 여럿이 모여 더 큰 존재를 받들고자 마음을 뻗치려고 노력한다는 사실에 위안받았다.

이 책은 외부에서 내부로 접근하는 그들의 방식을 추적한다. 하나님에게 집중하겠다는 수도자들의 결정에서 출발해 그들의 이상과 실천 규칙을 연속해서 따라간다. 그들이 버렸던 세상과 그들이 새로 자리 잡은 공동체, 그들이 수련한 몸, 그들이 읽은 책, 그들이 명상으로 구축한 기억, 그들이 마음속에 설정한 메타인지, 마지막으로 그들 중 일부가 간신히 포착해낸 순수한 집중의 찰나를 차례대로 살펴본다. 수도자들이 산만함을 없애려고 고안한 여러 기술은 오늘날에도 여전히 유익하며, 일부는 현대적 접근법과 매우 유사하다. 하지만 우리와의 간극을 드러내는 그들의 관점 또한 흥미롭다. 수도자들이 산만함에 대한 집착을, 심지어 이를 물리치려는 전략 가운데 일부를 우리에게 물려주었을지 모르지만, 그들의 접근법이 현대에 다 부합하지는 않는다. 그들의 마음은 간혹 예상치 못한 방식으로 작용했다.

1장

세상:

세상을 끊어내는
끊임없는 과정

집중하기 위해
산만한 세상과 단절하는 일은
1500년 전에도
가장 직관적인 선택지였다.

수도자들은 숨어들 듯
깊은 산과 광야를 찾았다.
방문객을 돌려보내고 서신을 끊었다.
외출을 피하고,
어쩔 수 없을 때는 땅만 보며 걸었다.

그런데도 온갖 잡다한 생각이
머릿속을 파고들었다.

단절에 초점을 맞추는 순간,
끊어냄은 평생의 일이 되었다.

우리는 산만함 때문에 무력감을 느끼면 플러그를 뽑는다. 소셜 미디어 계정에 잠시 쉰다는 공지를 올려놓고 디지털 디톡스를 위해 숲속 오두막으로 가서 휴식을 취한다. 그러는 동안엔 안심하면서 우리 마음에도 평온이 깃들 수 있다는 사실을 새삼 깨닫는다. 하지만 이러한 해결책은 일시적일뿐더러 특별한 경우에만 누릴 수 있기에, 결과적으론 그리 만족스럽지 않다.

그렇더라도 고대 후기와 중세 초기의 수도자들은 이러한 시도에 고개를 끄덕였을 것이다. 하나님에게, 또 하나님의 우주 안에서 그들의 윤리적 의무에 집중하기 위한 첫 단계로서, 그들도 그들 나름의 방식으로 '플러그를 뽑았다.' 무엇보다 산만함을 사회의 구조적 특징으로 보았기에 그러한 단절은 영구적이어야 했다. 버려야 할 대상은 세상의 한 조각이 아니라 세상 그 자체였다.

수도자가 세상과 단절되어야 한다는 개념은 여러 곳에서 생겨났고, 수도자들도 그 기원에 대해 다양한 설명을 내놓았다. 아스테리우스Asterius라는 주석 전문가는 5세기 초에 쓴 글에서 아담을 최초의 수도자로 언급했다. 하와가 나타나기 전까지 아담 혼자 조용히 살았기 때문이다. 〈출애굽기〉의 모세에게서 자신의 뿌리를 찾은 수도자들도 있었는데, 하나님을 향한 그의 순종이 사막에서 이뤄졌기 때문이다. 또는 사도들이 "한마음과 한뜻이 되어 아무도 자기 소유를 주장하지 않으며 모든 물건을 공유했다"라는 〈사도행전〉의 구절(4장 32절)을 근거로, 성경에서 단절의 기원을 찾는 수도자들도 있었다. 몇몇 공인되지 않은 기록은 안토니우스(251~356년경)가 최초의 기독교 수도자였고 그의 이집트인 동료 파코미우스(292~346년경)가 수도연맹의 창시자였다고 전한다. 하지만 안토니우스가 사막으로 진출하기 전에도 수도자는 있었고, 파코미우스가 320년대에 그들을 한군데로 모으는 작업을 시작하기 전에도 수도원은 있었다. 역사적 단순화는 수도원 제도만큼이나 오래되었다. 고대 후기와 중세 초기 기독교인들도 우리만큼이나 기원설에 매료되었다. 그래서인지 대단히 호평받는 문헌 덕분에 세계적 스타로 떠오른 일부 인물에게만 초점을 맞추는 경향이 있었다.[1]

그들은 수도자 개개인의 설화도 상당히 즐겼다. 설사 아무리 많이 벌어지더라도 세상을 등지겠다는 선택은 언제나 극적인 변화의 시작이었기 때문이다. 에티오피아 출신의 모세는 산적 생활을 포기하고 수도자가 되었다. 양치기인 아폴로Apollo는 태아가 어떻게 생겼는지 보겠다고 임신부를 살해했다가 수도원으로 도망쳐 죄를 고백하고 회개했다. 바르사데BarSahde는 상선을 타고 인도로 가다가 해적의 공격을 받았는데, 탈출에 성공하면 수도자가 되겠노라고 맹세했다. 바울은 아내가 다른 사람과 성관계하는 모습

을 목격하자마자 몸을 돌려 사막으로 향했고, 그곳에서 위대한 안토니우스와 함께 수행했다.[2]

물론 대다수 수도자에게는 이런 식의 흥미진진한 뒷이야기가 없었다. 반대로 설마 실제일까 싶은 이야기에도 수도자라면 누구나 추구했던 단절이 명확하게 담겨 있었다.[3] 수도자의 삶은 세상을 등지고 새로운 윤리 체계를 향해 나아가면서 시작되었다. 이는 라틴어로 **컨버시오**_conversio_, 즉 죄를 뉘우치고 하나님에게 귀의하는 완전한 방향 전환이었다.

평생을 바칠 첫걸음

세상 자체가 본질적으로 악하진 않았다. 기독교인들은 세상의 시작에 대한 〈창세기〉의 설명을 접하며 하나님이 창조한 모든 피조물이 좋았다고 결론 내렸다. 그런데 세상은 또 얽히고설킨 관계를 지칭하는 수도자들의 완곡한 표현이기도 했다. 세상은 가족과 친구, 재산, 일, 일상을 두루 칭했다. 농사와 가축을 둘러싼 법적 분쟁과 논쟁의 연속이었고, 온갖 뜬소문과 뉴스거리가 난무한 곳이었다. 일상생활에서 유발되는 긴장감과 트라우마와 따분함이 주의력을 흩트리기도 했다.[4]

세상이 좋아졌는데도 일부 기독교인, 특히 수도자들은 세상 때문에 창조주에게 제대로 집중하지 못한다고 여겼다. 주교이자 신학자인 바실리우스는 "영혼을 이리저리 끌고 다니며 세속적인 일에 얽매이게 하는 온갖 잡무 속에서 명상과 기도에 진전을 이루기란 불가능하다"라고 탄식했다. 거의 500년이 흐른 뒤 치바테의 힐데마르Hildemar of Civate 수도원장은 더 직설적으로 한 번에 두 가지 일을 집중해 처리하기란 불가능하다고 한탄했다. 바실리우스와 힐데마르는 21세기의 신경과학자들과 심리학자들에게서 "비非반사적 업무에 관한 한 뇌는 멀티태스킹을 할 수 없다"라는 말을 듣게 되더라도 놀라지 않을 것이다. 이 일 저 일 손대다 보면 얼마 지나지 않아 능률이 떨어지고 실적도 저조해진다.[5] 수도자들의 경우 그런 잠재적 '잡무들'을 죄다 쳐내지 않으면 도저히 집중할 수 없었다. 세상은 영적 성장에 무관심한 사람들로 가득했다. 아울러 삶의 변화를 어렵게 하는 습관적 상호작용과 의무로 가득했으며, 사람들의 관심을 끄는 주장으로 가득했다.

4세기엔 소수 종교였던 기독교가 이후 200여 년 동안 유럽과 지중해 전역에서 다수 종교로 자리 잡을 때까지, 수도자들은 계속해서 단절에 대해 생각했다. 사실 고대 후기와 중세 초기만 해도 종교라는 틀 자체는 대다수 기독교도(그리고 유대교도, 다신교도, 조로아스터교도, 마니교도, 이슬람교도)의 행동을 이끈 여러 책무와 정체성 가운데 하나에 불과했다.[6] 수도자들은 하나님에게 주의를 기울이겠다는 유일한 목표를 추구하기 위해 다원화된 세상을 포기하고 싶어 했다. 온갖 부류의 사람들이 그 일에 매력을 느꼈지만, 종국에는 세상을 완전히 끊어내거나 조용해지게 할 수 없다는 사실을 깨달았을 뿐이다. 온전히 집중하려면 평생을 바쳐야 했다.

가장 쉽지만 가장 어려운 일

수도자들이 직면한 난관의 징후는 처음부터 뚜렷했다. 컨버시오, 즉 귀의歸依는 대개 모세나 아폴로, 바르사데나 바울이 수도자가 된 이야기보다 덜 화려하고 더 복잡했다. 대다수 사람에게는 첫 단계인 '포기'부터 힘들었다. 예를 들어 페르시아만 일대에서 성인으로 추대된 마르 요난Mar Yawnan은 어릴 적 의사가 되라는 부모의 압박이 너무 커서 수도자가 되겠다는 뜻을 차마 말할 수 없었다. 그래서 약용식물 연구를 위해 멀리 파견될 때까지 기다렸다가 결국 도망쳤다. 북서쪽으로 3000킬로미터쯤 떨어진 갈리아(지금의 프랑스) 북부에 살던 완드레기젤Wandregisel이라는 청년도 수도자가 되고 싶다는 꿈을 부모에게 알리지 못했다. 그래서 결혼할 때까지 기다렸다가 아내에게 함께 수도자가 되자고 청했다. 다행히 아내는 그의 제안에 크게 기뻐했다고 한다. 배우자의 동의 없이 떠나는 행위는 무책임하게, 심지어 불법으로까지 여겨진 시대였기에 완드레기젤은 참 운이 좋았다. 하지만 걸림돌은 가족만이 아니었다. 완드레기젤은 왕실의 재무부에서 일했기 때문에 수도자가 되기 위해 궁정을 떠나려면 고위 관리에게 허락받아야 했다. 문제는 기독교인이면서도 수도자가 되겠다는 신하들을 쉽사리 보내주지 않는 왕이었다. 하여 완드레기젤은 (요난처럼) 대화를 피하려고 아무 예고도 없이 일을 그만두었다. 하지만 결국엔 다시 궁정으로 소환되어 왕과 동료들 앞에서 자신을 변호해야 했다.[7]

신분이 낮았던 기독교인들에게는 역설적이게도 궁핍한 재

원이 세상을 등지는 데 가장 큰 걸림돌이었다. 수도자들은 모든 소유물을 포기해야 하면서도, 여전히 생계를 꾸려야 했다. 어떤 일을 외곬으로 추구하기란 특전이나 마찬가지였는데, 특히 가난한 여성일수록 수행만 하면서 먹고살기가 어려웠다. 게다가 여성은 흔히 남성보다 더 어린 나이에 결혼했다. 그래서 수도원에 들어가려고 결혼을 거부한 여성들은 10대일 가능성이 컸다. 그런 상황에서 일부 여성은 금욕적인 남성 수도자와 협의해 함께 살았다. 이러한 남녀 합숙은 300년대 초부터 나타났고 수 세기 동안 이어졌다. 그 덕에 수도자들은 생계를 꾸려나가는 비용을 분담할 수 있었고, 신체적 보호도 어느 정도 보장받았다. 하지만 북아프리카의 주교이자 신학자이며 수도원 감독관이었던 아우구스티누스는 홀로 수행하던 여성이 집주인 밑에서 일하는 사람에게 강간당한 사건을 기록했고, 요한 모스코스John Moschos라는 수도자는 알렉산드리아에서 수행하던 여성이 스토커에게 괴롭힘당한 이야기를 전했다.[8]

물론 수도자를 따라다닌 사람들은 범죄자만이 아니었다. 세상에는 비폭력적인 이유로 수도원에 들어오려는 사람도 많았다. 하인이나 노예, 심지어 가족 전체가 보호자를 따라 수도원에 들어와 자신들의 위계적 관계를 해체하는 사례도 있었다. 부모가 자식을 봉헌물로 바치기도 했다. 자식을 버리려는 게 아니라 수도자들과 밀접한 관계 속에서 자라게 하려는 취지였다. 친구들이 수도원에 함께 들어오기도 했다. 다들 각자의 기억을 간직한 채 들어왔는데, 오래된 기억이 명상을 방해하지 않도록 할 여러 가지 방법이 있었다. 이는 뒤에서 자세히 살펴볼 것이다. 수도자들이 그런 기억을 다 내려놓고 싶어 한 것은 아니었다. 아일랜드의 시인 디그데Dígde는 늙어서 남편을 여읜 후 수도자가 되었는데, 그때도 잘생긴 젊은 왕들과 성관계를 맺고 연회에서 흠뻑 취하기 일쑤였던 자신의 과거를 애틋하게 기억했다.[9]

세상과 세속의 방해물을 완전히 떨쳐버리기란 불가능했다. 죽음에 이르러서야 가능한 일이었다. 좋은 예가 우마이야왕조가 이집트를 다스리던 8세기에 제메Djeme(원래 이름은 테베로 고대 이집트의 수도였으나, 우마이야왕조에 정복당하며 개칭되었다—옮긴이)의 파라오 무덤에서 수행했던 프랑주Frange다. 음침한 주변 환경에도 불구하고 프랑주는 사람들과 끈끈하게 연결되어 있었다. 훗날 고고학자들이 현장에서 발굴한 도자기 파편을 살펴보면, 그가 70명이 넘는 사람과 연락을 주고받았다는 사실을 알 수 있다. 그들 중 다수는 평범한 남녀였다. 프랑주는 그들에게 간단한 안부 인사를 건네거나, 그들과 그들의 자녀와 가축에게 축복을 내렸다. 심지어 그들이 자기에게 갚아야 할 돈이 있다는 사실을 상기시키기도 했다. (프랑주는 생계를 꾸리기 위해 책을 쓰고 직물을 짰다.) 또 책을 빌려달라거나 소두구 같은 향신료를 달라고 부탁했다. 사람들에게 방문하라고 청하다가도 가끔은 혼자 있고 싶다고 말했다.[10]

수도원 지도자들은 포기와 귀의가 한순간에 이뤄지지 않는다고 자주 언급했다. 그것은 지속적인 단절 과정의 일부였고, 길게 보면 엄청난 고행길이었다. 7세기에 시나이Sinai산에서 글을 썼던 요한 클리마쿠스John Climacus 수도원장은 "사람들이 그걸 제대로 이해한다면 애초에 아무도 세상을 포기하지 않을 것"이라고 꼬집었다.[11] 모든 것을 포기하겠다는 중대한 결정을 내리고 난 후에도 수도자들은 소유물과 사회적 연결 고리, 일상적 업무 등 그때까지 그들의 관심을 끌었던 온갖 우선 사항에서 벗어나기 위해 끊임없이 노력해야 했다.

소유냐 집중이냐, 그것이 문제로다

단절을 위한 맞춤형 공식 따위는 없었다. 수도자마다 다른 방법을 동원했다. 무엇을 '세상'으로 간주하고 무엇을 '포기'로 간주할지 결정하는 일은, 애초에 구분 짓기 어려운 것을 굳이 구분 짓겠다는 뜻이었기 때문이다. 세상 어디에나 존재하는 하나님에게서 어떻게 분리될 수 있겠는가. 자아가 전체 우주 체계 안에 자리 잡고 있는데, 윤리적 의무에서 어떻게 벗어날 수 있겠는가.

가령 소유물을 포기해야 하는 의무만 해도 다양한 형태로 나타났다. 자신의 복음서마저 내놓을 정도로 소유물을 다 포기한 은수자隱修者들의 이야기가 수도자 사이에서 인기를 끌었던 이유는, 그런 사례가 드물었기 때문이다. 아우구스티누스는 4세기 말에 자신의 수도공동체에 머물던 수도자들에게 재산을 다 포기하라고 촉구했다. 하지만 아우구스티누스의 서신에서 알 수 있듯이, 수도자들이 실제로 재산을 다 처분하기까지는 상당한 시간이 걸렸다. 어머니나 형제자매나 다른 부양가족이 그들 없이도 편히 살 수 있도록 조처해야 했기 때문이다.

로마제국 시대의 지방 관료였다면 각종 의무와 세금 문제를 처리하느라 포기 과정이 더욱 더뎠을 것이다. 심지어 재산이 많지 않았던 수도자들에게도 빈손이 되는 일은 매우 복잡하고 까다로웠다. 그래서 일부 수도원은 모든 소유물을 양도하고 해당 거래를 기록함으로써 소유권 문제에 관한 법적 절차를 완전히 매듭지은 다음에야 수도복을 입을 수 있도록 허락했다. 수도자들은 재산을 수도원에 기부하거나 자신이 좋아하는 사람에게 양도할 수 있었다. 핵심은 소유물을 완전히 포기하는 것이었다.[12]

반면에 이집트의 여러 수도원에선 수도자들이 사유재산을 보유할 수 있게 허용했다. 파피루스 계약서와 기타 법적 문서 등 9세기 후반의 증거를 살펴보면, 수도자들이 토지와 작업장, 노예, 심지어 자신의 수도실까지 소유하고 거래했음을 알 수 있다. 아울러 지중해 일대의 수도자들은 현금을 더 마련하려고 부업에 나서기도 했다. 이는 소유욕 때문이 아니라 늙고 병들었을 때 의료비를 충당할 여력이 없을까 봐 걱정했기 때문이다. 카시아누스는 이런 이유로 돈을 버는 게 적절하지 않다고 생각했지만, 누구나 다 그의 생각에 동의하진 않았다.[13]

이렇듯 다양한 관행에 비춰 볼 때, 재산과 부업이 수도자의 수행을 방해하는지에 대한 의견이 분분했음을 알 수 있다. 결국 물질적 소유를 포기하는 것 자체가 목적은 아니었다. 그것은 수도자가 자신의 궁극적인 자산, 즉 (4세기의 어느 유명한 설교집에 나오듯이) "자신의 은밀한 소유물인 마음과 생각"을 포기하기 위한 전제조건에 불과했다.[14] 핵심은 물질이 아니라 집중력에 있었기에, 수도자들은 물질이 생각에 미치는 영향과 그것을 관리하는 방법에 대해 각자 다른 결론에 도달했다. 그들 중 일부는 특정한 형태의 소유권은 수도자의 마음에 해롭지 않다고 판단했다.

어떤 공동체는 물건에 '내 것mine'이라는 소유대명사를 쓰지 말라고 수도자들에게 가르쳤다. 심지어 의복마저도 공유하라고 요구했다. 하지만 다른 공동체는 수도자들에게 의복을 배정해 주었고, 시리아에선 자기 물건에 이름을 써놓도록 허용한 곳도 있었다. 일례로 갈리아의 하마게Hamage수도원 소속 여성 수도자들은 음료수 잔에 문구를, 특히 적어도 한 명은 대문자로 자기 이름 '오길드AUGHILDE'를 새겨 넣었다.[15]

잠자리도 까다로운 문제였다. 대다수 공동체는 수도자에게 개별 침대를 배정했다. 개중엔 독방을 배정받는 수도자도 있었다. 그런데 독방이나 기숙사를 배정받으면 '자기' 물건을 보관하는 개인 공간으로 생각해 소유욕에 사로잡힐 위험이 있었다. 그래서 수도자들은 문이나 서랍장에 자물쇠를 채우지 말라는 말을 자주 들었다. (고고학 연구에 따르면 그러한 권고에도 일부 수도자는 자신의 수도실과 가구에 자물쇠를 채웠다.) 수도자들은 또 매트리스 밑에 물건을 숨기는 것도 금지되었다.[16]

"수도자의 사랑은 수도실에만 있으니"

한편 사회적 포기에 관해서는 해결책이 마련되어 있었다. 단순히 장소만 옮기는 것으론 충분하지 않았는데, 가족과 친구가 여전히 수도자의 집중력에 위험 요소로 작용했기 때문이다. 가령 부모와 함께 살던 멋진 집을 떠올리며 자신의 비좁은 독방이 끔찍하다고 생각할 수 있었다. 하나님에게 기도를 올리다가 사랑하는 사람이 생각나 마음과 목소리가 따로 놀 수도 있었다. 영적인 꿈을 꾸거나 그냥 평화롭게 잠들기보단 가족이 감옥에 갇히거나 가난에 빠지거나 죽음에 이르는 악몽을 꿀 수도 있었다. 혈연관계의 수도자들이 같은 수도원에 살고 있다면, 서로 멀리할 것을 권장받았다. 기독교 문화가 공동체 개념을 세울 때 로마의 가족 가치에 크게 의존했고, 또 전도자들은 평신도들을 상대로 가족과 하나님에게 똑같이 헌신할 수 있다고 설교했지만, 수도원 문헌에선 그 둘을 양극단으로 표현하는 경향이 짙었다. 가족에 대한 헌신과 수도 생활에 대한 헌신은 별개였기에, 결국 수도자들의 관심은 양분될 수밖에 없었다.[17]

그런 이유로 대다수 수도원에선 수도원장에게 수도자의 우편물을 검사하게 했고, 심지어 일부에선 수도자가 우편물을 받는 것조차 금지했다. 이따금 도착하는 편지와 선물이 사회적 유대를 조장해 하나님을 향한 헌신을 방해한다고 보았기 때문이다.[18] 연장선에서 수도자들은 만찬회나 결혼식 초대에 응하지 않아야 했다. 심지어 세례를 베풀거나 대부모 역할을 하거나 지역 교회와 묘지에서 성인들을 기리는 축제에 참석하는 등 명백한 기독교 행사들도 죄다 거부해야 했다. 그러한 활동 자체가 문제는 아니었다. 다만 그러한 활동에서 비롯되는 파급력이 문제였다. 6세기에 출간된 《타른수도원의 수도 규칙Rule of the Monastery of Tarn》에 나와 있듯이, 그러한 행사에 참석하면 "몸과 마음이 세상의 삶으로 이끌리게 되었다." 행사가 펼쳐지는 시간뿐 아니라 그 행사를 기억하는 내내 마음이 들떴다.[19]

가족을 방문하는 일도 같은 이유로 문제가 되었다. 수도자들은 이따금 가족을 만나긴 했지만, 그 일로 갈등을 느꼈다. 프랑주는 여자 형제인 치Tsie와 정기적으로 연락을 주고받았다. 치는 프랑주가 만든 직물을 대신 거래해주거나 생활필수품을 사다주었는데, 이처럼 볼일이 있을 때 말고도 종종 만나면 안 되겠냐고 하소연했다. 성인으로 추앙받는 베네딕트에게는 역시 수도자였던 스콜라스티카Scolastica라는 여자 형제가 있었다. 남매는 고작해야 1년에 한 번씩 만났다. 한번은 스콜라스티카가 평소보다 오래 이야기를 나누면 좋겠다고 청했는데, 베네딕트는 기적을 겪은 후에야 이를 수락했다(갑자기 비바람이 몰아쳐 베네딕트가 떠나지 못했다—옮긴이). 더 극적인 예로 사막 교부인 피오르Piôr는 수도자가 된 뒤로 50년 동안 가족과 연락하지 않았다. 피오르의 여동생은 오빠의 안부를 묻기 위해 그의 동료들에게 편지를 보내야 했다. 그러자 동료들은 그에게 동생을 만나러 가라고 압력을 가했다. 보비오의 요나스Jonas of Bobbio는 9년 만에 부모를 만나러 갔다가, 도착한 날 몸이 아파오자 당장 수도원으로 돌아가라는 징조로 받아들였다.[20]

수도자들은 이러한 상황에서 상반된 감정을 느꼈고, 세상 나들이가 어떤 식으로든 그들의 마음을 샛길로 빠트릴까 봐 염려했다. 독거 수도자들은 기도해야 할 시간에 세상 밖으로 나갈 핑곗

거리를 찾지 못하도록 서로 격려했다. (다만 수도원장은 목회와 정치적 부름에 응하기 위해 길을 나설 때가 많았고, 수도원의 법률 사무를 처리하는 수도자들도 외출이 꽤 잦았다.) 그런 이유로 수도원에 기거하는 대다수 수도자는 외출할 때 허락받아야 했다. 외출했다가 돌아온 수도자들과 나누는 **담소**조차 산만함의 원인으로 여겨졌기 때문이다. 몸소 외출하든, 외출하고 온 사람과 담소를 나누든 마음이 샛길로 빠질 가능성을 키울 뿐이었다. 가령 왕래하는 사람들을 훔쳐보는 식의 사소한 잘못이나 성매매 같은 엄청난 잘못으로 이어질 수 있었다.[21]

따라서 외출하지 않는 게 최선이었다. 하지만 꼭 나가야 한다면 목표에만 몰두한 채 마음의 경계를 늦추지 말아야 했다. 수도자들은 흔히 공공장소에서 눈을 내리깔고 다녔으므로 기독교인이나 비기독교인 할 것 없이 그들을 쉽사리 알아봤다. 심지어 수도자들은 여행용 서책에 쓰인 〈시편〉을 암송해야 한다는 규칙도 있었다. 400년대 후반의 어느 수도 규칙서에도 나와 있듯이 "수도자의 사랑은 수도실에만 있으니, 그곳을 천국처럼 여겨야 했다."[22]

머물거나 떠돌거나

은수자가 되지 않거나 수도원에 들어가지 않은 사람은 세상과 단절하고 수도 생활로 전환하기가 훨씬 더 힘들었다. 그들은 원래 살던 집에 머물거나 떠돌아다니며 구걸이나 후원에 의지해 생계를 꾸리면서 금욕과 수행과 기도에 전념했다. 힘겨운 일이었지만, 그들의 활동을 보면 육체적 고립이 수도자의 필수 요건은 아니라는 사실을 분명히 알 수 있다.

카파도키아의 젊은 여성인 마크리나Macrina는 바실리우스와 니사의 그레고리우스Gregorius of Nyssa의 누이인데, 열두 살 때 약혼자가 갑작스럽게 죽은 후 혼자 힘으로 살겠노라고 마음먹었다. 이 말은 곧 결혼하지 않고 가족과 지내면서 부유한 부모가 집안의 노예들에게 시켰던 일을 떠맡는다는 뜻이었다. '언약의 아들과 딸Sons and Daughters of the Covenant'로 불린 시리아의 어느 무리도 기존에 살던 집이나 아파트에 가족과 함께 머물면서 새로운 삶으로 전환했다. 그들은 사업 거래와 소송과 군 복무 따위에 전혀 관여하지 않았다. 육식과 포도주를 멀리하고 결혼도 하지 않았다. 〈시편〉을 암송하고 가난한 사람들을 돌보며 꾸준히 기도했을 뿐이다. 이러한 삶은 그 지역 주교였던 에데사의 라불라Rabbula of Edessa가 그들에게 기대했던 바였다. 이와는 대조적으로 이집트의 여러 법률 문서를 보면 집에 머물던 수도자의 다수가 공동체에 활발히 관여했다고 나온다. 그들은 자기 집에서 방을 빌려 생활했고 소송에도 참여했다.[23]

수도원에 들어갔든 안 들어갔든 세상과 단절된 이집트 수도자들은 4세기에 자신들을 **아포탁티코이***apotaktikoi*·**아포탁티카이***apotaktikai*, 즉 '포기자renouncers'라고 불렀다. 하지만 이 용어는 오래 가지 못했고, 곧 누구를 진정한 '수도자'로 부를 만한지를 두고 갑론을박이 벌어졌다. 4세기 후반에 접어들자 비평가들은 떠돌이 수도자들이 스스로 생계를 꾸리지 못한다고 비난하기 시작했다. 그들은 떠돌이 수도자들과 집에서 생활하는 수도자들을 싸잡아 게으르고 이기적이며 산만하다고 비웃었다. 5세기에 앙키라의 닐루스Nilus of Ancyra 수도원장은 떠돌이 수도자들을 충동 조절 능력이 떨어지는 사기꾼으로 묘사했다. 서로 밀접하게 관련된 라틴어 문헌인 《사부의 수도 규칙Rule of the Master》과 《베네딕트 수도 규칙Rule of Benedict》은 집에 머무는 수도자들을 단호하게 거부했고, 그들이 어떤 규칙을 따르기보단 "뭐든 원하는 대로" 한다고 비난했다. 6세기에 세비야의 레안데르Leander of Seville는 누이인 플로렌티나Florentina에게 도시 생활을 "반드시 피하라"라고 경고했다. 집중력에 온갖 제약을 가하는 '사생활'의 한 형태라는 이유였다.[24]

그런데도 일부 수도자는 계속 가정적 환경에서 생활했고 일부는 계속 떠돌아다녔다. 그래서 그들을 헐뜯는 목소리도 수 세기 동안 이어졌다. 비판자들은 겉으론 철학적 이유를 내세웠지만, 속으론 이러한 형태의 영적 세력에게 위협을 느꼈다. 그들의 불만은 흔히 계급주의적이고 성차별적이었다. 가령 평생 농부로 살다가 떠돌아다니면서 카리스마 넘치는 상담가로 활약한 남성들이 있었는데, 그들을 후원한 사람은 대부분 여성이었다. 또한 누구나 집에서 금욕적인 삶을 살 수 있었다곤 하지만, 실제로 이를 선택하는 기독교인은 남성보다 여성이 많았다. 이집트의 옥시링쿠스Oxyrhynchus에서 발견된 방대한 파피루스 문헌을 보면, 여성 **아포탁티카이**가 남성 **아포탁티코이**보다 두 배나 많았다는 사실을 알 수 있다.

그런데 이런 삶을 선택한 여성이 부유하고 권력도 있을 땐 비판의 목소리가 좀 더 신중해졌다. 가령 (훗날 성인이자 교부로 추대되는) 히에로니무스Hieronymus는 인맥이 좋고 논쟁을 즐겼는데, 가정 내 금욕주의를 택한 친구들을 아주 에둘러 비판했다. 그의 친구 중 한 명인 마르첼라Marcella는 아벤티노Aventino 언덕(로마가 처음 자리 잡은 일곱 언덕 중 하나—옮긴이)의 궁전 같은 저택을 여성들의 수행 센터로 개조했다. 본인 스스로 한동안 떠돌이 수도자였던 히에로니무스는 로마의 이 엘리트 여성들을 대놓고 비판하고 싶진 않았다. 그들이 친구이자 자신의 재정적 후원자였기 때문이다. 대신 그는 이단적인 수도자들을 '렘누오스*Remnuoth*'라고 불렀다. 콥트 교도의 비속어에서 따온 표현이었는데, 정도에서 벗어난 이집트식 관행이 로마까지 비집고 들어왔음을 비꼰 것이었다. 그는 친구들을 나쁜 수도자라고 말하진 않았다. 다만 이런 식으로 사는 **일부** 수도자가 형편없이 수행한다고 했을 뿐이다.[25]

물론 모든 수도자가 집에서 금욕 생활을 하는 기독교인들을 깎아내리지는 않았다. 5세기에서 6세기로 접어들 무렵 저술가로도 활동한 요한 루푸스John Rufus는 캅카스의 이베리아왕국을 다스리는 지배 가문이 "수도자다운 삶을 산다"라고 칭찬했다. 반세기 뒤에 성인전을 집필한 에페수스의 요한John of Ephesus은 금욕적인 가정을 꾸린 동시에 정직한 거래와 자선 활동으로 성공해 존경받는 두 형제 상인에게 깊은 감명을 받았다. 사막 교부인 피아문Piamun은 카시아누스와 게르마누스에게 독실한 어느 여주인의 이야기를 들려주었다. 부모에게 집을 물려받은 그는 알렉산드리아의 주교에게 허약한 과부를 한 명 보내주면 자신이 잘 돌보겠다고 청했다. 그런데 막상 집에 찾아온 과부가 건강하고 예의도 바르자 주교에게 다른 사람을 보내달라고 다시 청했다. 성가심을 느낀 주교는 말도 많고 술도 즐기는 과부를 보냈다. 금욕적인 여주인은 새 손님이 모욕과 심지어 폭행까지 일삼았는데도 너그럽게 받아주고 돌봐주었다. 피아문은 동료 수도자들에게 경각심을 일깨우고자 여주인의 이야기를 들려주었다. 즉 이 여성은 다른 수도자들이 인간 사회를 떠나 동굴에서 살아야만 얻을 수 있는 인내심과 겸손을 갖추었다고 예리하게 강조했다.[26]

피아문은 이 이야기에서 두 가지 상충하는 주제, 즉 세상과 떨어져 있다고 해 수도자가 되는 것은 아니라는 깨달음과 그러한 고립에 대한 집착을 모두 인정했다. 세상은, 좀 더 정확히 말해 세상의 산만함은 어디서나 수도자를 괴롭힐 수 있었다. 그런데 집 안에서 생활하거나 떠돌아다니는 형태의 수행과 관련해 우리가 발견한 증거는 대부분 그런 관행을 실제로 숭배하거나 실천했던 사람들이 아니라 비판했던 사람들이 썼다. 다른 수도자들에게 걸핏하면 무시당하던 '대안적' 형태의 금욕 생활이 독방이나 공동체 형태의 수도원 제도보다 더 널리 행해졌는데도 그렇다.[27] 다시 말해 **우리**가 전형적인 수도자로 떠올리는 사람들은 사실 목소리 큰 소수였다. 피아문이 지적했듯이 어수선한 환경에서 물리적으로 벗어나지 않고도 한 가지 일에 집중할 수 있었다. 많은 수도자가 은신처에 숨지 않고도 멀티태스킹의 오류를 이겨냈다.

고수는 환경을 따지지 않는다

고정된 수행처를 찾아 집을 떠났던 많은 수도자가 포기abandonment의 개념을 창의적으로 해석했다. 그들은 주변 환경을 사막, 독방cell, 벽wall으로 단순하게 묘사했는데, 실제 거주지는 매우 다양한 방식으로 이러한 미학을 구현해냈다. 일부 은수자는 동굴이나 텐트, 심지어 허허벌판에서 잤다. 마케도니우스Macedonius는 어디를 가든 땅에 구멍을 뚫고 사는 것을 선호해 '구덩이'라는 별명을 얻었다. 다른 은수자들은 마을 변두리, 교회나 수도원의 탑, 빈 수조의 바닥에 거주했다. 심지어 음식물을 제공받을 도르래가 달린 기둥 꼭대기에서도 살았다. 이러한 주상柱上 고행자들은 '스타일라이트stylite'로 불렸는데, '기둥'을 뜻하는 그리스어 스틸로스*stylos*에서 유래된 용어다. 나일강을 기준으로 룩소르Luxor 바로 건너편에 있는 서부 테베에서는 프랑주 말고도 파라오 무덤과 고대의 여러 안치소를 수도원으로 개조해 사용하는 수도자가 많았다. 그들은 페인트칠만 새로 하는 정도로 공간을 손질하고 사용했다.[28]

은둔처와 마찬가지로 수도원도 다양한 형태로 세상에 자리 잡았다. '성聖사바스의 대大라우라Great Laura of Saint Sabas'는 유대 사막의 협곡 절벽을 깎고 다듬어서 세운 수도원이었다. 페르시아만의 하르그Kharg섬에서 수도자들은 쾌적한 지역을 마다하고 바람 불고 황폐한 지역에 수도원을 짓기로 했다. 그들은 수도원을 돌담으로 에워싸고, 그 돌담의 적어도 두 측면을 따라 각 수도자를 위한 독방을 지었다. 갈리아 북부의 과부 제르트루드Geretrude는 정치적으로 영향력이 컸는데, 스카르프Scarpe 강변의 숲처럼 우거진 늪지대에 여성 수도자들만을 위한 하마게수도원을 짓게 했다. 이 수도원은 나무 울타리와 도랑으로 둘러싸여 있었고, 수도자들의 독방은 목재 오두막이었다.[29]

다른 수도원들은 도시와 교외와 농지에 세워졌다. 파코미우스가 이집트에 건설한 여러 수도원은 나일강의 비옥한 평원 지대에 자리 잡았다. 시리아의 수도원은 흔히 마을이나 마을 인근에 있었다. 이때 건물 자체는 매우 다양한 장소에 지어지거나, 아니면 무덤과 사원, 사유지, 체육관, 저택, 황폐한 마을 등 기존 공간들의 용도를 변경해 마련되었다. 수도원의 '대표적' 구조를 정의하기가 무척 어려운 이유다. 사실 고고학자들이 애초에 수도원이라고 식별하기도 어려울 정도다. 예를 들어 6세기, 또는 7세기의 어느 소규모 수도자 무리는 아르고스Argos라는 도시의 목욕 시설을 수도원으로 사용했다. 이곳이 수도원이었음을 증명하는 유일한 단서는, 약탈꾼들을 향해 수도자들에게 접근하지 말라는 경고문을 새긴 경내 무덤의 묘비다.[30]

오늘날 우리에겐 세상과 멀리 떨어져 있다고 생각되는 수도원들도 1500년 전엔 꼭 그렇게 인식되지 않았다. 이란 서부의 수도자들인 야즈딘Yazdin과 페티온Pethion은 비수툰Bisutun의 험준한 산에 자신들의 독방 수도실을 세웠다. 그런데 당시 비수툰은 산간벽지가 아니라 사산왕조 페르시아에서 가장 유명한 장소였다. 그곳에서 서쪽으로 지중해 반대편 끝까지 한참 가야 나오는 카브레라Cabrera섬에서도 수도원은 무역과 해상 교통의 번잡한 요지에 자리 잡았다. 그곳의 수도자들은 동지중해 연안의 레반트에서 물품을 수입했다. 비슷한 예로 6세기에 발렌시아의 유스티니아누스Justinianus of Valencia 주교는 쿠예라Cullera에 푼타데릴라Punta de l'Illa수도원을 지었다. 그의 묘비에는 수도원이 파도와 성벽으로 온전히 둘러싸여 있다는 사실이 자랑스레 새겨져 있다. 고고학자들은 실제로 쿠예라 남쪽에서 커다란 성벽 잔해를 발굴할 수 있었다. 그런데 파도와 성벽에도 불구하고 수도자들은 여전히 섬 밖의 사람들과 교류했다. 심지어 아나톨리아에서 물약을 수입하기도 했다. 그들의 동전과 도기가 지중해 주변 세력들과의 교류를 입증해준다.[31]

이러한 수도원의 다양한 형태 그리고 세상과의 (생각보다 가까운) 거리가 곧 수도자들의 모순된 행태를 꼬집는 것은 아니다. 오히려 수도자들이 서로에게 강조했던 것을 강화한다. 즉 수도자라면 주변 환경에 상관없이 하나님을 향한 집중에 방해되는 것들에서 **초연해야** 한다. 그들은 팔라디우스Palladius의 이야기를 공유했는데, 천사가 고립감을 훼손한 수도자를 꾸짖으며 집중력이 높은 어느 여성 수도자를 칭찬하는 내용이다.

"당신은 이렇게 떨어진 곳에 살면서 마음속으로 여러 도시를 방황하지만, 그는 결코 하나님에게서 마음을 분리한 적이 없습니다."

수도자들은 사막 교모이자 수녀원장인 싱클레티카Syncletica의 말도 늘 묵상했다.

"산에 살면서 도시에 사는 것처럼 행동하는 사람이 많은데, 그들은 시간을 낭비할 뿐이다. 군중 속에 살면서 마음속으로 고독을 유지할 수도, 홀로 고독하게 살면서 온갖 생각으로 시끄러울 수도 있다."

한마디로 '마음속 수도실'을 제대로 갖추는 게 무엇보다 중요했다.[32]

사회 안에서 사회와 씨름할 것

수도자들이 세상과의 단절을 지나치게 강조했던 이유는 귀의한 후에도 계속해서 세상에 관여해야 했기 때문이다. 수도자들은 자신만의 마음속 수도실을 세워 대중에게 도움을 주는 존재가 되고자 부단히 노력했다. 그들이 도움을 줄 수 있는 영역은 무궁무진했다. 수도자들과 그들을 후원했던 공동체는 수 세기에 걸쳐 끈끈한 관계를 이어오면서, 수도원 제도를 기독교 사회의 사회적·영적·경제적·지적 영역 모두에서 주변적 요소가 아니라 중추적 요소로 발전시켰다.

수도자들이 세상에서 맡았던 역할의 범위는 실로 방대했다. 레반트, 특히 해안 도시에서 멀리 떨어진 농촌 지역의 수도자들은 문제 해결사의 지위를 차지했다. 평신도들은 착취하는 지주나 재산 분쟁, 질병 등 다루기 어려운 문제를 해결하고자 그들을 찾았다. 시리아어로 쓰인 수도 규칙서인 《이른바 마루타 법규집So-Called Canons of Maruta》은 도시마다 지역 교도소와 연락할 수도자를 선출하도록 요구했다. 선출된 수도자는 죄수들을 면회하고 변호

인 역할을 하며 법률 비용에 대한 기부를 요청하는 등 그들이 적절한 대우를 받도록 조치해야 했다.[33]

수도자들은 특이한 요청도 수없이 받았다. 일례로 히에로니무스가 남긴 시리아 수도자 힐라리온Hilarion에 관한 이야기를 살펴보자. 한번은 힐라리온에게 누군가가 찾아와서 자기 경주마들에게 사악한 마술사가 건 마법을 풀어달라고 청했다. 힐라리온은 이런 일에 시간을 쓸 생각이 없었다. 그런데 의뢰인이 현명하게도 마법적 해결책 대신 **기독교적** 해결책을 원한다고 거듭 강조했다. 그렇지 않으면 이교도식 해결책을 쓸 수밖에 없다는 말에 힐라리온은 결국 경주마들을 치료해주겠다고 동의했다. 힐라리온의 치료로 경주마들이 연승을 이어갔기에 히에로니무스는 가치 있는 일이었다고 단언했다. 그 뒤로 많은 경마 팬이 기독교로 개종했다고 한다![34]

고대 후기의 거룩한 기독교적 특징이 인간 사회에 어떻게 투영되었는지 분석한 역사학자 피터 브라운Peter Brown은 이미 수십 년 전부터 수도자들이 사회와 거리를 두면서도 사회에 꼭 필요한 존재였다고 지적해왔다. 이는 동전의 양면과 같았다. 수도자들은 사회적 분리를 통해 지지자들이 중요하게 여기는 통찰력을 연마할 자유를 얻었다. 아울러 협상가이자 조언자로서 중립성도 확보했다. 다만 수도자들은 스스로 떠났던 공동체에 전문 지식을 갖춘 중립적 중개자로서 관여하면서도, 때로는 그 과정에서 주의력이 흐트러진다고 호소했다. 하지만 그들의 불평에 호응하는 기독교인은 거의 없었다. 6세기에 에페수스의 요한은 주상 고행자 마로Maro the Stylite가 방문자들 때문에 하나님에게서 멀어지게 된다고 불평하자 사람들이 불쾌해했다고 전했다. 그보다 1세기쯤 전에 출간된 시리아어 번역본의 《주상 고행자 시메온의 생애Life of Simeon Stylites》는 기둥 꼭대기에 살았던 가장 유명한 수도자 시메온의 이야기를 전한다. 시메온은 많은 군중에게 둘러싸인 당당하고 위엄 있는 남자에 대한 환상을 보고 위협을 느꼈는데, 정작 사람들은 그가 방문자들에게 점점 염증을 느낀다며 몹시 꾸짖었다. 그런 점에서 레반트의 성직자들은 "사회 안에서 사회와 씨름했다."[35]

때로는 도움이 필요하다

북아프리카에선 상황이 약간 달랐다. 레반트와 달리 그곳에서는 수도자들을 열렬히 추종하지 않았다. 수도원은 6세기에 들어서야 외진 곳에 세워졌다. 그 무렵까진 고유한 복장을 갖춰 입었던 것 같지도 않다. 반면에 이집트 수도자들은 4세기와 5세기에도 다른 사람에게 의지한다는 의심을 피하고자 자신들을 자급자족하는 외부인으로 표현했다. 하지만 성인전 작가들의 기록에도 나오다시피 그들도 실제론 다른 사람들의 공급과 지원에 의존했다. 이집트 수도자들을 기록한 문헌에는 방문자들이 찾아와 조언이나 격려를 구했다는 이야기가 다수 포함되어 있다. 심지어 방문이 금지된 여성들까지 찾아와 잘 만나주지 않는 수도자들에게 어떻게든 도움을 청했다. 성인전에는 수도자들이 공동체에서 전면적으로 물러나 자급자족했다는 설명과 함께 이러한 이야기도 포함되어 있다. 성인전 작가들은 포기의 개념이 절대적이라기보단 상대적이라는 점을 잘 이해했다.[36]

지중해 주변의 다른 지역에서 수도자들은 평신도들의 열렬한 후원을 끌어낼 특별한 의식을 개발했다. 바로 중보 기도였다. 이는 수도자들의 기도가 하나님에게로 가는 통로라는 오랜 신념에서 비롯되었다. 카시아누스는 수도자들의 헌신과 수행이 하늘을 관통하는 기도의 탑을 쌓는 데 도움을 준다면서, 중보 기도를 우주적 건설 프로젝트에 비유했다. 무엇보다 이러한 의사소통 방식은 사회적으로도 유익하다고 여겨졌다. 일찍이 4세기 중반에 시리아의 에프렘Ephrem은 홀로 수행하는 수도자들을 향해 "죄에 묻힌 세상이 당신들의 기도 덕분에 강해지고 있다"라고 선언했다.[37]

수 세기가 흐르면서 이 기도의 탑에는 점점 더 무거운 짐이 실렸다. 시메온의 기도는 "피조물을 지탱하는 들보"에 비유되었다. 유스티니아누스 황제는 수도자들이 올바로 살아갈 때 그들의 기도는 막강한 군대와 안정된 도시, 풍작과 풍어의 형태로서 "온 왕국에 하나님의 은총을 가져다준다"라고 단언했다. 기독교인들도 점차 자신들의 영혼을 위해 수도자들이 기도해주기를 기대했다. 위제의 페레올루스Ferreolus of Uzès는 자신이 세운 수도공동체에 이렇게 전했다.

"신앙심 깊은 벌 떼처럼 모여들었으니, 이제 나의 여러 죄를 대신해 기도의 꽃을 바치고 나를 위해 중보 기도의 달콤한 꿀을 생산해주길 바랍니다."

다른 기부자들은 좀 더 직설적이었다. 가령 지중해 동부의 기부자들은 영생을 누릴 요량으로 수도자들에게 기도할 때마다 자신들을 기억해달라고 요청했다. 7세기부터 유럽의 기부자들은 선물 증서에 "내 영혼의 보호와 치유"를 구한다고 대놓고 적었다.

기부와 지원은 토지와 현금 외에도, 보석이나 직물이나 가축 같은 동산, 어린이, 세금 혜택 등 다양한 형태로 이루어졌다. 하지만 기부를 통해 구원을 '구매'했다고 생각하진 않았다. 기부자들은 이러한 선물을 거래transactions가 아니라 **변형**transformations으로 생각했다. 즉 자산을 바침으로써, 수도자들이 세상을 버렸을 때 치른 더 심오한 희생을 조금이나마 본받았다고 여겼다. 즉 그들 나름의 방식으로 포기와 신성한 집중의 대업에 참여했다. 북아프리카의 한 성인전 작가가 주장했듯이 기부자의 지원은 수도자들이 물질적 문제로 "산만해지지" 않도록 해주었다. 물론 수도자들뿐 아니라 평신도들도 여전히 기도를 드려야 했다. 다만 그들은 세속의 부를 천상의 보물로 바꿔주는 특별한 변형이, 세상의 산만함을 차단하고 하나님에게 다가가려고 끊임없이 노력하는 전문가들에 의해 엄청나게 증폭될 수 있다고 믿었다.[38]

일부 수도원은 외부 간섭을 차단해 수도자들의 기도 효과를 높이고자 방문객의 출입을 금지했다. 하지만 대부분의 수도자는 자신의 신성한 공간에 오는 대중을 환영했다. 카스르 엘바나트Qasr el-Banat 공동체는 안티오크와 알레포 사이의 주요 도로 근처에 교회를 세워 여행자들이 쉽게 찾아올 수 있게 했다. 다뉴브강과 흑해 사이의 수하 레아Suha Reha 계곡에 솟은 백악산을 깎아 세운 수도원인 바사라비무르파틀라Basarabi-Murfatlar도 순례자들을 환영했다. 우리가 그 사실을 아는 이유는, 수도원 교회당의 백악질 벽에 그런 낙서가 적혀 있기 때문이다.

수도공동체는 대중에게 구호품과 의료 지원 등 여러 서비스를 제공했다. 하지만 이게 다가 아니었다. 수도자가 되지는 않았지만 수도자처럼 생활하며 자신의 죄와 범법 행위를 속죄하려는 사람들을 위한 참회 센터의 역할도 했다. 대부분의 수도자도 구내에 찾아오는 손님, 특히 도망자나 여행자를 반갑게 맞아야 한다고 생각했다.[39]

수도자들은 이러한 업무와 돌봄이 중요하다는 사실을 알았고, 그 일을 도덕적 의무라고 여겼다. 하지만 이런 임무를 수행하는 중에 마음이 흐트러질까 봐 염려하기도 했다. 그들은 방문객의 가방을 뒤지거나 손님들 앞에서 자기 자신을 과시하고픈 유혹을 느낄 수도 있었다. 또 신참자들에게 질문을 퍼붓거나 그들과 계속 어울려야 한다고 느끼기도 했다. 그러다 보니 일부는 그런 일에 짜증을 부렸다. 9세기 카롤링거왕조 시대의 주석가들에 따르면, 수도자들의 우상인 베네딕트는 손님들을 썩 환대하지 않았다고 한다. 그럼으로써 후대의 수도자들이 겪었던 성가신 의무를 피했다. 하지만 이러한 회고는 옛 시절에 대한 향수에 지나지 않았다. 수도자들은 자기 수양과 환대라는 서로 상충하는 책임에 관한 이야기를 수 세기 동안 주고받았다. 투르판에서 소그드어를 사용하는 기독교인 가운데 동시리아 전통을 따르는 초기 금욕주의 집단은 "나쁜 생각과 여행자는 결국 떠나간다"라는 말로 위안을 삼았다. 핵심은 방해 요소에 휘둘리지 않는 것이었다.[40] 하지만 수 세기가 흐르면서 수도자들은 자신들의 영적 집중력을 흩트리는 대중을 위해 그 집중력을 발휘해야 한다는 역설에 발목이 잡혔다.

누구나 변할 수 있다

고대 후기와 중세 초기에 지어진 것 가운데 지금까지 남아 있는 가장 웅장한 수도원 두 곳은 상부 이집트의 타흐타Tahta와 소하그Sohag에 자리 잡고 있다. 둘 사이의 거리는 3킬로미터에 불과하다. 하나는 석회암으로, 다른 하나는 벽돌로 지어졌다. 오늘날에는 하얀 수도원White Monastery과 붉은 수도원Red Monastery으로 불린다. 하얀 수도원은 450년경에 셰누테가 세웠는데, 당시엔 수도원을 도시 건축물처럼 크고 웅장하게 짓지 않았다. 따라서 다른 수도자들은 소박한 건물을 선호했지만, 셰누테가 하나님에 대한 공동체의 헌신을 표현하는 동시에 자신의 권위와 지도력도 드러낼 요량으로 호화로운 대성당을 짓겠다고 우겼다. 1세기쯤 뒤에 다른 수도자들이 이 수도원을 모방해 붉은 수도원을 지었다. 두 건축물은 수도자들이 세상과 맺는 관계, 즉 단절과 공생의 양면적 특성을 잘 보여준다. 이 기념비적인 두 수도원은 평신도들의 아낌없는 후원에 힘입어 조성되었다. 평신도들은 적어도 겉보기엔 속세에서 벗어나 하나님에게 온전히 집중하는 수도자들의 사회적 역할을 지원하고 싶어 했다.[41]

일부 관찰자는 부유한 기부자들을 향한 관용이 지나칠 정도라고 꼬집었다. 일례로 그레고리우스는 《대화집》에 시리아 남자 이삭의 이야기를 실었다. 이삭은 스폴레토Spoleto의 한 교회에 나타나 사흘 동안 계속 기도를 드렸다. 교회의 한 관리자가 이 신참자의 뛰어난 집중력을 질투하다가 그만 악마에게 홀리고 말았다. 이삭이 악마를 쫓아주자 스폴레토의 유력자가 그를 잘 알지도 못하면서 자신의 수도원을 지어달라고 강력히 권했다. (이삭은 온갖 제안을 거절했고, 그레고리우스는 그 점을 높이 샀다.) 그보다 한 세기 전인 500년경에는 다신교 역사학자 조시모스Zosimos가 수도자들을 가리켜 모든 것을 포기해 모든 것을 소유하게 된 매우 성공적인 식객食客이라고 더 암울하게 논평했다.

조시모스가 상황을 냉소적으로 바라보긴 했지만 어쨌든 정확한 논평이었다. 역사학자로서 그는 기독교인들이 돈 쓰는 방법을 바꿨다는 점에 주목했다. 좀 더 최근 세기에 활동한 역사학자들도 4세기에서 8세기에 걸쳐, 특히 500년대에 들어서면서 기독교인들이 로마제국의 부동산 중 약 3분의 1을 수도원과 교회에 양도했다고 추정했다.[42]

번영과 함께 면밀한 감시가 뒤따랐다. 표현의 달인이었던 셰누테는 수도자들에게 그들의 비즈니스 관계가 외부 세계에 어떻게 비칠지 고려하라고 거듭 촉구했다. 그들은 합리적인 가격에 물건을 사고팔아야 했다. 해운료를 시세대로 다 지급해야 하고, 고객에게 선금을 요구해서는 안 되며, 각종 대금을 깎지 말아야 했다. 심지어 공유지에서조차 땔감을 너무 많이 모으지 않도록 주의했다. 무엇보다 공짜로 물건을 받으면 안 되었다. 그랬다간 대중에게 "비렁뱅이"로 비칠 수 있으며, 그들이 수도복이라는 "위대하고도 영광스러운 제복을 경멸하도록" 할 수 있었기 때문이다. 라불라와 아우구스티누스도 비슷한 우려를 표명했다. 하나님에게 집중할 수 있는 자유를 무임승차할 권리와 착각하면 안 되었다.[43]

한편 기부자들은 자신들의 공적을 직접 확인하고 싶어 했다. (지금의 스위스 북부에 있는) 생갈Saint Gall수도원의 수도자들은 집중력을 시험해보려는 황제들의 비위를 맞추느라 고심해야 했다. 황제가 수도원에 방문할 때면 어린 수도자들조차 꼼짝하지 못했다. 우리가 이런 내용을 아는 이유는 11세기에 에케하르트Ekkehard라는 수도자가 일일이 기록해두었기 때문이다. 신성로마제국의 황제들을 포함한 수도원의 기부자 무리가 수도자들의 집중력을 높이 평가했기에, 에케하르트는 생갈수도원의 명성을 위해 곧이곧대로 적진 않았을 것이다. 수 세기 전 시리아의 수도원 정책도 기부자를 대할 때 이 정도로 실용적이었다. "수도원의 친구와 기부자와 교사는 [수도원장] 에게 괄시받아선 안 되며, 수도원장은 자신이 가진 것으로 그들을 맞이해야 한다." 수도자들은 항상 세상과 좋은 관계를 유지해야 했지만, 그렇게 하는 것을 항상 좋아하지는 않았다.[44]

물론 그들에게는 언제나 그만둘 권리가 있었고, 실제로 상당수는 그만두기도 했다. 이러한 사례는 수도원과 세상의 복잡한 관계를 다시 한번 부각한다. 주교들은 흔히 수도자로 경력을 시작해 금욕적 수행을 거치면서 새로운 직책을 맡았다. 기독교인들이 세상과의 단절을 영적 재능의 지표로 높이 평가했기에, 5세기 무렵까진 이것이 일종의 자격 증명서처럼 작용했다. (물론 일부 기독교인은 주교들이 금욕적 수행보단 특권적 배경 때문에 그 직책을 맡았다고 비판하기도 했다.) 수도자들의 진로가 항상 탄탄대로였던 건 아니다. 총애를 잃은 엘리트 수도자들은 은퇴하거나 수도원에서 탈퇴하도록 강요받았다. 추방된 사람들은 다시 수도자가 되지 못하거나 적어도 다른 수도자들처럼 행세하지 못했을 수 있지만, 여전히 막후에서 영향력을 행사하기도 했다. 그러다가 정치적 바람이 바뀌면 일부는 원래 자리로 복귀했다.[45]

평신도로 돌아온 수도자들의 더 일반적인 사례들은 신성한 영역과 세속적 영역의 경계가 굳게 지켜지기보단 얼마나 쉽게 뚫렸는지 보여준다. 수도자들은 자신들에 관한 여러 이야기를 공유했다. 불륜이나 다툼, 극도의 피로 등 무슨 이유로 떠났든지 다시 돌아온 수도자들은 세상에 되돌리지 못할 일이 없다는 사실을 일깨워주었기 때문이다. 쥐라Jura산맥에 있는 콘다트Condat수도원에서 한 원로 수도자가 수도원장에게 나쁜 짓을 저지른 형제들을 쫓아내야 한다고 불평했다. 수도원장은 그 말에 깜짝 놀랐다. 누구나 변할 수 있고 또 변하려고 시도할 기회를 누려야 했기 때문이다. 수도원장은 자신의 주장을 뒷받침할 만한 여러 성경 구절과 함께 수하에 있는 수도자들의 이야기를 들려주었다. 그들 중 상당수가 수치스러운 일을 저질러 몹시 안타까웠고, 심지어 일부는 두세 번이나 떠났지만, 결국엔 다시 돌아왔다고 강조했다.[46]

애초에 수도자가 되겠다고 결심하기도 어렵지만, 수도자의 마음을 끊임없이 현혹하는 물질과 사람과 장소 등 세상과 단절하기는 더 어려웠다. 수도자들이 도덕적 의무감에서 제공하는 서비스가 하나님에게 집중하겠다는 그들의 굳건한 다짐을 위협할 수도 있었다. 단절에 관한 멋진 이야기는 동경의 대상이었지만 애초에 불가능했다. 세상을 완전히 등질 수는 없었다. 우리처럼 일시적으로 차단하는 것보단 더 효과적이겠지만 단절이 결정적 해결책은 아니었기에, 수도자들은 산만함에 공동으로 대처하고자 서로에게 도움을 청했다.

2장

공동체:

말은 홀로
달리지 않는다

완벽한 단절이 불가능하다면,
집중을 위해
서로 도울 수는 없을까.

실제로 많은 수도자가
공동체의 품 안에서 지냈다.

그들은 말과 행동,
심지어 생각까지
인간 활동의 모든 부분에서
서로의 집중을 격려하고
산만함을 감시했다.

특히 노동에 대해서는
오늘날의 직장인들이 그러하듯
고유하고 독특한
집중 기술들을 고안해냈다.

파테르누스Paternus는 어렸을 때 어머니 손에 이끌려 수도원에 들어가 성인전의 여느 주인공들처럼 일찌감치 영적으로 성장했다. 얼마 지나지 않아선 수도실을 함께 썼던 동료를 설득해 노르망디 해안의 몽생미셸Mont-Saint-Michel만으로 가 함께 은수자 생활을 시작했다. 3년 뒤 두 사람이 원래 소속되어 있던 수도원의 원장 게네로수스Generosus가 그들의 행방을 쫓다가 어느 동굴에서 찾아냈다. 게네로수스는 파테르누스의 이탈보단 극단적 수행을 염려했다. 파테르누스는 고된 노동과 지나친 금식으로 몹시 야위었고, 수년째 함께 지내는 동료 외엔 사람들과 말도 섞지 않고 눈도 마주치지 않았다. 수도원장은 파테르누스가 수도 규칙에 과민 반응을 보였다는 점에서 길들지 않은 말과 같다고 했다. 굴레가 씌워지자 그대로 달아났다는 것이다. 그래서 몇 가지 조정안을 제시했다. 파테르누스가 동굴에서 지내도록 허락하되, 금식을 자제하고 이따금 다른 수도자들과 교류하도록 했다. 이러한 조치가 효과를 발휘했는지, 파테르누스는 70세까지 그 해안에서 수도 생활을 이어갔다.[1]

파테르누스는 수도원을 떠난 3년 동안 한 사람을 제외하곤 전혀 교류하지 않은 이유를 따로 설명하지 않았다. 어쩌면 성인전 작가가 관련 내용을 누락했을 수 있다. 그런데 고대 후기와 중세 초기의 수도자 가운데 비슷한 길을 걸었던 일부는 속내를 털어놓았다. 지중해 일대를 중심으로 수도원을 비롯한 관련 공동체가 증가하자 수도자들은 그에 따른 발전 가능성에 기뻐하면서도, 새로운 유형의 공동체가 미칠 악영향을 염려했다. 거기엔 산만함에 대한 우려도 포함되었다. 집중력은 집단행동으로 강화될 수도 있지만, 타인의 존재로 흔들릴 수도 있었다.

오늘날 소셜 미디어의 주목경제attention economy를 둘러싼 논쟁은 이런 전근대적 역설을 되풀이하는 것처럼 보인다. 이론상 수도공동체는 같은 목적의식을 공유하는 수도자들을 서로 이어주면서 각자에게 도움을 줄 수 있었고, 수도자들은 공동의 가치를 받들고자 새로운 사회규범을 세울 수 있었다. 그 과정에서 지식과 능력을 공유해 영감을 주고받고 공감하며 배움을 나누었다. 7세기에 요한 클리마쿠스는 수도자들이 거친 돌멩이처럼 서로 부딪히며 살아간다고 말했다. 자꾸 부딪히다 보면 날카로운 모서리가 매끈해지게 마련이다. 요한이 특히 염두에 두었던 점은 매끈해지면서 점점 무뎌진다는 사실이었다. 그를 비롯한 여러 수도자가 익히 알고 있었듯 수도자들은 서로 이끌어줄 수도 있지만, 서로 무너뜨릴 수도 있었다. 공동체 생활에는 이처럼 양면성이 존재했다.[2]

세상을 버리거나 버리려는 시도는 수도자가 되어 마음을 온전히 신에게 뻗치는 첫 단계였다. 다음 단계는 같은 인지적·영적 목표를 공유하는 사람들과 함께 지낼 방법을 배우는 것이었다. 하지만 공동체 생활의 장단점 때문에 수도자들은 최상의 사회적 환경을 두고 합의점을 찾기 어려웠다. 수도자는 혼자 살아야 할까, 아니면 공동체에서 살아야 할까. 공동체에서 산다면, 어떤 식의 규제가 수도자의 집중력을 가장 높여줄까. 어떤 식의 지도력이 필요할까. 어떻게 하면 신성한 질서를 흩트리지 않으면서 공존할 수 있을까. 물론 수도자들도 사람은 완전히 혼자 살 수 없다는 사실을 잘 알고 있었다. 그렇다면 어떻게 해야 산만함에서 벗어날 수 있을까.

은수자부터 SNS까지, 어떤 기만의 역사

독거 생활을 찬양한 에프렘은 4세기에 시리아와 메소포타미아의 외딴 지역에서 홀로 생활하던 수도자들이 무덤처럼 고요한 평정 상태를 누렸다고 주장했다. 반면에 동시대인이지만 그보다 젊었던 바실리우스는 공동체 생활이 나은 이유를 긴 목록으로 정리해 제시했다. 특히 독거 생활은 이기적인 데 비해, 공동체 생활은 이웃을 사랑하고 공익을 도모하라는 계명을 끊임없이 실천할 기회가 생긴다고 강조했다. 또한 단체로 함께한 작업이 따로 한 작업을 합친 것보다 더 효율적이라고 지적했다. 누구도 (기본적인 생존 차원에서) 완전히 자급자족할 수 없을 뿐 아니라, 조직화된 공동체는 구성원 각자의 장점을 결합해 최대 효과를 거둘 수 있다는 이유였다. 바실리우스는 또 훈육상의 이점도 덧붙였다. 함께 생활하면 다른 사람의 행동을 살피고, 개선의 여지가 있는 부분을 알려줄 수 있었다. 그렇지만 일부 수도자는 공동체 생활이라는 개념에 몸서리치면서 차라리 야생동물과 살겠다며 큰소리쳤고, 실제로 그렇게 사는 사람들의 이야기가 널리 회자되었다.[3]

양쪽 주장 모두 인간의 심리에 근거를 두고 있었다. 독거 생활을 주장하는 쪽에선 동료 수도자들이 산만함을 일으킬 수 있으므로 고독한 상태에서만 고차원의 기도가 가능하다고 생각했다. 그들은 돌고래가 잔잔한 바다에서만 수면 위로 모습을 드러낸다고 지적했다. 하지만 공동체 생활을 옹호하는 사람들은 고립 상태에서 지속되는 자기기만을 의심했다. 7세기 무렵부터 수십 년 동안 은수자로 지냈던 요한 클리마쿠스는 혼자 있으면 자신이 엄청난 발전을 이뤘다고 확신하기 쉽다면서 다음과 같이 말했다.

"혼자 달리는 말은 자신이 전속력으로 달린다고 상상하지만, 무리에 들어간 후에야 실제로 얼마나 느린지 깨닫게 된다."

8세기에 요셉 하자야Yawsep Ḥazzaya는 철저히 훈련하지 않은 상태로 독거 생활에 들어가면, 자신의 수행 공간이 새총으로 쏜 돌멩이처럼 사악한 생각을 퍼부을 거라고 경고했다. (실제로 요셉은 독거 수도실에서 평생을 보내진 않았다. 이란의 조로아스터교인 부모 밑에서 태어난 그는 아랍 상인들에게 붙잡혀 노예로 지내다가 이라크 북부의 한 기독교인에게 팔려갔다. 그곳에서 기독교로 개종해 수도자가 되었고, 수도원장까지 지낸 후에야 독거 생활을 시작했다.) 요셉을 비롯한 여러 뛰어난 독거 수도자를 사기꾼으로 오해한 사람은 하나도 없었다. 하지만 위대한 성인을 향한 대중의 욕구에 영합하려는 과시적이고 진정성 없는 은수자가 많다는 비판은 끊이지 않았다. 오늘날 소셜 미디어에서 자신의 업적을 계속 떠벌리는 사람들도 이와 비슷한 불만을 초래한다.[4]

소셜 미디어와 씨름할 필요는 없었으나, 수도자들은 고독한 상태에 이르기가 무척 어렵다고 걱정했다. 5세기 초부터 그들 중 일부는 불과 한두 세대 전에 번성했던 사막 원로들을 추억하며 이상적인 '진정한' 은둔 생활의 시대가 점점 저물어간다고 느꼈다. 이처럼 향수에 젖으면서도 비판적인 어조로 사막 교부와 교모가 관광객을 끌어모은다고 꼬집었다. 이집트와 레반트의 고독한 수도자들은 온갖 조언이나 치유, 영적인 선물을 얻고자 찾아오는 사람들 때문에, 또는 바로 옆에서 은둔 생활을 시도하는 사람들 때문에 진득하게 수행할 수 없다며 점점 더 좌절했다. 일부 수도자는 고독한 수행이 너무 인기를 끌면서 오히려 그 효과가 떨어졌다고 결론 내렸다.

카시아누스의 정보 제공자 중 한 명인 디올코스의 요한John of Diolkos 사부는 사막이 수행의 중심지로 자리 잡자 아예 떠나버렸다. 요한은 혼자 사는 게 좋았다. 공동체에서 사는 것보단 힘들긴 해도 더 흥겨웠다. 생각에 깊이 빠져들다 보면 자신에게 육신이 있다는 사실도 잊고 감각 인식마저 싹 잃어버린다고 카시아누스에게 말했다. 그는 매일 먹어야 한다는 사실을 상기하기 위해 한 주를 시작할 때 빵 조각 일곱 개를 바구니에 넣어두었다. 그런 그가 보기에 사막으로 모여드는 은수자들은 옛날의 강경한 금욕주의자들과 사뭇 달랐다. 그들은 렌틸콩에 치즈까지 얹어 먹었다![5]

분리된 채 연결된 공동체

많은 수도자가 단독 수행과 공동체 수행을 구분했지만, 둘 간의 경계는 실상 모호할 때가 많았다. 고대 후기와 중세 초기의 수도원의 다양한 형태를 고려하면 별로 놀라운 일은 아니다. 에바그리우스가 15년 동안 고향이라고 불렀던 이집트의 켈리아Kellia에는 은수자의 거처가 불과 100여 미터 간격으로 수없이 세워져 있었는데, 세월이 흐를수록 밀집도가 높아졌다. 레반트의 수도자들은 각자의 수도실에서 지내되 예배는 함께 드리고 몇 가지 시설을 공유했다. 이러한 형태의 공동체를 라우라*laura*라고 불렀다. 다른 형태로 수도원에 소속되어 있으면서 따로 생활하는 은수자가 있었다. 가령 메소포타미아 북부의 대도시 니시비스Nisibis에 자리 잡은 이즐라Izla수도원에선 수도자들이 3년 동안 실습을 거친 후에 공동체 생활을 '졸업하고' 개별 수도실로 들어갔다. 린디스판Lindisfarne수도원은 바이킹이 영국제도를 처음 습격했던 곳으로 유명한 잉글랜드 북동부의 갯벌 섬에 자리 잡았는데, 이곳의 수도자들은 이웃한 작은 섬들을 홀로 지낼 도피처로 활용했다. 그리고 8세기와 9세기에 아나톨리아 해안은 산악 지대 수도자들의 '거류지colony'로 번성했다. 그들은 홀로 지내는 동시에 밀접하게 연결되어 있었다. 이 외에도 다양한 사례가 존재한다.[6]

공동체 수행을 더 직접적으로 옹호한 사람들조차 영적인 집단을 조성하는 방법에 대해 온갖 이론을 내놓았다. 수도원은 믿음만으로 운영되지 않았다. 수도원 공학자들은 그 메커니즘을 신중하게 설계하고 규제해야 한다고 여겼다. 지금까지 남아 있는 증거만 살펴봐도 수도공동체를 잘 굴러가게 하려는 접근법이 무수히 많았음을 알 수 있다. 각종 제안과 지침, 규칙과 서술적 예시가 넘쳐났는데, 그것들을 고치고 다듬은 사례도 무수히 많다.

수도원이 실제로 어떻게 운영되었는지 살펴볼 때 이러한 자료를 온전히 신뢰할 수는 없다. 하지만 수도원에 대한 도전을 염두에 두고 작성되었기 때문에, 수도원 이론가들이 파악하고 또 완화하고자 노력한 각종 갈등을 살펴보기엔 손색없다. 일부 수도자가 걱정했던 것처럼, 수도 규칙서를 외부인이 본다면 달갑잖은 반응이 나올 수도 있었다. 하지만 이러한 자료에서 수도자들의 결점만 엿보이진 않는다. 인간의 변화 능력을 탐구하려는 그들의 결의와 독창성도 똑같이 두드러진다.[7]

수도자들은 집단을 구성하는 방법이 많다는 사실을 알고 있었다. 자신이 머무는 수도원과 다른 형태의 수도원을 비교하고 비판하는 일은 일종의 소일거리였다. 영국 북동부에 있는 웨어머스재로Wearmouth-Jarrow수도원의 수도자들은 **자기네** 수도원 제도가 역대 최고라고 거듭 자랑했다. 설립자인 베네딕트 비스코프Benedict Biscop가 열일곱 개나 되는 수도원을 일일이 찾아 가장 좋은 요소만 선별한 다음, 영국으로 돌아와 자신의 수도원에 적용했다는 것이다.

하지만 웨어머스재로수도원에서 가장 유명한 수도자로 꼽히는 가경자加敬者 비드Venerable Bede는 그러한 실험을 달가워하지 않은 이도 있다고 주장했다. 그는 또 다른 수도자인 린디스판의 커스버트Cuthbert of Lindisfarne에 대한 기록을 인용하며, 수도원장이 새로운 규칙을 적용하려고 하자 극심한 갈등이 일어났다고 꼬집었다. 그런데 수도원 운영을 둘러싼 이 갈등은 커스버트의 생애와 관련된 주요 사료, 즉 린디스판의 어느 수도자가 700년경에 익명으로 쓴 문헌에서는 찾아볼 수 없다. 따라서 비드가 특정 수도 규칙에 대한 자신의 존경을 강조하고자 커스버트의 분노를 굳이 기록했을 가능성이 있다. 그게 아니라면 린디스판의 이름 모를 수도자가 고통스러운 기억을 일부러 생략했을 가능성도 있다. 어찌 되었든 조직 문화를 둘러싼 논쟁은 깊은 상처를 남길 수 있었다.

6세기 중반에 페레올루스는 수도 규칙을 두고 "마음의 목"에 매는 멍에로 생각하라고 조언했다. 다시 말해 수도 규칙은 심리적 힘을 제어하기 위한 기술이었다. 그만큼 형태와 용도가 무척 다양했다.[8]

단순하게 함께하기

대표적 예로 일과를 꼽을 수 있다. 수도자들은 일과가 산만함과 싸우는 실용적 전략이라는 데 동의했다. 그들은 영적 집중력을 유지하기 위해 정해진 일정을 지켜야 한다고 믿었다. 그들의 엄격한 일과는 농담 소재로 쓰일 만큼 유명했다. 일례로 5세기에 베이루트의 한 법학도가 신앙생활과 업무를 병행할 수 있도록 완벽하게 짜인 일정을 제시하자, 동료 법학도는 "설마 나를 수도자로 만들려는 건 아니지!"라고 비꼬았다. 수 세기가 흐른 뒤에도 일과와 관련된 수도자들의 방침은 수도원 제도의 두드러진 특징이었다. 845년경에 《베네딕트 수도 규칙》을 꼼꼼히 분석했던 힐데마르는, 그 책이 제시하는 일정표를 따르기만 해도 더 큰 원칙까지 거의 다 구현할 거라고 논평했다.

하지만 9세기 이전까지만 해도 《베네딕트 수도 규칙》은 라틴어를 쓰는 세계에서조차 명백하게 합의된 사항이 아니었다. (심지어 이 책을 베네딕트가 직접 쓰지 않았을 가능성도 있다. 앵글로색슨 수도자들은 한두 세기 후에 나온 그레고리우스의 《대화집》에 베네딕트가 주인공으로 등장하면서, 마치 그가 규칙서를 쓴 것처럼 와전되었다고 생각했다.) 고대 후기와 중세 초기에 수도원의 일과는 여러 가지 형태로 바뀌었는데, 각기 다른 심리학적·사회학적 근거를 갖고 있었다. 아우구스티누스는 《수도자들의 업무The Work of Monks》라는 책에서 사도 바울이 하루를 어떻게 나눠 썼는지 알고 싶다고 했다. 수도자들에게 아주 유용한 지침이 될 거라는 이유였다.[9]

하지만 바울이 자료를 남기지 않았기에 후대의 수도자들은 자력으로 알아내야 했다. 오늘날 초보 작가들이 기성 작가는 어떻게 작업하고 초점을 유지하는지 알고 싶어 하듯이, 당시 수도자들도 성공한 다른 수도자의 일과를 열심히 공유했다. 그들은 알렉산드라Alexandra라는 은수자에 관한 이야기에 귀를 기울였다. 알렉산드라는 새벽부터 오후 중반까지 아마포를 만들면서 다양한 기독교 영웅들(총대주교, 예언자, 사도, 순교자)의 삶을 마음속으로 묵상한 후, 간식을 먹으며 자신의 죽음을 준비했다. 줄리안 사바Julian Saba라는 원로가 수도자들을 둘씩 짝지은 후 종일 밖에서 기도하게 했다는 이야기도 널리 퍼졌다. 한 수도자가 서서 〈시편〉의 시를 15편 암송하는 동안 다른 수도자는 무릎을 꿇고 참배했다. 이런 식으로 새벽부터 저물녘까지 번갈아가면서 〈시편〉을 암송했다. 이집트의 수도자들은 종일 〈시편〉을 암송하면서 일하지만, 레반트의 수도자들은 정해진 시간에만 찬가집을 암송한다는 카시아누스의 지나친 일반론도 널리 공유되었다. 그래서 카시아누스의 설명대로 하는 수도자가 많았다.[10]

일과의 각 활동은 수도자들에게 각기 다른 방식으로 도움을 주어야 하고, 하나에서 다른 하나로 넘어가는 과정 자체도 심리적으로 유익해야 했다. 알렉산드라는 일과 덕분에 지루할 틈이 없다고 방문자에게 말했다. 안토니우스는 업무와 기도를 계속 반복하다 보니 산만한 생각이 싹 사라졌다고 고백했다. 심지어 성모마리아도 이런 식으로 인지적 혜택을 누렸다. 7세기에 갈리아의 한 여성 수도원에서 쓰였다고 추정되는 금언집에 따르면, 성모마리아는 솔로몬신전에서 산 10년 동안 정해진 일과에 따라 규칙적으로 기도하고 일하고 공부한 덕분에 삶이 "흔들리지 않았다." 이러한 일상은 그의 사고방식을 변화시켜 마음속에 성육신을 위한 공간을 마련토록 했다. 이에 한 천사가 "네 마음속에 하나님이 거하실 처소가 예비되었다"라고 말한 뒤 3일 만에 아기를 잉태했다.[11]

알렉산드라 같은 독거 생활이나 성모마리아 같은 특별한 사례가 아니더라도, 수도공동체에 속한 수도자들은 보통 똑같은 일과에 맞춰 생활했다. 다 같이 참여해야 모두 집중할 수 있다고 여겼기 때문이다. 거의 모든 공동체에서 일과는 육체노동과 독서와 기도라는 세 가지 과제에 집중되었다. 하지만 세부 사항에선 저마다 달랐다. 6세기 초에 아를의 카이사리우스Caesarius of Arles 주교는 갈리아의 공동체에 머무는 수도자들에게 아침 중반까지 독서하고 나머지 시간엔 할당된 업무를 처리하면서 짬짬이 기도드리라고 했다. 하지만 동시대에 이탈리아 남부(나폴리 근처)에서 카스텔룸 루쿨라눔Castellum Lucullanum의 수도원장을 지낸 에우기피우스Eugippius는 수도자들에게 정오까지 일하고 오후 중반까지 책을 읽은 다음 다시 일하라고 했다. 물론 그 중간중간에 기도드리게 했다. 카이사리우스와 에우기피우스가 떠나고 80년이 흐른 뒤, 세비야의 이시도루스Isidorus of Seville 주교는 계절에 따라 독서와 일의 순서를 바꾸라고 지시했고, 여름엔 낮잠을 허락했다.[12]

이러한 차이는 집중의 역학에 대한 가정이 현저하게 다른 데서 비롯되었다. 일과가 비슷할 때도 이면의 논리는 서로 달랐다. 일부 수도원 이론가는 기도와 일을 동시에 하는 것이 좋다고 생각했는데, 그 이유는 또 사람마다 달랐다. 누군가는 일이 마음을 이리저리 흔들리지 않게 하는 닻이기 때문이라고 주장했고, 누군가는 일과 기도가 몸과 마음을 동시에 고요하게 해주기 때문이라고 주장했다. 일이 수도자들을 심야에 깨어 기도할 수 있도록 돕기 때문이라고 주장하는가 하면, 기도가 더 쉽게 일할 수 있도록 해주기 때문이라고 주장하기도 했다. 다른 이론가들은 일이 마음에서 잡념을 싹 **비워준다**고 주장했다. 그렇지만 7세기에 시나이산에서 글을 썼던 요한 클리마쿠스는 기도하는 동안 손을 바삐 움직이는 것이 집중에 대한 아마추어식 접근이라고 생각했다. 효과는 있지만,

정도正道는 아니라는 것이다.[13]

마음을 다스리는 육체노동

중세 초기에도 육체노동이 왜 좋은지에 대한 합의가 이뤄지지 않았다면, 그보다 수 세기 전에는 훨씬 더 대중없었을 것이다.[14] 4세기와 5세기에 몇몇 시리아 수도자는 또 다른 이상을 추구했다. 그들은 아담과 하와가 타락한 이후로 하나님이 인간에게 내린 벌, 즉 농사에 대한 트라우마를 극복하고 오히려 찬양하려 애썼다. 이러한 태도는 여러 측면에서 비판받았다. 하지만 이를 받아들인 독거 수도자들은 레반트의 부유한 시골 지역 평신도들에게 환영받기도 했다. 사람들은 농사일에 매여 사는 공동체에 수도자들이 영적 지도자로 봉사하는 점을 높이 평가했다.

공교롭게도 이러한 수도 규칙은 특히 이집트 수도자들에게 영감을 받아, 육체노동이 수도자들의 경제적·정신적 안정을 도모하는 데 유익하다는 견해를 구체화하게 되었다. 하지만 이 모델은 여전히 외부인의 지원에 의존했다. 수도자들은 다른 형태의 수행에 더 많은 시간을 쏟기 위해 토지와 돈과 식량을 상당량 기부받았다. 수도원이 지원을 덜 받을수록 수도자들은 생계를 유지하기 위해 더 많이 일해야 했다.

수도원의 모든 일과는 노동 윤리에 암묵적으로 동조했다. 하지만 그 기저엔 언제나 심리적·사회적 긴장감이 감돌았다. 단 한 명의 수도자라도 규칙을 어기면, 전체 시스템이 불안정해질 수 있었다. 그렇다면 개인과 집단의 두 차원에서 수도원의 일과는 어떻게 관리되었을까. 페레올루스는 지금의 프랑스 남부에 설립한 수도공동체의 규칙을 세울 때 이 문제를 고민했다. 그는 수도자들이 할당된 업무에 불만을 품을 거라고 짐작했다. 평생 노동이라고는 해보지 않았던 사람들에게 농사와 공예는 부담스러울 수 있었다. "일하기엔 너무 늙었다." "기분이 좋지 않다." "일이 너무 힘들다." 이런 식의 불평이 쏟아질 게 뻔했다. 설사 이런 변명이 사실이라 해도 페레올루스는 모든 수도자가 **어떻게든** 일해야 한다고 주장했다. 물고기를 잡아라! 그물을 짜라! 신발을 만들어라! 심지어 수도원의 개도 할 일이 있었다. 수도자들은 야생동물이 농작물을 파헤치지 못하도록 경비견을 키웠다. 하지만 페레올루스는 귀족 출신 신참자들이 상류층의 오락거리를 너무 그리워한 나머지 개사냥을 하리라고 예측했다. 그래서 그런 짓은 절대로 용납되지 않는다고 미리 경고했다. 경비견은 수도자들처럼 고유한 업무를 고수할 필요가 있었다. 모든 일과는 결국 수도자들이 온갖 유혹에 맞서 하나님에게 집중할 수 있도록 고안된 노동 체계의 일환일 뿐이었다. 그렇게 합의된 일과를 따르기만 해도 마음을 잘 다스릴 수 있다고 여겼다.[15]

수도자들은 일하면서 대화를 나누면 안 되었다. 적어도 잡담은 피하라고 지시받았다. 이는 모든 수도원 지도자가 합의한 사항이었다. 요즘 사람들은 시각이 주의를 가장 흩트릴 수 있는 감각이라고 생각하는 경향이 있는데, 고대 후기와 중세 초기 수도원에선 말이 시각보다 훨씬 더 주의를 분산한다고 보았다. 이를 도덕적으로 설명한 수도자들은 수다가 마음의 목에 매인 멍에를 헐겁게 한다고 주장했다. 그들은 수다의 파장이 산불과 늦서리와 파괴의 폐해에 견줄 만하다고 여겼다. 수다스러운 수도자는 일하거나 기도하거나 식사하거나 쉬고 있는 동료들의 생각을 장악할 수 있었다. 아울러 별로 중요하지도 않은 일을 떠올리게 하거나 심지어 웃게 할지도 몰랐다. 웃음은 수도원 훈련의 진지함을 떨어뜨리고 수도자들을 미숙한 사람처럼 보이게 했다.[16]

상부 이집트 타베네시Tabennesi의 파코미아Pachomian수도연맹 등 상당수 수도원은 대화를 아예 차단한 것으로 유명했다. 하지만 일부 수도자는 침묵의 미덕에 대해 엇갈린 감정을 품었다. 가령 사달베르가Sadalberga 수녀원장은 말을 절제하면서도 매우 재치 있게 한다는 이유로 성인전 작가에게 칭송을 들었다. 10세기가 되어서야 수도원에서 완전한 침묵이 더 널리 퍼지게 되었다. (지금의 프랑스 중부에 있는) 클뤼니Cluny수도원의 수도자들은 기나긴 예배에서 하나님을 찬양할 때만 목소리를 내기로 결정했다. 그들은 말하지 않고도 소통하기 위해 정교한 수신호 체계를 개발했다. (물론 이 수신호 또한 산만함을 유발할 정도로 남용될 수 있었다.) 어떤 수도원은 클뤼니수도원을 모방했고, 다른 수도원은 그들이 전통을 무시한다고 비판했다. 하지만 그 '전통'은 항상 뒤섞여 있었다.[17]

말하기만 규제한다고 만사가 원활하게 굴러가진 않았다. 수도자들이 일할 때 침묵을 유지하더라도, 일 자체가 너무 흥미로운 나머지 지나치게 몰두할 가능성이 있었다. 즉 특정 업무에 빠져

들어서 다른 일과에 소홀해질 수 있었다. 그래서 수도자들은 초과 근무에 대한 충동을 억눌러야 했다. 라불라가 4세기에 지적했듯이, 일이 기도를 건너뛸 이유는 될 수 없었다. 그래서 예배 신호가 떨어지자마자 하던 일을 중단해야 했다. 물론 일의 성격에 따라 예외를 두긴 했다. (펜과 바늘로 하는 일은 중단하기 쉬웠지만, 의무실에서 아픈 환자를 돌보는 일은 중간에 그만두기가 쉽지 않았다.) 그런데 빨리 움직이는 몸에 비해 마음은 재빨리 전환하지 못할 수 있었다. 이시도루스는 근무 시간이 지난 뒤에도 덜 끝낸 과제가 마음속에 남아 주의를 흩트릴 수 있다고 경고했다. 전환 과정은 사실 시대를 불문하고 누구에게나 힘들다. 당시 수도자들뿐 아니라 오늘날의 유아와 대학생과 대다수 성인도 똑같은 경험을 하고 있다.[18]

"누구나 군중 속에서 기도할 수 있다"

수도자들의 또 다른 핵심 일과인 독서와 예배도 유익함과 위험성이 뒤섞여 있었다. 요한 클리마쿠스는 "누구나 군중 속에서 기도할 수 있다"라고 자신 있게 주장했다. 수도자들은 예배에 집중하는 능력에 관한 이야기를 즐겨 공유했다. 예를 들어 팔라디우스는 카파도키아의 엘피디우스Elpidius라는 수도자가 야간 예배 도중 전갈에 물렸을 때 미동조차 하지 않았다는 이야기를 들려주었다. 엘피디우스는 돌상처럼 굳은 채 발로 벌레를 슬쩍 눌렀을 뿐이다. 이런 이야기가 흥미를 끌었던 이유는, 함께 기도하는 일이 요한의 말처

럼 쉽진 않다고 생각하는 수도자가 많았기 때문이다.[19]

결국 (성무聖務와 미사를 포함한) 공동 기도와 예배가 산만함을 항상 덜어주지는 못했다. 오히려 가중할 때도 있었다. 수도자들은 수행의 중요한 목표인 (신을 향한) 활발한 정신적 확장을 통해 '완전히 집중해서' 기도와 예배에 임해야 한다는 사실을 계속 떠올려야 했다. 그런데도 그들 중 일부는 여전히 집중하지 못한 채 넋 놓고 있거나 멍하니 주변을 둘러보았다. 심지어 미사를 거행할 때도 그랬다. 그들은 교회당 밖에서 잡담을 나누거나, 예배 시간에 맞추려고 헐레벌떡 뛰어온 탓에 찬송가를 부르는 대신 옆구리를 부여잡고 헉헉댔다. 남들이 다 찬송가를 부를 때 잡담을 나누며 낄낄거렸다. 하품하거나 기침하거나 재채기하거나 코를 풀면서 분위기를 망쳤다. 너무 큰 소리로 허세를 부리며 기도하고, 허리를 굽혀 절할 때 옆 사람을 건드렸다. 오랫동안 서 있느라 지쳐서 꼼지락거리거나 자리에 앉거나 심지어 예배 도중에 자리를 떴다. 예배가 다 끝났을 땐 괜히 꾸물거리거나 시끄러운 소리를 내며 밖으로 나가는 통에 더 기도하려고 남아 있는 수도자들을 방해했다.[20]

무엇보다 그들은 애당초 교회당에 늦게 나타났는데, 특히 야간 기도 시간에 그랬다. 그 때문에 지각한 수도자를 들여보낼지에 대한 논쟁이 일기도 했다. 때맞춰 오지만 예배 중에 조는 수도자도 있었다. 수도원 이론가들은 이 문제에 다양한 반응을 보였다. 졸린 수도자는 다들 앉아 있는 동안 서 있으려 하거나, 다들 서 있는 동안 신선한 공기를 마시러 교회당 밖으로 나가려 했다. 물론 후자의 경우엔 다시 들어오지 못할 가능성이 컸다. 어떻게 하면 지각과 졸음을 근본적으로 해결할 수 있을까. 카시아누스는 특히 야간 기도를 짧게 끝내는 이집트 수도원들의 전통을 따르라고 조언했다. 수도자들이 불가피하게 표류할 테니, 마라톤처럼 길게 예배를 진행한들 의미가 없다는 것이었다. (하지만 예배에 관한 한 수도원마다 매우 창의적인 방침을 고수하는 탓에 모두 같은 규칙을 따르리라고 기대하기 어렵다는 사실을 카시아누스는 잘 알고 있었다.) 일부 수도원 지도자는 수면 시간에 초점을 맞춰 수도자들이 한밤중에 기도하고 나서 다시 잠자리에 들어야 하는지 고민했다. 또 다른 지도자들은 수면과 각성 사이의 전환을 조절하려고 노력했다. 《타른수도원의 수도 규칙》은 통금 시간을 정해 수도자들이 취침 시간을 지키는지 확인할 것을 권고했다. 《사부의 수도 규칙》은 수도자들이 기도하려고 일어날 때 어둠 속에서 옷을 찾으러 돌아다니지 않도록 아예 입고 자라고 조언했다.[21]

지도자의 역할

일과만으론 산만함을 완전히 해결할 순 없었지만, 그래도 일관성과 집합적 에너지의 힘으로 수도자들의 마음을 단련하는 데 널리 애용되었다. 물론 일과는 사회적 지지를 끌어내기 위한 공식의 일부에 불과했다. 수도자들이 함께 일하고 기도하면서 이익을 얻는 만큼 그들을 이끌어줄 권위자도 필요했다. 카시아누스는 모세 사부가 했던 말을 되풀이했다. 즉 수도자는 상황이 어려울 때 조언하고 격려해줄 좋은 스승이 필요했다. 다른 사람들은 순종이 자제력을 익히는 데 중요한 첫 단계이므로, 그것을 상급자에게 배울 가장 중요한 교훈으로 강조했다. 순종은 수도자들이 충동이나 선호를 (카시아누스의 표현대로) "죽이는" 습관, 또는 (《아포프테그마타 파트룸》에 자주 등장하는 표현대로) "잘라내는" 습관을 들이는 데 도움이 되었나. 특히 집단의 일원으로서 신에게 집중하려면, 수도자들은 자신에 대해 너무 많이 생각하지 않아야 했다.[22]

하지만 수행은 쉽지 않았다. 특히 귀의하기 전 특권에 익숙했던 사람들에겐 좌절감을 안길 만큼 힘들었다. 5세기, 또는 6세기 초에 수도원장에게 순종하면 위안을 얻는다고 생각한 노바투스Novatus라는 라틴 설교자가 한 수도공동체에 이를 적용하려고 시도했다. 그곳의 수도자들은 저녁 식사 때 음식에 항의하거나 지정된 좌석을 바꾸려 하는 대신, 수도원장이 그들을 많이 생각한다며 늘 기뻐해야 했다. 또한 납득이 잘 안 되는 명령이라도 묵묵히 따른 이야기를 공유하며 순종을 옹호하려 애썼다. 사막 교부인 마르코Mark에 관한 이야기를 예로 들면, 스승인 실바누스Silvanus가 멧돼지를 보고 들소라고 하자 그는 순순히 동의했다. 또 리코폴리스의 요한John of Lycopolis이 땅에 죽은 나뭇가지를 꽂고 물을 주라고 하자, 그의 제자는 순순히 물을 주었다. 나뭇가지에 새순이 돋는 기적이 일어나진 않았지만, 제자는 스승이 그만두라고 할 때까지 1년 동안 계속 물을 주었다.[23]

수도원 공학자들은 권위 있는 지도력이 수도원 제도의 중요한 요소라는 데 동의하면서도 공동체를 위한 실용적 모델을 다양하게 구상했다. 어떤 공학자는 단순한 해법을 제시했는데, 수도자들에게 업무를 할당하는 것이 수도원 지도자들의 역할이라고 짚었다. (그렇지 않으면 수도자들은 쉽거나 위엄 있거나 재미있는 업무만 선택하려 들었기 때문이다.) 그들은 또 수도자들에게 상급자의 명령에 반박하거나 불평하지 말고 즉시 따르라고 했다.[24]

수도원 지도자들이 수도자들의 생각마저 감시해야 한다고 주장하는 사람도 많았다. 파코미우스는 수도원장으로서 그러한 역할에 충실했다. 수도자들은 나쁜 생각이 떠오르면 파코미우스에게 털어놓았고, 파코미우스는 그 생각이 수도자의 참된 사상과 감정에 어떤 영향을 미치는지 판단한 다음 적절한 실천 규칙을 조언했다. 6세기 후반과 7세기 초반 갈리아와 이탈리아 북부에 여러 수도원을 세운 콜롬바누스Columbanus도 인지적 투명성을 열렬히 지지했다. 그는 생각이 행동과 마찬가지로 결과적이라고 강조하면서, 수도자들이 '생각으로 지은 죄'를 회개할 때 암송할 참회문을 작성했다. 살인, 성관계, 도둑질, 탈주, 폭행, 음주, 과식 등 무엇에 관한 생각이든 부정한 것이라면 상관없었다. 콜롬바누스는 또 수도자들이 그런 생각이나 '정신적 동요'를 다 고백하고 나서 미사에 참석하길 기대했다. 다른 이론가들도 수도자들에게 불안한 생각이 떠오르자마자 수도원장에게 털어놓거나, 하루에 세 번씩 수도원장을 방문하거나, 그보다는 덜하지만 어쨌든 주기적으로 방문하라고 충고했다. 요한 클리마쿠스가 대단히 아끼는 한 수도원의 수도자들은 항상 조그마한 장부를 들고 다녔다. 나쁜 생각이 떠오르면 장부에 바로 기록해놓고 나중에 상급자에게 보여주었다.[25]

일부 수도원 이론가는 그러한 규약이 심오한 도덕적 의무에 뿌리를 두고 있다고 설명했다. 그들이 보기에 수도원장은 단순히 규율만 앞세우는 사람이 아니었다. 오히려 천국으로 가는 생명줄이었다. 그의 면밀한 관찰과 보살핌은 수도자들을 발전시킬 수 있었고, 반대로 그의 태만은 공동체 전체를 위태롭게 할 수 있었다. 수도원장은 모든 수도자를 천국으로 이끌 책임을 졌으니, 하나님이 그에게 그토록 무거운 짐을 얹었다. 7세기 말에 비에르조의 발레리우스Valerius of Bierzo 주교는 더 많은 수도원장이 세상을 이런 식으로 바라봐야 한다고 주장했다. 그는 스페인 북서부의 수도원 지도자들이 하급자들의 비행을 엄중히 단속하지 않는다고 꾸짖었다. 지도자들은 하나님이 뭐든 너그럽게 봐주실 거로 가정했지만, 발레리우스는 그렇지 않다고 확신했다!

이런 이유로 6세기에 에우기피우스는 의복부터 음식까지 수도자들과 관련된 온갖 사항을 수도원장이 직접 결정해야 한다고 주장했다. 이러한 규제 목록은 수도자들에겐 순교적 고통으로, 수도원장에겐 신중한 계산과 최후 심판에 쓰일 방대한 장부의 일부로 여겨졌다. 연장선에서 《베네딕트 수도 규칙》은 수도원장이 수도자들의 문제점을 포착하면 그냥 무시하거나 스스로 해결하도록 바라지 말고 즉시 뿌리 뽑으라고 충고했다. 수도자들의 문제가 바로 **그의** 문제였던 것이다. 영적 지도자의 힘이 약한 공동체에서조차 멘토에게 자기 생각을 공개하는 일은 무척 중요했다. 그래야 하나님을 향해 뻗어가는 마음을 가로막는 숨은 장벽을 파악해 깨부술 수 있었기 때문이다.[26]

이런 역할을 잘 수행하려면 모종의 기술이 필요했다. 한편으로는 모든 수도자를 동등하게 대우해야 했지만, 위계질서가 엄격한 환경에서 지켜지기 어려운 기대였다. 다른 한편으로는 수도자마다 심리 상태가 달랐기에 각기 다른 훈육 방침을 적용해야 했다. 페레올루스의 지적처럼 누구에게나 통하는 만병통치약 따위는 없었다. 수도원장은 수도자의 정신 '질환'을 정확히 진단해 완벽한 해결책을 처방해야 했다.

게다가 수도원장은 개별 환자(또는 비행자)의 요구와 공동체의 이익 사이에서 균형을 맞춰야 했다. 《타른수도원의 수도 규칙》은 다른 수도자들이 인지하지 못한 잘못을 저지른 수도자의 경우엔 상급자가 남몰래 처벌해야 하지만, 위반 행위가 널리 알려진 경우라면 공개적으로 처벌해야 한다고 제시했다. 요한은 어느 수도원장이 수도자를 지망하는 범죄자를 다뤘던 방식에 깊은 인상을 받았다. 그 수도원장은 신참자가 죄를 용서받을 수 있도록 극적인 고해 의식을 주관했는데, 모든 사람 앞에서 거행해 누구라도 죄를 고백하면 용서받을 수 있음을 보여주었다.[27] 정신적 규율은 집단적이면서 동시에 맞춤형이었다. 수도원 지도자들은 사회학자이면서 동시에 심리학자여야 했다.

자신을 통제하거나 서로를 감시하거나

갖가지 기술이나 노력에도 불구하고 수도원장은 혼자 힘으로 공동체를 결속할 수 없었다. 그레고리우스가 《대화집》 2권에서 칭송했던 그 유명한 베네딕트의 첫 직무는 수도원 감독관이었는데, 그를 도와줄 좋은 수도자가 하나도 없다는 이유로 그만두고 말았다. 베네딕트가 맡은 수도원의 수도자들은 오히려 그를 독살하려 했다고 한다.[28] 따라서 수도자들 스스로 서로에게 선한 영향력을 미칠 필요가 있었다. 그렇지 않으면 마음을 통제할 수 없을 터였다.

물론 무엇을 '선한 영향력'으로 간주할지는 의견이 분분했다. 어떤 수도원은 정서적으로 지지하는 분위기를 조성해야 한다고 강조했다. 요나스는 《동정녀를 위한 수도 규칙Rule for Virgins》에서, 수도공동체의 모든 여성 수도자가 서로를 위해 기도하고 용서하며 남들을 배려하는 차원에서 자기 행동을 통제해 사랑의 문화를 조성해야 한다고 주장했다. 그렇다고 이런 전략만 있었던 건 아니다. 많은 수도원에서 수도자들은 서로 감시했다. 어떤 수도원은 그 일을 맡길 공식 직책까지 만들었다. 파코미아수도연맹은 수도자들을 부속 건물별로 나누고, 건물마다 사감과 부사감을 배치했다. 《사부의 수도 규칙》도 이와 비슷하게 수도자 열 명마다 감독관 한두 명을 배치하게 했다. 하지만 지휘 계통에서 다툼이 생기기도 했다. 세누테가 세운 하얀 수도원의 여성 수도자들은 자신들을 감독하는 세 명의 상급 여성 수도자에게 대체로 만족했다. 그래서 세누테가 그보다 지위가 높은 남성 보좌관을 두겠다고 결정하자, 그들 중 일부는 분노를 표출했다. 그들은 자신들의 규약과 규율을 스스로 결정하고 싶어 했다. 그런데도 세누테가 남성 보좌관 임명을 강행하자, 여성 수도자들은 여러 방면으로 불쾌감을 드러냈다. 수시로 말대꾸하고 다른 분쟁에서 자기네 주장을 고수하고 정보를 제공하지 않고 셰누테의 대리인을 만나지 않았다.[29]

어떤 공동체는 동료 수도자가 규칙을 위반하는 모습을 보면 상급자에게 보고하라고 했다. 다른 공동체는 수도자들에게 상대의 행동을 감싸기보단 지적하라고 했다. 노바투스가 말했듯이 "서로에게 수도원장이 되라"라는 것이었다. 연장선에서 질책받는 형제나 자매를 변호하지 못하게 했다.[30]

고자질에 의존하는 경영 전략은 당연히 문제가 많았다. 우선 수도자들이 그것을 매우 개인적으로 받아들일 수 있었다. 6세기에 타와타수도원의 수도자이자 훗날 자기 수도원을 세웠던 가자의 도로테우스Dorotheus of Gaza는 영적 멘토들에게 여러 차례 서신을 보내, 동료 수도자의 비행을 보면 어떻게 해야 하는지 그리고 자신을 밀고한 수도자를 어떻게 대해야 하는지 물었다. 은수자들인 바르사누피우스와 가자의 요한은 그의 서신을 받고선 다른 수도자들이 뭐라고 생각하든 신경 쓰지 말라고 답했다. 두 사람은 이렇게 상투적인 조언을 건넸지만, 다른 수도원 지도자들은 좀 더 성의 있었다. 아우구스티누스는 공중 보건 측면에서 목소리를 높이라고 권했다. 즉 누군가가 다쳤을 때 다들 간호에 나서듯이 비행을 저질렀을 때도 서로 도우라는 것이었다.

때로는 정해진 대본을 그대로 읊기도 했다. 콜롬바누스는 동료 수도자의 잘못된 언사를 들었을 때 암송할 대화문을 작성했다. 우선 잠시 시간을 내서 동료 수도자가 정말로 잘못 뱉었는지 고민한 후 이렇게 말해야 했다.

"그래, 자네가 올바로 기억한다면 당연히 그래야겠지!"

이 말을 들은 동료 수도자는 자신이 했던 말을 강하게 밀어붙이는 대신 다음과 같이 답해야 했다.

"자네가 더 잘 기억하길 바라네! 내가 건망증이 심한 탓에 말이 지나쳤네. 입을 함부로 놀려 미안하네."[31]

콜롬바누스의 수도자들이 이 대화문을 액면 그대로 받아들이진 않았을 것이다. 그들이 수도 규칙을 순순히 따랐으리라고 생각하기 어렵다. (콜롬바누스가 사망한 후 일부 수도원에선 설립자의 정신을 어떻게 받들지를 놓고 격렬하게 논쟁했다. 그들의 언쟁은 콜롬바누스의 이상적인 대화문대로 진행되지 않았다.) 그렇긴 하지만 그 거북하고 짤막한 대화문이 동료 수도자들을 훈육해야 하는 힘든 상황을 어떻게든 완화하고자 고안되었다는 점은 분명하다. 지적당하는 것을 불쾌하게 여기는 수도자도 있었고, 지적하는 것을 지나치게 즐기는 수도자도 있었다. 콜롬바누스의 대화문이 유별나긴 하지만, 당시 수도원 지도자들은 상호 감시를 위한 기본 원칙을 세우려고 노력했다. 예를 들어 수도자는 동료가 얼마나 많이 먹는지 쳐다보거나 평가하거나 조롱해서는 안 되었다. (금식도 경쟁적으로 벌어질 수 있었다. 한 곳 이상의 수도원은 유난히 금식을 많이 하는 수도자들 때문에 혼란을 겪기도 했다.) 그와 마찬가지로 수도자는 직접 체벌을 가할 수 없었다. 체벌받아 마땅한 동료 수도자를 때리려면 상급자에게 허락받아야 했다. 일부 지도자는 수도자끼리 지적하는 행위를 허용하지 않고 그저 자기 일에나 신경 쓰라고 했다.[32]

이와 같은 규정은 개인 대 개인의 훈육에 내재된 마찰을 최소화하려는 조치였지만, 수도자들은 교육이나 규약과 무관하게 싸우기도 했다. 때로는 그냥 잘못된 행동을 저질렀다. 서로 "악마"나 "멍청한 종"이라고 욕하기도 했다. 자신의 계급주의적 편견을 고수했고, 출신 성분이 낮은 수도자들을 업신여겼다. 그들은 서로에게 나쁜 인상을 남겼다. 거짓말하고 지나치게 의심했으며 상대가 더 편하게 지낸다고 분개했다. 화해를 시도하기보단 서로 피했다. 속상하다는 이유로 식사를 거부하는 등 수동적으로 적대감을 드러냈다.[33]

약간의 갈등은 좋을 수도 있었다. 적어도 4세기에 바실리우스는 그렇게 생각했다. "자신의 소망을 좌절시키는" 것처럼 보이는 사람들에게 둘러싸여 있지 않으면 수도자가 어떻게 인내심을 수련할 수 있겠는가. 하지만 모든 수도원 지도자가 인식했듯이, 사소한 문제도 금세 악화할 수 있었다. 아울러 요셉 하자야가 카시아누스에게 말했듯이, 집단정신이 무너지기 시작하면 수도자들의 기도는 더 이상 효과가 없었다. 카시아누스의 멘토인 에바그리우스도 같은 말을 했다. 즉 불만을 품은 채 하나님을 받들 수 없다는 것이었다. 그것은 인지적으로 불가능했다. 그래서 수도자들에게 마음을 얼른 가라앉히고 화해하도록 촉구했다. 수도 규칙서마다 사도 바울이 에베소Ephesus 사람들에게 "해가 질 때까지 분노를 품고 있지 마십시오"라고 충고한 편지 내용을 인용했다.[34]

어쨌든 다른 수도자들과 함께 지내는 상황은 유익해야 했다. 그것이 일과를 공유하고 권위자를 모시고 서로 간의 사랑과 감시를 권장하는 요점이었다. 인지는 집단 속에서 강화될 수 있었다.

이는 또한 무리 지어 생활하는 수도자들의 여러 일화가 전하는 가장 중요한 교훈 가운데 하나였다. 즉 서로 헌신하는 관계 속에서 수도자들은 실수와 실패를 더 잘 극복할 수 있었다. 더 큰 공동체에서도 상호 지원이 워낙 중요하게 인식되었기 때문에, 수도원 지도자들은 대단히 심각한 잘못을 저지른 수도자에게 사회적 고립을 강제했다. 혼자 지내면서 동료들의 소중한 가치를 깨닫게 하려는 조치였다.[35]

약이 되는 고난, 독이 되는 고난

그렇지만 수도원 지도자들은 공동체의 집단적 힘이 파괴적일 수 있다는 사실을 간과하지 않았다. 즉 수도원의 공동생활에서 겪게 되는 어려움이 가중되거나 방치되면 자기 계발 중인 수도자들의 영적 집중력을 흩트릴 수 있었다. 수도자 개개인의 복지는 수도원 전체의 재정과 마찬가지로 중요했다. 설립자들과 기부자들은 투자 대상이 잘못 관리되는 모습을 보고 싶어 하지 않았다. 그래서 수도원 이론가들은 수도자들에게 부당한 대우를 보고하라고 요구했고, 때로는 교회권ecclesiastical authority(교권教權)을 동원하겠다고 위협했다. 아울러 수도원장들에게 음식과 의복에 너무 인색하지 말라고 권고했다. 수도자들이 불만을 제기할 정당한 근거를 애초에 주지 말라는 뜻이었다. 5세기에 엄격하기로 유명했던 셰누테조차 요리가 정말로 형편없다면 수도자들에게 불평할 자격이 있다고

인정했다. 어떤 고난은 공동체에 꼭 필요했지만, 다른 고난은 주의를 흩트릴 뿐이었다.[36]

공동체 내부의 갈등이 다루기 어려울 정도로 악화하는 경우도 있었다. 그러한 갈등이 폭발해 대중에게 널리 알려지면 수도자들을 위한 후원과 기부가 흔들릴 수밖에 없었다. 《라우수스의 역사Lausiac History》(테오도시우스 2세의 환관 라우수스에게 봉헌되어 이러한 이름이 붙음—옮긴이)는 팔라디우스가 5세기 초에 여러 수도원을 다니면서 접한 따뜻한 이야기를 주로 소개하지만, 파코미아 수도연맹에 대한 노골적인 이야기도 몇 가지 들려준다. 가령 무고와 관련된 사소한 다툼이 두 여성 수도자를 자살로 몰고 갔다는 이야기는 무척 충격적이다. 팔라디우스는 분쟁이 심각해질 때까지 아무도 나서지 않았기 때문에 여러 여성 수도자가 처벌받았다고 기록했다. 이로써 사소한 죄라도 잘 대처하지 않으면 독이 될 수 있으며, 수도원이 수도자들의 상호 규제에 의존한다는 것을 다시금 강조했다. 588년에는 다디쇼 수도원장이 메소포타미아의 이즐라수도원에 충고하길, 동료 수도자의 실수를 방치하면 "공동체의 혼란"으로 이어질 수 있고, 이는 결국 "다수에게 치욕과 피해를 안길 수 있다"라고 했다.[37]

당시는 다디쇼가 이즐라수도원을 설립한 아브라함 대제의 뒤를 막 이어받았을 때였다. 정권 교체기는 늘 수도원에 취약한 시기였고, 다디쇼도 그 점을 잘 알고 있었다. 불과 1년 뒤에 지중해 반대편의 또 다른 유명한 수도원에서 다디쇼가 우려했던 추잡한 사건이 터졌다. 이 사건은 다디쇼의 동시대인들이 공동생활의 맥락에서 개인의 마음을 얼마나 깊이 살폈는지 그리고 그들이 사회적 '혼란'과 산만함의 결과를 얼마나 심각하게 받아들였는지 잘 보여준다.

이 사건은 갈리아 푸아티에Poitiers의 성십자Holy Cross수도원에서 589년부터 시작되었다. 이곳은 메로빙거왕조의 라데군트Radegund 여왕이 불과 수십 년 전에 세운 수도원이었다. 자신의 명성과 인맥을 총동원해 라데군트는 온갖 계층의 여성들을 수도원으로 끌어모았다. 거기엔 먼 사촌이자 법적으로 의붓손녀이기도 한 두 공주가 포함되어 있었다. 이후 라데군트 자신도 수도원에 들어갔다. 그런데 라데군트가 살아 있는 동안에도 수도원에는 긴장감이 감돌았다. 모든 수도자가 세상에서의 지위와 상관없이 동등하게 대우받아야 한다는 원칙은 대부분의 수도 규칙에서 반복되는 것이었다. 이는 카이사리우스가 쓴 《동정녀를 위한 수도 규칙》의 핵심 의도였고, 라데군트 또한 성십자수도원에 이를 적용했다. 카이사리우스의 누이인 아를의 카이사리아Caesaria of Arles 수녀원장도 라데군트에게 보낸 편지에서, 그의 유복한 수도자들이 사회적 지위보다는 겸손에 더 관심을 기울여야 한다고 지적했다. 이는 항상 유념해야 할 사항이었다.[38]

하지만 실상은 그렇지 못했다. 라데군트가 사망하고, 여왕과 무척 가까운 친구였던 첫 번째 수녀원장마저 사망하자, 엘리트들의 불만이 끓어올랐다. 두 공주를 비롯해 40여 명의 수도자가 항의 표시로 성십자수도원을 나갔다. 두 공주 중 한 명으로 무리를 이끈 크로디엘드Chrodield는 불만을 대놓고 드러냈다. 그는 새로 취임한 뤼보베라Leubovera 수녀원장이 자신들의 명예를 크게 훼손했으며, "이 수도원에서 우리는 마치 왕의 딸들이 아닌 양 천한 대우를 받고 있다!"라고 한탄했다. 반란을 일으킨 1년 동안 크로디엘드는 걸핏하면 왕실 인맥을 언급했다.

공주들은 여러 주교와 두 왕에게 불만을 토로했다. 하지만 매번 실망스러운 답변만 받았다. 수도 규칙, 즉《동정녀를 위한 수도 규칙》이 무너졌는가. 세속적인 범죄가 저질러졌는가. 그렇지 않다면 아무런 주장도 제기할 수 없다는 내용이었다. 공주들이 자기네 사회적 위상을 무의미하게 하는 평등 원칙에 분개하더라도, 그것은 수도원 제도의 결함이 아니라 구조적 특징이었다.

그러자 공주들은 무장한 전사들을 모집해 성십자수도원의 재산을 장악하려고 들었다. 전사들은 소작인들을 폭행하고 크로디엘드에게 복종하라고 강요했다. 또 수도원에 침입해 약탈하고 수녀원장을 납치했다. 결국 이 반란을 진압하고자 푸아티에의 군인들이 나선 끝에 부상자가 속출했고 사망자도 꽤 나왔다. 반란에 가담한 수도자들은 법정으로 끌려갔다.

왕들과 주교들이 소집한 재판에서 크로디엘드는 자신의 엘리트주의적 불만에 좀 더 확고한 법적 근거를 더하고자 했다. 사치품에 대한 수녀원장의 부당한 취향이《동정녀를 위한 수도 규칙》에 어긋나며, 특히 엄격히 강조되는 여성 수도자들과 외부 세계의 분리를 깨뜨렸다고 비난했다. 하지만 크로디엘드가 제기한 고발 내용은 법정에서 전혀 인정받지 못했다. 물론 주교들은 뤼보베라 수녀원장이 보드게임을 하거나 조카의 약혼 파티를 주최하는 등 애매하게 행동했다고 인정하긴 했지만, 카이사리우스가 보였을 법한 반응을 띠진 않았다. 카이사리우스는 여성 수도자의 외출을 금지하는 엄격한 봉쇄 규칙을 옹호했지만, 갈리아의 기독교인들은 완전한 봉쇄를 수반하지 않는 규칙을 지지했다. 주교들은 공주들이야말로 실제 범죄를 저지른 사람들이라고 결론 내리고, 모두 파문한 후 평생 참회하라고 명했다.

공주들은 격분한 나머지 뤼보베라 수녀원장이 메로빙거왕조의 킬데베르 2세에게 반역을 꾀했다고 재차 비난했다. 왕의 지시로 조사가 진행되었지만, 그 또한 근거가 없었다. 공주 가운데 한 명은 용서를 구하고 수도원으로 돌아갔지만, 크로디엘드는 전혀 굽히지 않았다.[39]

이 이야기를 다 서술하고 분쟁에 직접 관여하기도 했던 역사학자인 투르의 그레고리우스Gregorius of Tours 주교는 혼돈의 또 다른 희생자에 관한 기록도 남겼다. 반란이 진행되는 동안 성십자수도원에 남아 있던 여성 수도자 가운데 몇몇이 임신했던 것이다. 이는 《동정녀를 위한 수도 규칙》을 명백히 위반한 것이었지만, 그레고리우스를 비롯한 주교들은 이들이 무고하다고 결론 내렸다. 반란으로 지역사회가 워낙 혼란스러웠기에 임신은 범죄로 간주되지도 않았던 것이다. 주교들의 이러한 판단은 중세 초기의 기독교인들이 수도원 제도를 바라보던 낙관적 시선을 그대로 반영한다. 그들은 수도자들이 통제된 공동체의 일원일 때 더 강해질 수 있다고 확신했다. 하지만 동시에 일과와 위계질서와 상호 지원이 개개인의 잘못된 행동으로 쉽게 무너질 수 있다는 사실 또한 인정했다.

결국 수도원도 잠재적으론 '안전하지 않은 공간'이었다.[40]

성십자수도원을 뒤흔든 일련의 사태가 마무리된 후 보도니비아Baudonivia라는 여성 수도자는 동료들에게 '멘스 인테타*mens intenta*', 즉 하나님을 향해 굳건히 정진하는 마음을 강조하면서 그 본보기로 설립자를 기억하자고 격려했다. 다른 성인전 작가들과 달리 보도니비아는 라데군트가 일과에 집중했음을 강조했다. 즉 라데군트의 이러한 측면을 조명함으로써, 공동체가 나아갈 방향을 다시 올바르게 조정하고자 한 것이었다.[41] 하지만 아무리 치밀하게 조직된 사회구조도 불만과 산만함의 문제를 다 해결할 순 없었다. 일과가 얼마나 잘 설계되든, 지도력과 상호 지원 문화가 얼마나 굳건하든 상관없었다. 수도자들을 변화시키려면 그들의 몸속 깊숙이 들어가서 살펴야 했다.

3장

몸:

몸이 고요하지 않으면
마음이 고요할 수 없다

홀로 있든 함께 있든
떨쳐낼 수 없는 것이 바로 몸이다.

몸은 욕구로 가득하다.
수면욕, 식욕 그리고 성욕.

수도자들의 몸도 예외는 아니었다.
그들은 자기 몸을 다스리기 위해
욕구를 적절히 해소하기도,
정면으로 거스르기도 했다.

하지만 목표는 늘 하나였다.
몸을 다스려 마음의 평화를 얻는 것.

이 목표를 잃은 수도자들에게는
몸에 대한 집착만이 남았다.

수도자들은 늘 천사처럼 살고 싶어 했는데, 실제로 그렇게 살 수 있을 것만 같았다. 인간은 천사와 마찬가지로 이성적인 존재여서 추상적으로 생각하고 원칙에 따라 판단했다. 따라서 창조의 복잡성을 인정하고 창조주를 찬양할 수 있었다. 하지만 수도자들이 절감했듯 지구상의 어떤 인간도 진짜로 천사처럼 살 순 없었다. 인간에겐 육신이 있고 천사에겐 없었기 때문이다. 천사는 부족함을 느끼지 않았다. 그들은 세상과 분리되어 있다고 느끼지 않았다. 더러워지거나 졸리거나 흥분하거나 배고프다고 느끼지 않았다. 천사는 순수한 의식으로 존재했다. 항상 하나님과 하나님이 창조한 우주를 찬양하며 시간을 보냈다. 그들의 집중력은 완벽하고 지속적이었다. 반면에 인간은 생물학과 물리학의 제약을 받았고, 존재론적 한계에 따라 어쩔 수 없이 산만해졌다.

운 좋은 몇몇 수도자는 막판에 천사의 기분을 맛보고 눈감을 수 있었다. 보통 사람에게는 들리지 않는 천사들의 노래를 기어이 들었다.[1] 그 순간이 오기 전까지 수도자들은 천사 같은 집중력을 갈망할 뿐이었다. 그런 노력의 하나로 몸이 존재한다는 사실을 부정하는 대신, 마음을 위해 몸을 치열하게 단련했다.

오늘날 우리가 '웰니스wellness', 즉 건강을 몸과 마음의 산물로 생각하듯이, 수도자들이 추구한 '영적 웰빙spiritual wellbeing', 즉 영적 행복도 몸과 마음의 조화를 바탕에 두었다. 하지만 그들이 몸을 단련했던 방법은 선뜻 이해가 가지 않는다. 가령 그들은 몸단장과 수면을 나쁘게 여겨 최적의 인지 상태를 유지하고자 몸을 씻지 않았고 숙면을 방해하는 장치마저 고안했다. 그러한 행동이 1500년 전엔 좀 더 그럴싸하게 여겨지긴 했지만, 당시에도 최선의 수행법으로 모두에게 인정받지는 못했다. 세상의 산만함을 극복하기 위해 몸과 마음의 절묘한 결합을 추구했기 때문이다.

범죄 파트너이자 구도 파트너인 몸

그러한 결합을 위해선 안 그래도 골치 아픈 둘의 관계를 조정해야 했다. 고대 후기와 중세 초기의 대다수 기독교인은 자신들을 물질적인 부분과 비물질적인 부분의 합성물로 바라봤다. 즉 몸body이 영혼soul·마음mind·감정heart·원기spirit와 결합해 있다고 보았다. (영혼과 마음과 감정과 원기는 의미가 겹쳐서 때로는 기능적으로 바꿔 사용해도 된다.) 그런데 그들은 이 구조를 굉장히 독특한 방식으로 묘사했다. 시나이의 아나스타시오스Anastasios of Sinai라는 수도자가 700년경에 지적했듯이 성경이나 의학계가 이 문제에 정확한 답을 내놓지 않았기 때문이다. 아울러 "인간은 고집스럽고 탐구적인 동물"이라 영혼과 몸 그리고 그 둘의 관계에 대한 어려운 질문을 멈추지 않았다.[2]

누구는 마음이 흉강에 자리 잡고 있다고 상상했다. 누구는 영혼을 각기 다른 인지 기능으로 나눈 다음 몸의 각 부분에 할당했다. 즉 이성은 뇌에, 감정은 심장에, 신체적 충동은 간에 있으며, 이 모두는 호흡과 혈액과 신경으로 연결되어 있다고 보았다. 다른 누구는 영혼이 몸의 모든 부분에 퍼져 있다고 생각했다. 즉 5세기 중반에 리에즈의 파우스투스Faustus of Riez가 말했듯이 영혼은 "내장과 연결되어" 있어서 사람의 생각에 스며든다고 보았다. 누구는 영혼과 마음이 일종의 영체靈體여서, 육체와 별개로 움직이고 남들에게 드러낼 수도 있다고 생각했다. 또 다른 누구는 영혼 및 그와 관련된 정신적 능력엔 모습도 없고 형체도 전혀 없지만, 죽을 때까지 어떤 식으로든 몸의 영향을 받는다고 주장했다. 이 외에도 다양한 모델이 있었지만, 자세한 기록은 남아 있지 않다.[3] 수도원 저술가들은 관련된 견해를 어쩌다 개략적으로만 설명했을 뿐이다. 그들은 물질적인 부분과 비물질적인 부분을 구성하는 문제에 훨씬 더 큰 관심을 보였는데, 수행할 때 그 둘이 항상 함께 작용한다고 확신했다.

그런데 협력에는 문제가 따랐다. 몸은 걸핏하면 마음을 자극해 목욕과 낮잠, 성관계와 음식을 떠올리게 했다. 심지어 원하는 걸 다 얻은 후에도 만족하지 않고 또다시 욕구를 드러냈다. 수도자의 주의를 흩트리는 것은 세상과 타인만이 아니었다. 수도자의 몸도 그들을 배신할 수 있었다. 그레고리우스가 6세기 말에 언급했듯이 육체적 쾌락은 마음을 "흐리게" 했다. 카슈가르(티그리스 강변의 고대 도시—옮긴이)의 아브라함Abraham of Kashkar은 그보다 20년 전에 이즐라수도원의 수도자들에게 훨씬 더 직설적으로 충고했다.

"몸이 고요하지 않으면 마음도 고요할 수 없습니다."[4]

어떤 수도자는 전쟁마저 불사할 각오로 덤볐다. 사막 교부인 도로테오스Dorotheos는 자기 몸에 대해 "몸이 나를 죽이고, 내가 몸을 죽인다"라고 말했다. 그의 운명론적 견해를 공유하는 듯한 수도자들의 기상천외한 이야기가 나돌았다. 그들은 자기 자신을 십자가에 못 박는 등 잔인한 방법으로 속죄했다. 하나님의 노예가 되겠다는 정신으로 스스로 낙인을 찍었고, 밧줄이나 체인을 살이 파일 만큼 칭칭 감았으며, 작은 우리에 갇혔다.[5]

그러한 수도자가 많지는 않았다. 대다수 수도자는 전투보단 협력을 선호했다. 즉 신체를 통해 정신을 수련하고, 정신을 **통해** 신체를 수련하려고 애썼다. 그들은 신체 상태가 정신에 영향을 미치고somatopsychic, 정신 상태가 신체에 영향을 미치는psychosomatic 창조물로서 인간을 이해했다. 신체는 개인의 경험과 인식과 생각을 좌우했다. 역으로 그런 비물리적 작용이 신체를 형성하기도 했다. 따라서 신체는 수도자들의 범죄 파트너이자 구도 파트너였다. 요한 클리마쿠스는 7세기에 다음과 같이 말했다.

"무형의 정신이 신체에 의해 명확히 규정되기도 하고 흐려지기도 하다니, 참으로 놀랍다. 아울러 비물질적인 정신이 흙으로 된 신체에 의해 정화되고 정제되다니, 똑같이 놀라울 따름이다."[6]

수도자들이 신체를 단련하려고 개발한 일련의 수행법을 오늘날엔 '고행asceticism'(또는 금욕주의—옮긴이)으로 부른다. 이는 고대 그리스어인 아스케시스*askesis*에서 유래된 용어로, 신체 단련이나 정신 단련, 또는 둘 다를 뜻한다. 하지만 자아를 전면적으로 점검하기 위한 심신 수련법을 수도자들이 처음 개발한 것은 아니었다. 실제로 수도자들은 수 세기 전부터 이어진 철학적·의학적 전통에도 의존했고, 또 그리스도 안에서 누리는 하나님의 충만함을 구원의 매개체로 강조한 기독교 신학에도 의존했다. 의사와 플라톤주의자, 유대인, 스토아학파, 냉소주의자, 신플라톤주의자, 초기 기독교인은 신체와 영혼과 신성의 본질에 대해 각기 다른 이론을 내놨다. 하지만 영혼이 신체보다 위에 있는데도 신체에 영향받기 때문에 의학적·운동적·도덕적 훈련을 두루 거쳐 신체를 면밀히 점검하고 단련해야 한다는 데 전반적으로 동의했다.[7]

고대 후기와 중세 초기의 기독교 수도자들은 한결같이 몸단장과 수면, 성관계, 식사를 신체 단련의 주요 대상으로 보았지만, 방법 측면에선 의견이 분분했다. 간혹 그들의 다양한 권고는 상당히 다른 우주론과 신학에 뿌리를 두기도 했다. 이러한 다양성은 대체로 몸과 마음의 경쟁적인 역학과 관련되었다. 어떻게 하면 이 둘을 함께 훈련할 수 있을지가 문제였다. 대개 그 시작은 몸단장이었다. 이는 사소한 주제처럼 보이기도 하고 그 자체로 산만함을 일으킬 수도 있지만, 수도자들이 애초에 몸과 마음을 연계해서 바라봤다는 사실을 반영한다.

몸단장과 산만함의 관계

수도자는 겉으로 보이는 게 다가 아니었지만, 기독교인들은 외모가 오해를 불러일으킬 수 있다는 이야기를 무척 좋아했다. 그레고리우스의 《대화집》에는 베네딕트를 보고 들짐승으로 착각한 양치기들의 이야기가 나온다. 그가 짐승의 털가죽을 걸친 채 동굴 근처의 덤불 속에 숨어 있었기 때문이다. 한 농부가 유명한 성직자를 보러 안코나Ancona의 한 교회에 찾아갔다. 그런데 소문과 달리 별로 성스러워 보이지 않았다. 그가 그 유명한 콘스탄티우스Constantius라고 사람들이 확인해줬는데도, 농부는 소문만큼 대단한 사람이 아니라고 결론 내렸다. 동고트왕국의 토틸라Totila 왕은 나르니의 카시우스Cassius of Narni 주교를 처음 봤을 때, 그의 얼굴이 붉은 탓에 술을 잔뜩 마셨다고 생각했다. 왕이 대놓고 말했다면 주교는 그의 성급한 판단에 반박했을 것이다. 카시우스 주교는 낯빛이 본래 불그스레했다.[8]

이처럼 외모가 중요하지 않았던 건 아니다. 그레고리우스는 청중에게 외모를 더 올바로 해석하는 법을 가르치려 했다. 고대 후기와 중세 초기 문화에서 외적인 상태는 감지할 수 없는 실체를 드러낸다고 여겨졌기 때문이다. 신체와 영혼이 연결되어 있다고 여긴 스토아학파는 전자가 후자의 상태를 나타낸다고 보았다. 후기 신플라톤주의자들은 신체가 더 깊은 진실을 반영한다고 주장했다. 즉 5세기에 프로클로스Proclos가 말했듯 "우리는 사실 지적인 실체의 이미지일 뿐이다." 가령 아름다운 신체는 미의 신성한 본질을 갖춘 마음을 고스란히 드러낸 것이었다. 한마디로 육체적 상태는 지적인 상태를 반영했다.

굳이 신플라톤주의자가 아니더라도 신체가 특정 방식으로 움직이고 말하도록 사회적으로 길들었다는 사실을 알았다. 고대 후기 사람들은 피상적인 포장지에 불과한 피부가 자신의 가치와 자산을 드러낸다고 생각했다. 그래서 로마식 목욕이 인기를 끌었다. 도시와 귀족 저택에 설치된 목욕탕은 단순히 온천욕을 할 수 있다는 사실만을 의미하지 않았다. 불과 물이라는 원소를 이용해 신체를 건강하게 하고 우주의 에너지와 연결해주는 창구였다. 욕조에서 나온 깨끗하고 빛나는 신체는 이러한 우주적 연결을 나타냈다. 목욕은 또 이러한 연결을 더 **강화한다**는 점에서도 중요했다. 신체가 영적 건강의 거울일 뿐 아니라 도구이기도 했던 것이다. 몸을 깨끗하게 하는 행위는 자아를 맑고 강하게 하는 수단이었다. 자기 몸을 돌보는 데 많은 시간을 할애한 엘리트 목욕객에게는 확실히 그랬을 것이다.[9]

수도원 제도는 이러한 외모 문화를 어느 정도 반영했다. 수도자들은 신체가 영혼을 나타낼 수 있고, 또 올바른 자아 형성을 위해 수련될 수 있다는 사실을 받아들였다. 하지만 이런 견해는 오히려 반反문화적인 몸단장 습관을 초래했다. 여기엔 목욕에 대한 모라토리엄, 즉 일시 정지도 포함되었다. 사막 교모인 실바니아Silvania는 "나는 예순 살인데, 이때까지 손끝을 제외하곤 발이나 얼굴이나 사지의 어느 부분도 물에 닿은 적이 없다"라고 고백했다. 에프렘은 "몸을 씻으면 영혼이 더러워진다"라고 주장했다. 루스

페의 풀겐티우스Fulgentius of Ruspe는 금욕적 수행의 단계를 높여가며 수도 생활에 적응해나갔다. 그가 수도원에 들어가기 전 마지막으로 한 일은 목욕탕 출입을 중단하는 것이었다. 그리고 세베루스Severus라는 수도자는 안티오키아의 총대주교가 되었을 때, 관저의 목욕 시설을 보란 듯이 해체했다.[10]

그들의 목표는 육지에 닻을 내린 배처럼 메마른 상태였다. 좋아하는 목욕을 못 해서 '바짝 메마른' 신체는 세상에서 벗어나 하나님에게로 마음을 뻗치는 수단이자 결과였다. 수도자들은 영원히 지속될 좋은 일에 집중하고자 신체가 누릴 단기적 만족을 포기했다. 지저분한 외관은 내면의 깨끗함을 강조했다. 그리고 개종자들, 특히 엘리트 개종자들은 목욕을 포기하기가 너무 어려웠기에, 더럽기만 해도 명성을 떨칠 수 있었다. 4세기 후반에 귀의했던 요한 크리소스토무스John Chrisostomus는 수도자로 지낸 지 2년쯤 되었을 때, 귀족일 때보다 수도자로 개종한 뒤에 대중에게 깊은 인상을 남길 가능성이 더 커졌다고 주장했다.

"귀족이었을 때는 씻지 않아 더러운 상태에서 거친 옷을 입은 채 추종자도 없이 맨발로 다니는 지금만큼 사람들을 놀라게 하지 못했을 것이다."[11]

누구나 이런 식으로 세상을 바라보진 않았다. 요한이 〈수도 생활의 반대자들에 대항하여Against the Opponents of the Monastic Life〉라는 논문을 쓴 이유도 바로 이 때문이었다. 수도자 사이에서도 목욕 정책에 의견이 갈렸다. 누구는 목욕을 단념하는 게 모순된 겸손 행위일 뿐이며, 자기 집착을 없애기는커녕 오히려 부추긴다고 걱정했다. 이 문제를 해결할 한 가지 방법은 목욕의 기준을 수도자의 경험 수준에 맞추는 것이었다. 가령 신참자나 젊은 수도자는 더럽고 초라한 옷차림으로 신체적 자아를 바꿈으로써 우선순위를 다시 정했다. (여기엔 시간과 노력이 필요했다. 한 수도원 설립자는 엘리트 수도자들에게 향수를 뿌리면 안 된다는 사실을 늘 상기해주었다.) 하지만 수도자가 어느 정도 성숙해지고 나면 묵은 때를 제거해야 했다. 불결함은 그 자체로 주의를 산만하게 할 만했다. 즉 자신의 가치를 이미 고행에 둔 수도자는 자신의 더러움에서 헛된 자부심을 느낄 위험이 있었다. 다른 수도원 지도자들은 의학적 측면에서 수도자의 신체가 건강해야 한다고 주장했다. 적어도 병든 고행자에겐 목욕이 필요하며, 의학적으로 권장되는 치료법을 사치로 생각하지 말라고 설득했다.[12]

수도원 윤리학자들과 정책 입안자들만 충돌했던 건 아니다. 그들의 공동체에서 함께 생활하던 수도자들도 때로는 개인위생에 대한 제약에 반발했다. 할당받은 옷이 너무 싸거나 낡았다고 생각했고, 자선을 핑계로 그 옷을 가난한 사람들에게 기부하려 들었다. 그들은 또 빨래를 너무 가끔 한다고 불평했다. 6세기에 에우기피우스 수도원장은 이러한 군소리를 질리게 들었다. 그래서 수도 생활의 습관에 대한 불만은 마음의 습관에 뭔가 부족한 점이 있다는 뜻이라고 꼬집었다.[13] 하지만 수도원의 방침은 확실히 어느 정도 조정이 필요했다. 여하튼 이러한 다툼은 결국 외부의 습관과 내부의 습관을 일치시키는 기준에 대한 수도자들의 어정쩡한 태도를 나타냈다. 목욕과 산만함, 둘 중 어느 것이 먼저일까. 수도자는 몸단장을 포기하지 않고도 집중할 수 있을까.

몸이 아닌 열정을 죽일 것

이발도 비슷한 논쟁을 불러일으켰다. 중국의 수도자들이 (도교 승려라면) 항상 상투를 틀거나 (불교 승려라면) 완전히 삭발했던 것과 달리, 기독교 수도자들은 머리 모양에 합의를 보지 못했다. 일부 사막 교부는 성경의 예언자들처럼 머리를 길게 늘어뜨렸다. 한 수도자는 머리를 전혀 자르지 않았다는 이유로 칭송을 들었다. 그의 긴 머리가 격렬한 고행의 증거이자 기법으로 여겨졌기 때문이다. 일부 여성 고행자는 반대로 머리를 싹 밀거나 아주 짧게 잘랐다. 하지만 다른 기독교인들은 이러한 선택에 경각심을 드러냈다. 그들은 목욕을 전혀 하지 않는 수도자들의 비생산적인 과시 행위를 얼마간 우려했다. 아울러 남성 수도자의 긴 머리와 여성 수도자의 삭발을 로마제국 후기의 성별에 따른 몸단장 전통에 대한 거부로 여겨 좋게 보지 않았다. 일부는 이런 관행이 용납할 수 없을 정도로 급진적이라고 판단했다. 예를 들어 아우구스티누스는 긴 머리 때문에 안 그래도 연약해 보이는 수도자들의 이미지가 훨씬 더 여성스러워졌다고 염려했다. 기존의 남성성이 가족, 자산, 공직, 군대 등 '세상'에 의해 규정되었기 때문에, 그걸 죄다 포기한 남성은 엄격한 수행으로써 남성성을 다시 정립해야 했다. 그런 상황에서 긴 머리는 남성성의 재정립에 방해가 되었다.[14]

그런데 아우구스티누스는 남성의 패션이 빠르게 발전하던 시기에 글을 썼다. 4세기 후반과 5세기 초반에 로마제국의 엘리트 남성들은 군복을 참고해 길고 헐렁한 겉옷인 토가toga를 바지와 벨트로 바꿨다. 그 위에 망토를 걸치고 브로치를 착용했다. 그리고 머리를 귀까지 또는 더 길게 늘어뜨렸다. 이러한 패션은 로마군에 징집된 사람들, 즉 라인강 동쪽과 다뉴브강 북쪽에서 온 이민자들에 의해 처음 퍼졌을 것이다. 그 기원이 무엇이든 곧 제국의 군대 내에서 널리 유행했고, 민간인들도 금세 따라 하게 되었다. 긴 머리를 한 수도자는 종종 거세된 야만인으로 풍자되었는데, 또 다른 일부는 그런 평가 자체를 퇴행적이라고 생각했을 것이다. 로마인과 '야만인'과 군인의 정체성이 모호해지면서 남성의 패션도 점점 변해갔기 때문이다.[15]

헤어스타일이 수 세기에 걸쳐 바뀌면서 몸과 마음의 균형에 대한 수도자들의 논쟁도 계속되었다. 수도자들은 머리를 완전히 밀거나 부분적으로 밀었다. 얼굴이나 다리나 겨드랑이의 털은 전혀 밀지 않거나, 또는 정기적으로 밀었다. 수염은 전혀 다듬지 않거나 깔끔하게 깎았다. 머리를 밀지 않을 때는 위로 묶되 너무 과시적으로 보이지 않도록 주의했다. 이렇게 사소해 보이는 세부 사항들이 심각하게 받아들여진 이유는, 이 자체가 마음의 우선순위를 바꾸기 위해 몸을 조정해나가는 훈련의 일환이었기 때문이다. 이런 환경에서 수도자의 헤어스타일은 종종 우스꽝스럽게 풍자되기도 했다. 800년경에 영국, 또는 아일랜드에서 제작되어 화려한 조명을 받아온 《켈스의 서Book of Kells》는 켈트족의 체발剃髮,

즉 정수리 부분은 밀고 뒷머리 부분은 늘어뜨린 모습으로 그리스도를 묘사한다. 영국에서 이 '왕관' 헤어스타일은 로마풍을 따르는 개혁가들이 1세기 동안 밀어붙인 끝에 《켈스의 서》가 막 쓰일 무렵부터 널리 유행하게 되었다. 어느 상스러운 수도자를 묘사한 그림에서도 같은 헤어스타일을 찾아볼 수 있다. 정수리 삭발을 지지하는 사람들은 그게 그리스도의 가시관을 모방한다고 생각했지만, 《켈스의 서》 속 초상화는 별로 그런 느낌을 주지 않는다. 화가는 오히려 정수리 부분을 텁수룩하고 부스스한 꼴로 묘사했다.[16]

이처럼 일부 수도자가 몸단장 관행에 대해 열띤 논쟁을 벌였던 반면에, 다른 수도자들은 수행의 피상적 측면에 지나치게 집중하지 말라고 경고했다. 《아포프테그마타 파트룸》이 가장 사랑했던 포이멘은, 다른 수도자들은 발을 씻지 않는데 왜 그는 발을 씻느냐는 물음에 변명하지 않았다.

"우리는 열정을 죽이라고 배웠지, 신체를 죽이라고 배우지 않았습니다."[17]

천 가지 수면법

수도자들은 이러한 조언에 안심할 수 없었다. 실제로 수도자들은 잘 쉬어서도 안 되었다. 수면을 제한해야 집중력과 민첩성이 향상된다고 생각했기 때문이다. 몸단장과 마찬가지로, 수도자들은 정신 상태를 재구성하기 위해 수면을 신체 단련의 기회로 삼았다. 하

† 켈트족의 체발 헤어스타일을 한 그리스도. 세심하게 다듬어진 곱슬머리 위로 민머리가 살짝 엿보인다.

‡ 역시 지저분한 체발 헤어스타일을 하고 있는 상스러운 성직자. 페카베리트(peccaverit), 즉 '죄를 지은 자'라는 뜻의 단어 위에 그려져 있다.

지만 비평가들은 이 방법의 한계에 대해서도 주의를 촉구했다. 몸이 너무 지치게 되면 마음도 영향을 받았기 때문이다.

그리스 철학자들과 의사들의 이론에 따라, 수면 중엔 정신이 마비되거나 억류 상태가 되어 활동이 완전히 중단되거나 산만함에 취약해진다고 생각하는 수도자가 많았다. 그들은 수면 시간을 줄이거나 잠을 설치면, 산만한 꿈과 악마에 대한 민감성을 제한하는 유익한 효과를 얻을 수 있다고 생각했다. 철야 기도나 예배를 위한 시간을 더 확보할 수도 있었다.[18]

수면과 기도 간의 대비는 극명했다. 수도자에게 기도는 일종의 근육 단련이었다. 육체노동과 기도를 동시에 하지 않을 때라도 수도자는 여전히 일어서서 두 팔을 뻗고 기도해야 했다. 그런 자세는 수도자들이 다시 잠들지 못하도록 했고, 마음도 바로잡아 주었다. 《호르시에시오스의 가르침Instructions of Horsiesios》은 파코미아수도연맹에 다음과 같이 조언했다.

"기도할 때 게으름을 피우거나 여러 가지 생각으로 정신이 흐트러지길 바라지 않는다면, 두 팔을 서둘러 옆으로 떨어뜨리지 마십시오. 피로와 고통으로 그런 생각이 금세 사라질 것입니다."

몸을 꼿꼿이 세우는 행위는 산만함에 맞서게 할 뿐 아니라 마음을 위로 향하게 했다. 《베네딕트 수도 규칙》은 "우리 마음이 목소리와 조화를 이루도록 〈시편〉을 읽는 동안 일어서 있자"라고 권했다. 주상 고행자들은 이러한 자세를 극단으로 추구했다. 그들 중 가장 유명한 시메온은 장기간 서 있는 업적으로 찬사를 받았다. 시리아의 성인전 작가는 "하나님이 도와주시지 않고는 인간의

† 두 팔을 뻗은 채 기도하는 아폴리나리스(Apollinaris) 성인의 모자이크. 6세기에 만들어졌다. 이탈리아 라벤나(Ravenna)의 산타폴리나레인 클라세(Sant'Apollinare in Classe)성당에 있다. © James Terry / Art History Glossary

능력으로 그렇게 오랫동안 서 있을 수 없다"라고 평했다. 키루스의 테오도레투스Theodoretus of Cyrrhus는 시메온의 한쪽 발이 심하게 감염되었을 때조차 그의 집중력이 무너지지 않았다고 전했다. 관련해 사룩의 야곱Jacob of Sarug은 활기찬 운율의 찬가까지 지었다. 곪은 발을 잘라낸 시메온이 한 발로 기둥 위에 서서 여전히 하나님을 찬양하고, 또 내세에 다시 합쳐질 자신의 절단된 발을 위로한다는 내용이었다.[19]

올라설 기둥이 없더라도 수도자들은 그야말로 곧게 서 있어야 했다. 사막 원로들의 성인전에는 그런 자세를 유지하도록 격려하는 사례가 많았다. 아르세니우스Arsenius 사부는 "싸움에 능한 수도자라면 한 시간만 자도 충분하다"라고 했다. 그리고 토요일마다 해 질 무렵 석양을 등진 채 동쪽을 향해 두 팔을 뻗고 서서 일요일 아침 햇살이 얼굴에 비칠 때까지 기도했다. 그의 사례는 그리스어, 라틴어, 시리아어, 아랍어, 그루지야어, 아르메니아어, 게즈어(고대 에티오피아어)를 구사하는 후대 수도자들에게 깊은 인상을 남겼다. 가령 팔레스타인의 에우티미우스Euthymius 사부는 아르세니우스에 대한 이야기를 탐독한 후 똑바로 앉아서 자기로 다짐했다. 때로는 천장에 매단 줄에 몸을 묶은 채 서서 자기도 했다.[20]

다른 수도자들도 각자의 수면 장치를 고안했다. 파코미아 수도연맹에 소속된 수도자들은 등받이를 뒤로 젖힐 수 있는 리클라이닝reclining 의자에 앉아 자는 것으로 유명했다. 메소포타미아 북부에 있는 아미다Amida수도원의 수도자들도 마찬가지였다. 그들은 또 기둥에 올라서서 자기도 하고, 벽에 몸을 묶거나 천장에 매단 밧줄을 겨드랑이에 걸고 서서 자기도 했다. (지금의 튀르키예 남동부에 있는) 카르타민Qartamin수도원은 더 낮은 수준의 기술을 선호했다. 이곳의 수도자들은 몸을 계속 움직이는 상태에 두려고 누워 있는 내내 앞뒤로 굴렀다. 또는 앉거나 눕지 못할 만큼 비좁은 벽장에 몸을 쑤셔 넣기도 했다. 그리고 칼라몬Calamon의 시조에스Sisoes 사부는 절벽에 몸을 매달아 두려움에 떨며 깨어 있었다.[21]

포기할 수 없는 침대

하지만 대다수 수도자는 이렇게 행동할 수 없었다. 때로는 그렇게 하도록 권장되지도 않았다. 전하는 바에 따르면, 한 천사가 시조에스를 꾸짖으며 그의 절벽 묘기를 다른 사람들에게 절대로 가르치지 말라고 했다. 알렉산드리아의 마카리우스Macarius of Alexandria는 한때 잠들지 않으려고 20일 동안 밖에 머물렀지만, 결국엔 실내로 들어왔다. 계속 자지 않으면 "뇌가 너무 무기력해져서 결국 주의가 흐트러지게 될까 봐" 염려했기 때문이다. 그 말에 다른 수도자들도 동의했다. 수면을 지나치게 제한하면 몸과 마음이 약해지고 집중력이 흐트러질 수 있었다. 그래서 수도원 지도자들은 피곤할 때는 잠을 자되, 충분히 쉬었다고 느끼기 전에 일어나고, 잠들기 직전에는 생각에 주의하라는 등 더 온건한 방법을 조언했다.[22]

대다수 수도자가 이 절제의 미덕을 받아들였다. 그들은 편안한 잠자리를 향한 욕구에 맞서고자 좀 더 초보적인 투쟁을 벌였다. 그렇다고 수도원이 침대에 인색했다는 뜻은 아니다. 수도원은 수도자들에게 기본적인 안락함을 몇 가지 허락했다. 예를 들어 콘스탄티노플에 있는 성요한스투디오스Saint John Stoudios수도원의 9세기에 작성된 설립 문서를 보면 각 수도자에게 밀짚 매트리스와 염소털 매트리스, 양털 담요를 두 장씩 할당했다고 나온다. 그리고 이집트의 수도원들을 발굴한 결과, 일부 수도자는 바위를 깎거나 점토로 높게 만든 단에서 잤던 것으로 보인다. (물론 단 위에 깔았을 직물은 오래전에 사라졌다.) 그들은 또 여름엔 밤의 열기를 피해 밖에서 자기도 했다. 추운 계절엔 몸을 따뜻하게 하려고 데워진 돌과 대추야자 씨앗을 활용하기도 했다. 이는 고고학자들이 수도자들의 침대 옆에 놓인 작은 보관함에서 찾아낸 것들이다.[23]

이 정도보다 더 많은 것을 원하는 수도자도 많았다. 침대를 완전히 포기한 수도자들의 놀라운 이야기를 들었더라도, 수도원에 들어온 일부 수도자는 여전히 푹신한 매트리스와 베개, 두툼한 이불, 양가죽, 아름다운 침대보를 원했다. 그들이 선호하는 바를 보면 이전에 어떤 특권을 누렸는지 알 수 있다. 고대 후기와 중세 초기의 엘리트들은 목욕뿐 아니라 좋은 침대도 무척 좋아하는 것으로 악명이 높았다. 셰누테는 강아지에게 담요를 제공한 귀족들을 날카롭게 비판하기도 했다! 4세기에 이집트의 스케티스수도공동체에 들어가 잠을 안 잔 것으로 유명한 아르세니우스는 원래 로마제국의 원로원 의원이었는데도 각종 욕구를 깨끗이 포기했다. 하지만 대다수 엘리트의 신체는 개종의 충격을 쉽게 이겨내지 못했다. 아우구스티누스는 수도자로 개종한 부유층이 새로운 삶을 견디기 어려워하므로, 그들에게 특별한 잠자리를 허용해야 한다고 제안했다. 그가 자주 지적했듯이, 신체는 계급에 길들기 때문에 고행의 난관은 상대적이었다.[24]

수면에 대한 해결책이 불완전했다는 점을 고려하면, 일부 수도자가 애초에 피곤함을 느끼지 않기를 바랐다고 해도 별로 놀랍지 않다. 한 수도자가 가자의 요한에게 편지를 보내, 낮이 길어져 점점 나른해지는 봄이 오면 졸음을 어떻게 피하느냐고 물었다. 졸음과 집중력 저하는 참으로 골치 아픈 문제였으니, 요한에게도 딱히 뾰족한 답이 없었다.[25]

성욕, 그 지독한 동반자

오늘날 몸단장과 수면에 대한 수도자들의 시련은 성관계를 포기하겠다는 지독한 다짐보단 덜 알려져 있다. 이 사실을 알면 그들 중 상당수는 상당히 섭섭해할 것이다. 408년에서 410년 사이에 철학자 아폴로니우스와 수사적 대화를 나눈 기독교인 삭개오는 성생활만 포기한 수도자가 가장 낮은 계급에 해당한다고 주장했다. 그런 수도자는 여전히 자기네 집에서 전에 살던 사람들과 함께 지냈다. 그러니 먹고 입고 자고 기도하는 방식까지 싹 바꾼 수도자들보다 성과가 떨어질 수밖에 없었다.[26]

사실 성욕 억제는 수도자들에게 중요한 여러 정신신체적psychosomatic 및 신체정신적somatopsychic 수행 중 하나일 뿐이자, 그들이 활발하게 논의한 여러 제약 가운데 하나였다. 성관계 중단이 필요하다고 대체로 동의했지만, 성관계에 관한 생각을 멈추려면 어떻게 해야 할지 확신하지 못했기 때문이다. 그게 핵심 문제였다. 어쩌면 그 생각을 아예 멈추는 것이야말로 마음과 몸의 연결이 제기하는 가장 명백한 도전 과제였을지 모른다. 수도자들은 몸이 마음을 돕도록 단련하고 싶어 하는 동시에 마음이 몸을 돕도록 단련하고 싶어 했다. 그래야 몸이 다시 마음을 도울 수 있을 테니까.

역사학자들에 따르면 고대 후기와 중세 초기의 성욕 억제 전략에 남녀 구분은 없었다. 기독교인들은 일반적으로 영혼에 성별이 없다는 데 동의했다. 특정하게 사회화된 신체로 존재하면서 성별을 초월하기란 애초에 불가능하지만, 심신 수련에 관한 한 남녀 차이가 중요하다고 생각하진 않았다. 남성과 여성은 똑같이 성욕을 느꼈고, 그것을 극복하기 위해 똑같이 훈련받았다. 남성 수도원은 원래 여성을 위해 쓰인 수도 규칙을 기꺼이 받아들였고, 그 반대의 경우도 마찬가지였다. 그런데 여성 수도자들은 간혹 너무나 남성적인 언어로 칭찬받기도 했는데, 그들을 칭송한 남성 성인전 작가들이 남자답게 보인다는 말보다 더 멋진 칭찬은 없다고 생각했기 때문이다. 이런 이유로 정절을 나타내는 언어와 개념은 생각보다 빈약했다.[27]

여하튼 대다수 수도자는 남성과 여성이 동등한 처지에서 수행하고 있고, 여성과 남성의 신체 모두 영적 수행을 강화할 엄청난 잠재력을 지녔다고 생각했다. 목욕을 안 하거나 잠을 안 자는 것과 마찬가지로, 수도자들은 성관계를 안 하는 것이 신체에 대한 처벌이나 부정이 아니라 유익한 처방이라고 여겼다. 이런 이론은 수도원 제도 자체보다 훨씬 오래되었다. 수도자들이 육체적 순결을 수행에 편입하기 수 세기 전부터 이교도와 유대교와 초기 기독교 공동체는 성욕 억제가 의학적·철학적·영적 혜택을 준다고 믿었다. 일부 기독교 공동체에선 심지어 세례받은 모든 사람이 성관계를 자제해야 한다고 주장했지만, 대다수는 부부간의 성관계만을 허용하는 정도로 받아들였다. 즉 그렇게만 자제해도 충분하다고 보았다. 그리고 설사 완전한 순결을 옹호한 기독교인이라도 대다수는 이미 자식을 둔 성인이 인생 말년에나 실천할 사항이라고 여겼다.

그런데 3세기 후반에 이르자 일부 기독교인이 젊은 나이에 평생 순결을 지키겠다고 다짐했다. 수도원 지도자 가운데 일부는 평생 순결의 잠재적 혜택을 따져본 후, 성욕 억제가 평정을 가져온다는 결론에 이르렀다. '평정tranquility'은 철학자들이 수 세기 동안 칭송해오던 차분하게 균형 잡힌 상태를 의미했다. 이로써 성욕 억제라는 신체적 규율이 마음을 안정시킨다는 생각이 발전했다. 평생 순결을 지킨 사람은 육체의 격정을 초월함으로써, 죽기 전부터 천국의 평온을 경험할 수 있다고 주장하기도 했다.[28]

초기 금욕주의자와 수도자 가운데 일부는 육체적 순결의 힘을 과신했기 때문에 성욕을 겁내지 않고 이성과 함께 살았다. 그들은 자신의 순결함이 마음을 굳게 지켜줄 거라고 믿었다. 하지만 4세기와 5세기에 걸쳐 수도자들은 순결에 따른 평정이 그토록 굳건하지 않음을 깨닫게 되었다. 이는 부분적으론 복잡한 신학적 차이 때문이었다. 하지만 의견 차이는 다시 기술적 문제로 귀결되었는데, 몸과 마음이 서로 너무 의존적이라 한쪽이 다른 한쪽을 완전히 안정시킬 수 없다는 것이었다. 예를 들어 카시아누스는 순결을 지키는 수도자라도 성적인 생각으로 산만해질 수 있다고 여겼다. 발기와 몽정은 신체의 결함이라기보단 정신이 흔들렸다는 징후였다. 성욕 억제는 평정을 가져오는 게 아니라 평정을 요구했다. 그래서 진정한 정절, 즉 몸과 마음의 무성애는 평생에 걸쳐서 길러내야 한다고 카시아누스는 결론지었다.[29]

“천국에 가기 위해 스스로 거세한 남자들”

5세기가 되자 대다수 수도자는 금욕이 육체적 도전이자 정신적 도전이라는 데 동의했다. 그렇더라도 평온한 상태에 도달하고자 다양한 수행법을 고안했다. 일부 수도자는 거세까지 하면서 논쟁을 유발하기도 했다. 그들은 〈마태복음〉 19장 12절에서 영감을 얻었는데, 여기엔 그리스도가 “천국에 가기 위해 스스로 거세한 남자들”을 칭찬했다고 나와 있다. 그들은 또 정자가 부족하면 성욕이 고갈된다는 갈레노스Galenos파의 의학 이론을 따르기도 하고, 거세하면 신체가 죄를 짓지 않게 된다는 금욕주의자들의 속설에 이끌리기도 했다. 가령 신체 일부가 “당신을 무절제한 상태로 이끈다면, 전체를 망치느니 그 부위를 잘라낸 채 절제하며 사는 게 낫다.” 이처럼 거세는 수도자를 지옥에 떨어뜨릴 수도 있는 산만함을 피하기 위한 고육지책이었다.

하지만 거세의 논리에 결함이 있다고 반박하는 수도자도 꽤 있었다. 그들은 거세된 남자도 여전히 성욕을 느끼고, 또 성관계도 할 수 있다고 꼬집었다. 더 일반적으로는 수도자들이 은유적으로만 거세해야 한다고 주장했다. 거세는 해결책이 아니라 회피책이었다. 즉 고환을 잘라내거나 수술로 제거한 수도자는 어떤 결심으로 감행했든, 실제론 **자제력 부족**을 드러냈을 뿐이다. 자신의 마음이라는 궁극적 도전에 맞설 수 없었던 것이다.[30]

7세기의 수도자로서 동지중해 일대의 여러 금욕 행위를 조사한 요한 모스코스는 이러한 논리를 더욱 발전시켰다. 그는 수도자의 성욕이 기적적으로 사라져도 축하할 일이 아니라고 못 박았다. 성적 흥분에 맞서 싸우는 수도자야말로 육체적·정신적·도덕적으로 강건해졌기 때문이다. 그는 수도자이자 사제인 코논Conon을 예로 들었다. 코논은 여성에게 세례를 베풀 때마다 흥분했는데, 자기 약점을 극복하려 애쓰는 대신 당황해서 의식을 그만두었다. 그런데 기적이 일어나 다시는 성욕을 느끼지 않게 되자, 그는 다시 세례를 베풀었다. 하지만 모스코스는 코논의 성과를 전혀 인정하지 않았다. 코논이 마음을 수련하지 않았기에 그의 무성애는 무의미한 승리였던 셈이다. 하지만 누구나 다 모스코스의 판단에 동의하지는 않았다. 로마 법학자들과 교회 평의회가 수 세기 전부터 거세를 금지했지만, 그들의 결정이 항상 지켜지거나 강제되지는 않았다. 모스코스가 살던 시대에도 (특히 이집트와 팔레스타인에서) 일부 수도자는 계속 거세를 감행했고, 일부는 결사반대했으며, 또 일

부는 거세된 수도자를 동료로 받아들였다.[31]

이성과의 접촉을 완전히 차단하겠다는 수도자도 많았는데, 일부는 이 또한 의지 부족을 나타낸다고 생각했다. 남성 은수자들은 흔히 여성 방문객을 외면하는 데서 자부심을 느꼈다. 그리고 남성과 여성 수도원은 통상적으로 이성 수도자의 접근을 거부했지만, 대체로 (응접실이나 교회당 같은) 특정 공간, (친척과 고위 성직자 같은) 특정 사람, (건축이나 의료, 성찬 의식 같은) 특정 직군에 대해서는 예외를 두었다. 심지어 출생 시엔 여성으로 기록되었으나 스스로 남성이라고 주장한 수도자가 남성 수도원에 합류했다는 기록이 수 세기에 걸쳐서 꽤 존재한다. 그들의 트랜스 정체성은 흔히 죽고 나서야 밝혀졌다. 동료 수도자들은 그런 사실에 깜짝 놀랐는데, 초기의 충격은 대개 분노보단 감탄으로 바뀌었다.[32]

적어도 중세 초기의 성인전 작가들은 그런 식으로 묘사했다. 트랜스 수도자들에 대한 그들의 묘사로 볼 때, 이성 간의 신체 접촉이 수도자들의 정신적 평정에 결정적 위협은 아니었던 것으로 보인다. 수도자들은 그보다 더 큰 통제력을 행사할 수 있었다. 일부 수도자는 좀 더 일상적인 상황을 예로 들며 이러한 점을 강조했다. 예를 들어 어떤 수도자는 마음이 흥분할 기회를 제한하고자 길에서 마주치는 이성에게서 시선을 돌렸지만, 다른 수도자는 그런 행동이 피상적인 형태의 금욕주의일 뿐이라고 반대했다. 몸만 치열하게 고행할 게 아니라 마음도 똑같이 단련해야 한다고 보았다. 널리 알려진 한 이야기에서 떠돌이 남성 수도자는 여성 수도자 무리를 마주쳤을 때 그들을 피하려고 길에서 벗어났다. 그러자 무리의 지도자가 그에게 다가가 "당신이 완벽한 수도자였다면, 우리가 여성이라는 점에 주목하지 않았을 겁니다"라며 나무랐다. 신체에 얽매이면 제약이 따를 수밖에 없다.[33]

결과적으로 수많은 성인전이 이성과 기꺼이 교류했던 수도자들의 이야기를 담았다. 《아포프테그마타 파트룸》, 테오도레투스의 《종교사Religious History》, 그레고리우스의 《대화집》 등 대단히 유명하고 영향력 있는 금언집들만 살펴봐도 모두 그러한 성향의 수도자들을 기리고 있다. 그런데 친밀한 공동체 안에서조차 정반대의 태도가 나타나기도 했다. 6세기에 쥐라의 아버지들Jura fathers로 불린 수도원장들에 대해 투르의 그레고리우스 주교는 한 명은 여성과 만나기를 거부했으나 다른 한 명은 따뜻하게 맞아줬다고 언급했다.[34]

폭풍의 눈은 고요하다

한편 수도자들은 동시대 사람들만큼 동성 간의 욕망을 신랄하게 비판하지 않는 경향이 있었다. (앞서 언급한 요한 크리소스토무스는 주목할 만한 예외였다.) 물론 신체의 다른 욕구와 마찬가지로, 온갖 금욕적인 레퍼토리를 활용해 그러한 욕망에 맞서 싸웠다. 가령 많은 공동체가 성인 수도자와 어린 수도자의 교류를 제한했다. 수도원의 경계 밖에서 남성, 특히 결혼한 엘리트 남성은 성별에 상관없이 노예 상태의 젊은이와 성관계를 맺는 일이 드물지 않았기 때문이다. 이러한 일을 막기 위해 일부 수도원에서는 수도자들이 침대를 함께 사용하면 안 된다고 명시했다. 하지만 다른 수도원에서는 소유물에 대한 애착을 없앨 훈육 조치로 침대를 함께 사용하라고 요구했다. 5세기에 셰누테가 엄하게 지적했듯이, 수도자들은 목욕할 때나 화장실 갈 때, 환복할 때, 종아리나 팔뚝을 드러내고 일할 때 등 서로 염탐할 기회가 많았다. 하지만 실수할 가능성보단 동료애의 긍정적인 힘에 더 집중했다. 가령 동성끼리 사는 수도자들은 서로에게 끌릴 위험성을 경계하면서도 욕망을 피하기보단 맞서 싸워야 한다고 생각했다. 그러면서 동료 수도자를 위험 요인이 아니라 지원의 원천으로 바라보았다.[35]

그러다 보니 사회적 잠재력이 크게 증대될 수 있었다. 역사학자 알브레히트 디엠Albrecht Diem이 지적했듯이, 6세기 말부터 갈리아의 일부 수도원 이론가는 협력의 힘으로 개별 수도자의 취약성을 최소화할 수 있다고 강하게 확신했다. 즉 수도원 전체가 신중하게 설계된 정책을 고수한다면, 수도자들의 신체는 순결을 유지하고 그들의 기도는 효과를 발휘한다는 것이었다. 물론 개별 수도자는 여전히 음란한 생각에 사로잡힐지도 모르지만, 집단 전체의 집중력은 더 우세해질 것이므로 문제 되지 않는다고 보았다. 이러한 확신 덕분에 중세 초기까지 특히 갈리아에서 혼성 수도공동체가 지속적으로 인기를 끌었다. 순결한 신체가 스스로 마음을 고양할 만큼 강하지 않다면, 사회적 지원을 동반한 규제 시스템이 그것을 부양할 터였다.[36]

그렇다고 하나님에게 집중하는 문제가 완전히 해결되지는

않았다. 수도원 지도자들조차 그 문제를 해결했다고 생각하지 않았다. 우리가 지금까지 살펴봤듯이, 그리고 성십자수도원의 임신한 여성 수도자들이 몸소 겪었듯이, 그들은 공동체가 분열될 수 있다는 사실을 잘 알고 있었다. 게다가 신체와 관련된 문제에서 성관계는 수도자의 주된 관심사도 아니었다. 일차적 관심사는 신체의 가장 기본적이지만 피할 수 없는 유혹으로 향했다.

부른 배는 마음을 짓누른다

수도자들이 자제력을 얻기 위해 가장 끈질기게 싸운 대상은 성관계가 아니라 허기였다. 《라우수스의 역사》를 쓴 팔라디우스는 마카리우스를 만나러 갔다가 우연히 그가 악마에게 화내는 소리를 들었다. 그런데 분노의 대상에 마카리우스 본인도 포함되어 있었다. 당시 마카리우스는 100살이 다 된 노인이었다. 그런데도 여전히 음식 생각을 멈출 수 없다고 불평하는 중이었다.[37]

카시아누스는 배가 꽉 차면 마음이 짓눌리고 야한 꿈을 꾸게 된다며 식욕에 관한 문제를 직설적으로 표현했다. 의료계와 수도원에선 과식이 오만 가지 문제를 일으킨다고 줄곧 떠들어댔다. 7세기의 수도자로 이란 남서부에서 의료 교육을 받았을 것으로 추정되는 셰몬 디에부타Shem‘on d-Ṭaybutheh는 과식의 심각한 부작용을 다음과 같이 열거했다.

> 복부의 통로가 꽉 차고 뇌에서 심장으로 빛을 인도하는 기관들이 다 막히면, 심장은 어둠으로 뒤덮이고 온 내부는 연기로 가득 찰 것이다. 팔다리는 마비되고 무기력증은 기세를 떨칠 것이다. 정신은 흐트러지고 영혼은 어두워지며 분별력은 없어질 것이다. 지식은 어지럽게 흩어지고 판단력은 흐려지며 (사악한) 생각은 고삐 풀린 듯 날뛸 것이다. 좋은 일에 대한 기억은 사라지고 어둠의 자식인 격정은 연료를 받아 크게 기뻐 할 것이다.[38]

허기가 수도자들에게 산만함을 일으키는 가장 끈질기고 자극적인 촉매제인 만큼, 식사와 관련된 활동은 강력한 훈육 방침을 개발할 기회가 되었다. 대표적인 예로 금식하거나 특정 식재료를 제한하는 일상적 수행은 신체를 꾸준히 변화시키고 정신을 강화할 수 있었다. 그런 이유로 카시아누스는 수도자들이 평생 겨뤄야 할 일련의 올림픽 종목 가운데 첫 번째로 식사를 꼽았다. 식사는 훗날의 모든 성공을 위한 토대였다. 물론 실패를 위한 토대이기도 했다. 파코미아수도연맹의 수도자들이 빈정대며 묘사했듯이, 식사를 자제하지 못하는 수도자는 "물이 말라버린 샘이나 바닥이 드러난 강과 같으며, 허물어진 궁전이나 울타리가 부서진 과수원과 같다."[39]

따라서 우리가 이미 접했던 우려, 즉 몸이 마음에 영향을 미치고, 또 마음이 몸에 영향을 미치며, 사회화가 둘 다에 영향을 미친다는 우려는 식사와 관련해 더욱 두드러졌다. 실제로 수도자들이 뛰어난 고행자들에 대해 나눴던 이야기에는 유독 식사와 관련된 내용이 많다. 가령 안토니우스는 하루 한 번 빵과 소금을 먹었는데, 간혹 식사를 아예 거르기도 했다. 루스티쿨라Rusticula는 사흘에 한 번씩만 먹었다. 포르티아누스Portianus는 여름에 일부러 소금을 씹어 목이 마르게 했다. 코지바의 게오르기우스Georgius of Choziba는 형제들이 남긴 음식을 죄다 으깬 다음 만두처럼 만들어 삼켰다. 시나이에 사는 또 다른 게오르기우스는 야생 케이퍼만 먹고 살았는데, 어찌나 쓴지 낙타가 먹고 죽기도 했다! 베스 코카의 요셉Joseph of Beth Qoqa은 조리된 음식을 **전혀** 먹지 않았다. 한 원로는 작은 오이가 먹고 싶어지자 입에 넣지 않고 벽에 걸어놓았다. 그렇게 해서 "애초에 그런 욕망을 품었던" 자신을 꾸짖었다. 히에로니무스는 《힐라리온의 생애Life of Hilarion》에서 힐라리온이 60년 동안 무엇을 먹었는지 추적하며 식재료를 바꾼 시기와 이유까지 세세히 기록했다.[40]

수도공동체는 그런 극단적 선례를 좀 더 온건한 원칙으로 순화하는 경향이 있었다. 하루 한 번 식사하되, 간식을 먹거나 남은 음식을 보관하거나 밖에서 음식을 포장해 오지 마라. 맛보다는 기능을 위해 먹고, 포만감을 느낄 정도로 많이 먹지 마라. 이런 기본 지침은 수도자들의 몸에 활력을 불어넣는 동시에 배고픔을 다스릴 수 있도록 훈련함으로써, 마음이 허기에 노예처럼 "휘둘리거나" 포만감에 "질식되고 멍해지지" 않게 했다.[41]

즐기는 것이 아니라 연료를 채우는 것

그렇다고 메뉴가 단조로웠다는 뜻은 아니다. 이집트의 수도원 유적지에 남아 있는 식물들을 조사한 결과, 파바콩fava bean(누에콩—옮긴이), 렌틸콩, 양파, 올리브, 멜론, 파슬리, 무, 당근, 호로파葫蘆巴(카레의 주재료인 콩과 식물—옮긴이), 대추야자, 포도, 무화과, 석류, 감귤, 블랙베리, 복숭아, 아몬드, 대추 등을 소비했다는 증거가 발견되었다. 산빈센초알볼투르노San Vincenzo al Volturno수도원의 부엌터에서 고고학자들은 버려진 포도 씨와 엘더베리 씨를 발견했다. 아울러 호두와 달걀과 연체동물의 껍데기, 돼지와 가금류의 뼈, 여러 종류의 바닷고기와 민물고기의 비늘도 발견했다. 수도자들이 먹은 음식은 당연히 지역 생태계 및 농장과 밀접하게 관련되어 있었다. 얼핏 단순해 보이는 규칙조차 다양한 해석을 낳는다는 점에서 다른 가능성도 유추해볼 수 있다. 예를 들어 여러 수도원 이론가는 수도자들이 고기를 먹으면 안 된다고 생각했지만, 또한 '고기'를 다른 방식으로 정의했다. 그리고 이러한 규칙을 읽고 채택한 수도공동체는 또 그걸 특이한 방식으로 해석했다. 고고학자들은 산빈센초알볼투르노수도원 외에도 여러 곳에서 동물 뼈와 쌍패류의 껍데기를 발견했다. 어떤 경우에는 수도자들이 이런 고기를 손님과 직원과 환자에게만 제공했을 수도 있다. 하지만 다른 경우에는 아주 건강한 수도자들도 먹었을 것이다.[42]

수도자들이 개발한 식단은 전통적 충동과 파격적 충동의 특징을 두루 반영했다. 그들은 오랜 의학적·철학적 전통을 계승했는데, 둘 다 절제된 식사의 신체적·정신적·도덕적 이점을 강조했다. 그들은 또 헤시오도스와 유대기독교Judeo-Christian의 신화에서 세상이 변하고 타락하지 않았을 때 인간이 먹었던 음식에 대한 영감을 얻었다. 일종의 구석기 식단paleo diet을 애용했던 셈이다. 한편 로마 엘리트 가정에서 만연했던 축하연 형태의 식사는 단호하게 거부했다. 새로운 공동체에서 이뤄지는 공동 식사는 피트 스톱pit stop(자동차 경기 도중 아주 빠르게 급유하거나 정비하기 위한 정차—옮긴이) 같은 느낌을 주었다. 수도자들은 즐기기 위해서가 아니라 연료를 채우기 위해서 모였다.[43]

그렇지만 함께 식사한다는 사실 자체는 여전히 중요한 의미가 있었으니, 함께 수행한다는 느낌을 강화했다. 수도원 지도자들은 같은 음식을 먹지 않으면 공동체의 결속이 깨질 수 있다고 우려했다. (5세기에 상부 이집트에서 활동한) 셰누테와 (6세기에 갈리아, 또는 이탈리아에서 활동하며) 《바오로와 스테파노의 규칙Rule of Paul and Stephen》을 쓴 셰누테는 심지어 수도자들이 각자의 조미료를 식탁에 올릴 수 없게 했다. 누구나 **똑같은** 음식을 먹어야 한다는 이유였다. 하얀 수도원의 여성 수도자들은 셰누테가 식사량에 대해서도 그렇게 주장한다는 점에 언짢아했다. 남녀 수도자가 같은 기준을 따라야 한다는 셰누테의 논리에 따라 일일 배급량이 조절되자, 그들 중 일부는 성별에 따라 차별을 둬야 한다고 반박했다.[44]

셰누테가 이런 반박에 응하진 않았지만, 그를 비롯한 수도원 지도자들은 집중적인 치료가 필요한 수도자에 대해선 예외를 인정했다. 다만 엘리트 수도자들의 적응을 돕기 위해 더 맛있는 음식을 먹게 하자는 아우구스티누스의 제안을 따르는 지도자는 많지 않았다. 하지만 어린 수도자와 나이 든 수도자, 수확 같은 계절 노동으로 지친 수도자에겐 편의를 봐주려 애썼다. 아픈 수도자에겐 특별한 대우를 해줘야 한다는 점에도 대부분 동의했다. 하지만 환자가 더 나은 음식을 먹고 더 많이 쉬는 것에 일부 건강한 수도자는 분개하기도 했다. 그래서 처방된 음식을 먹지 않고 참고 견디려는 수도자도 있었다. 그런데도 어떤 수도자는 그가 특전 때문에 아픈 척한다고 의심했다.[45]

그런 식의 의심과 비난은 신체 단련을 방해했다. 공동체 의식이 수도자 개인의 발전을 좌우하는 상황에서 사회적 압력 때문에 자기 몸을 잘못 관리하는 경우가 발생했기 때문이다. 게다가 먹는 문제만큼 민감한 게 없었다. 히에로니무스가 이탈리아와 레반트에서 글을 쓰며 이름을 밝히지 않은 사람들을 과식 혐의로 닦아세웠을 때, 갈리아 전역의 수도자들은 그가 **그들을** 대놓고 비난한다고 짐작했다. 비슷한 이유로 식탁에 함께 앉아 있더라도 서로 먹는 모습을 보지 말아야 했다. 식단에 예민한 문화에선 "빵을 얼마나 먹었나?"라는 농담조차 격한 반응을 유발할 수 있었다.[46]

금식의 두 얼굴

집착은 또 다른 문제였다. 금욕주의 멘토인 바르사노피우스와 가자의 요한은 금식에 집착한 어느 수도자에게서 편지가 쇄도하자,

결국 절제해야 하는 것은 음식만이 아니라고 조언했다. 금식에 지나치게 집착하는 공동체에서 탈퇴는 또 다른 위험 요소였다. 에바그리우스는 수도자들에게 안토니우스 같은 금욕주의자를 모방하지 말라고 조언했다. 심한 금식이 신체에 비현실적 부담을 주어서 그들을 실패로 몰아넣었기 때문이다. 루피치누스Lupicinus 수도원장은 아마도 추종자들을 돌아서게 할 위험성에 덜 민감했던가 보다. 알프스산맥에 있는 자신의 수도원 중 한 곳을 방문했을 때, 수도자들이 콩과 채소와 생선을 넉넉히 차려주자 그것들을 한 냄비에 쓸어 넣고는 먹으라고 주었다. 그 자리에서 수도자 열두 명이 떠났다. (루피치누스의 공동 수도원장도 그에게 격분했다. 이번에도 쥐라의 아버지들은 서로 생각이 달랐다.)47

금식은 자신을 파괴할 수도 있었다. 루피치누스는 실제로 수하에 있던 수도자가 금식으로 거의 죽을 뻔하자 그에게 정도를 지키라고 충고했다. 생명을 위협하진 않더라도 극단적 금식은 수도자의 집중력에 나쁜 영향을 미쳤다. 지금의 이라크 북부 산악 지대에서 홀로 수행한 달야타의 요한은 수도자들에게 편지를 많이 받았는데, 신체가 감당할 수 없을 정도로 금식하는 바람에 의식이 자꾸 흐려진다는 내용이었다. 카시아누스도 지나친 금식은 수도자를 너무 지치게 해 기도할 힘이 없게 하고, 또 폭식을 유발해 정신이 불안정해질 수 있다고 지적했다. 6세기에 요한 바르 쿠르소스John Bar Qursos는 시리아의 마르자카이Mar Zakkai수도원에 편지를 보내 수도자들이 미사에 참석할 때 바로 이런 문제를 보인다는 사실을 지적했다. 그는 과도하게 금식한 수도자들이 성찬식 빵과 포

도주를 게걸스레 먹는다면서 "그들은 주인을 잡아먹는 탐욕스러운 개와 같습니다!"라고 썼다.[48]

하지만 수도원 이론가들은 워낙 노련해서 절제의 논리가 악용될 수 있다는 점을 잘 알았다. 수도자가 수도실에 머물며 생각을 가다듬는 데 도움이 될 수 있다면, 어떤 점에선 간식 섭취도 나쁘지 않았다. 하지만 간식에 관한 생각 자체가 주의를 흩트릴 수도 있었다. 또 수확기엔 수도자들의 에너지를 보충하고자 여분의 음식을 제공하는 게 합리적일 수 있지만, 수도자들이 일을 핑계로 더 많이 먹으려들지도 몰랐다. 그리고 과도한 금식이 신체에 해를 끼친다는 의학적 견해에 주의를 기울여야 마땅하지만, 이를 핑계 삼아 수도자들이 간과 비장을 건강하게 유지하려면 포도주가 필요하다거나 질병을 예방하려면 금식을 중단할 필요가 있다고 주장할 수도 있었다.[49] 다른 여러 상황과 마찬가지로, 금식에서도 일부 수도자는 편법을 쓰는 데 능했다.

수도 규칙이 신체를 거부하는 것도, 신체만 단련하는 것도 아니었으므로, 식단에 관한 결정적 비책 따위는 없었다. 신체 단련에만 집중한 수도자들은 섣부른 자신감과 기력 약화, 제대로 검토되지 않은 정신적 약점, 뒤바뀐 우선순위의 부작용에 대해 경고받았다. 수도자들은 몸과 마음(그리고 타인의 몸과 마음) 사이에서 정교하게 조율된 협력을 끌어내야 했다. 다른 무엇보다도 그 둘의 완전한 변화를 위해 노력하고 있었기 때문이다. 그래야만 5세기에 시리아의 어느 시인이 묘사한 집중 상태를 경험할 수 있었다.

그들의 신체는 성령의 성전이고,
그들의 마음은 예배다.
그들의 기도는 순수한 향이고,
그들의 눈물은 향기로운 연기다.[50]

수도자들은 몸단장, 수면, 성욕 억제, 식사를 위해 수많은 전략을 개발했다. 이는 마음을 바꾸기 위해 몸을 어떻게 훈련하고, 몸을 바꾸기 위해 마음을 어떻게 훈련하며, 그 둘을 위해 사회화를 어떻게 활용할지에 대한 수많은 이론에서 비롯되었다. 그런데 이러한 논의의 기저에는 신체와 정신과 문화가 서로 연결되어 있다는 합의가 존재했다. 다만 그 관계가 워낙 얽히고설켜 인과관계를 누구나 만족할 정도로 풀어낼 수 없었다. 신체가 집중에 중요한 역할을 하긴 했으나 그 자체로는 해결책을 제시할 수 없었기에, 수도자들은 더 많은 지침을 얻고자 책을 펼쳐 들었다.

4장

무엇을 읽느냐보다는
어떻게 읽느냐의 문제

1500년 전의 수도자들에게
책은 신문물이었다.

현대인이 스마트폰에 빠져들듯
수도자들도 책에 빠져들었다.
하지만 그들은 책의 포로가 되지 않았다.
능동적으로 쓰고 만들고 읽으며
책을 집중의 도구로 삼았다.

조판부터 디자인까지
그때 개발된 기술이
지금 이 책에도
녹아들어 있다.

집중을 논할 때
여전히 책을 강조하는 이유다.

에바그리우스는 끊임없이 생각에 잠겼다. 그렇다고 늘 정신적인 생활만 영위했던 건 아니었다. 일찍이 콘스탄티노플에서 부제로 일하던 중에 한 귀족 부인과 불륜을 저지를 뻔했다. (소문에 따르면) 그 상황에서 벗어나고자 예루살렘의 감람산에 자리 잡은 어느 수도원에 들어갔다. 멜라니아Melania라는 부유하고 독실한 과부와 아퀼레이아의 루피누스Rufinus of Aquileia라는 학자이자 수도자가 함께 운영하는 수도원이었다. 두 사람과 무척 가까워졌지만, 에바그리우스는 예루살렘을 떠나 나일강 삼각주 서쪽에 있는 수도공동체로 향했다. 그곳에서 줄곧 글을 쓰며 시간을 보냈다. 하지만 여전히 힘든 나날이었다. 심지어 책도 문제를 일으키곤 했다.

> 아케디아에 걸린 사람은 책을 읽을 때 하품을 많이 하고 금세 졸게 된다. 그는 눈을 비비고 기지개를 켠 후, 책에서 눈을 돌리고 벽을 응시하다가 다시 한동안 책을 읽으려 애쓴다. 대충 훑어보다가 호기심 어린 눈으로 본문의 끝부분을 살피고, 책

의 낱장을 세어보고, 글과 장식에 흠을 잡는다. 나중에는 결국 책을 덮어 머리 아래 베고 잠든다.[1]

이러한 고충은 너무나 친숙하게 느껴진다. 다만 이 4세기의 기록에 우리가 선뜻 공감하더라도, 에바그리우스의 경험은 기본적으로 고대 후기의 독특한 문물에서 비롯되었다. 책, 좀 더 정확히 말해 앞뒤 표지 사이에 여러 번 접힌 종이를 껴 넣은 코덱스codex는 4세기만 해도 비교적 새로운 문물이었다. 수도자들은 책이 인지 습관을 개선하는 데 유익하리라는 점에 흥분하면서도 주의를 흩트리는 또 다른 요인이 될 수 있다고 우려했다. 이러한 고민은 곧 무엇을, 언제, 어떻게, 얼마나 읽어야 하는지에 대한 논쟁으로 이어졌다. 아울러 책을 더 잘 인지하기 위한 실험도 두루 행해졌다.

책을 개발하고 실험하고 퍼트리다

코덱스는 로마공화정 말기나 로마제국 초기의 어느 시점에 처음 등장했고, 그때만 해도 별로 인기가 없었다. 사람들은 두루마리를 선호했다. 수평 막대에 접착제로 붙인 파피루스를 오른쪽에서 왼쪽으로 둘둘 만 두루마리는 비좁은 공간이나 상자에 쉽게 보관할 수 있었다. 간단하면서도 내구성이 뛰어났다. 중요한 글귀를 기록하기엔 이만한 게 없었다.

오늘날 학자들은 로마제국 엘리트의 극히 일부만 코덱스에 관심을 보였다는 점에 대체로 동의한다. 반면에 당시 기독교인들은 (여전히 두루마리를 제작하고 읽긴 했어도) 다른 저술가나 필경사보다 코덱스를 훨씬 애용했다. 코덱스는 세련된 작품보단 주석이나 초고를 작업하는 데 주로 사용되었는데, 초기 기독교인들은 그리스도에 관한 이야기를 기록하고 공유하던 금언집에 적합하다고 여겼다.

이후 세대는 이 문물을 본격적으로 실험해나갔다. 복음서 내용이 표준화되고 문학적으로 다듬어진 뒤에도 어디에 담을 것인지에 대해서는 합의가 이뤄지지 않았다. 기독교인들은 두루마리에 담기엔 너무 방대한 텍스트와 선집을 위해 코덱스의 잠재력을 활용하기 시작했다. 그 결과 고대 후기와 중세에 성경은 일반적으로 여러 편의 코덱스로 구성되었다. 동시에 기독교인들은 팬덱트pandect(총람—옮긴이)로 알려진 호화판도 만들었는데, 정교하게 가공된 수백 장의 양피지에 멋진 필체로 성경 전체를 옮겨 적어 한 권으로 묶은 것이었다. 팬덱트는 널리 소유되거나 사용되진 않았지만, 이념적으로나 기술적으로 큰 의미가 있었다. 그 형식은 신약이 구약을 대체했다는 기독교적 주장, 즉 유대교 성경이 아니라 기독교 성경이 최종 버전이라는 주장을 구체화했다.[2]

수도원 제도가 빠르게 발전하고, 또 에바그리우스가 산만한 독자의 모습을 묘사하던 4세기에는 책이 크게 발전했다. 수도자들은 이 문물을 열정적으로 받아들였다. 일부는 서적상이나 부유한 독자를 위해 일하는 필경사들에게 두루마리와 코덱스를 구입했다. 때로는 친구에게 빌리기도 했다. 수도자들이 책을 워낙 많이 빌리고 베끼면서 수도공동체는 유럽과 지중해와 중동에서 책 생산의 중심지가 되었다.[3]

일부 수도공동체는 강박적으로 책을 긁어모으는 대도시 사람들의 서고나 황궁과 모스크의 보고寶庫에 필적할 정도로 책을 많이 수집했다. 그루지야의 제다자데니Zedazadeni수도원은 9세기 말까지 책을 110권이나 보유했다. 올리브의 시메온Simeon of the Olives으로 알려진 수도자는 180권이나 수집했는데, 734년에 사망하면서 이 책을 메소포타미아 북쪽에 있는 자신의 수도원에 기증했다. 8세기에 비드는 웨어머스재로수도원에서 200권 넘는 책을 접했다. 중세 초기에 이곳의 도서관은 영국에서 규모가 가장 컸다. 860년까지 카롤링거제국에서 다양한 특권을 누리고 정치적으로도 활발하게 활동했던 로르슈Lorsch수도원은 470권이나 되는 책을 소장했다. 그곳의 수도자들은 친구들과 후원자들을 위해 빌려주기도 하고 필사하기도 하면서 책을 활발하게 유통했다. 상부 이집트의 하얀 수도원에서 셰누테의 후계자들은 새천년이 시작될 무렵 1000권에 이르는 책을 가지고 있었다.[4]

물론 이 정도로 많은 책을 소장한 곳은 드물었다. 중세 초기의 수도원 도서관들에는 대부분 수십 권 정도 있었을 것이다. 아무튼 수도공동체는 어디든 책을 소유하고 또 공유했다. 심지어 주상 고행자와 은수자도 이 유통 체계의 일부였다. 수도자는 대부분 매일 책을 읽었다. 책은 독자를 딴생각에 빠트릴 수도 있지만, 7세기 말에 셰몬 디에부타가 은수자 지망생들에게 상기해주었듯이,

생각을 "명료하게" 정리해줄 수도 있었기 때문이다. 마음과 집중력에 대한 수도자들의 접근 방식을 이해하려면, 그들이 책과 맺었던 관계를 이해해야 한다.[5]

읽으면 읽을수록 산만해지는 이유

다른 여러 관행과 마찬가지로 그 관계에도 양면성이 있었다. 새 문물에 대해 낙관적인 수도자는 많지 않았다. 그들은 책에 대한 접근성이 모든 독자에게 동등하지 않다는 사실을 알았고, 설사 책을 이용할 수 있더라도 위험이 따른다고 생각했다. 그들은 철학자들이 수백 년 전에 언급했던 텍스트의 단점을 되풀이했다. 텍스트 사본은 값이 비싼 데다가, 기억의 잘못된 대체물이었다. 그리고 교사와 얼굴을 맞대고 배울 때와 달리, (두루마리든 코덱스든 상관없이) 책을 읽을 땐 고대 세계에서 표준 교수법으로 통하던 대화가 빠져 있었다.[6]

더 나아가 수도자들은 책이 주의를 흩트릴 수 있다고 지적했다. 고대 후기와 중세 초기에 사람들은 대체로 책을 소리 내어 읽었다. 혼자서 읽을 때도 마찬가지였는데, 소리 내어 읽으면 대충 읽거나 건너뛸 소지가 줄어들었다. 그런데도 에바그리우스의 경고처럼 독서는 여전히 정신을 이탈시킬 수 있었다.[7]

에바그리우스는 이런 행동의 원인을 딱히 책 탓으로 돌리지 않았다. 독서광인 그는 이집트에 온 뒤로 필경사로 활동하기도 했다. 멋진 필체를 하나님이 창조한 우주에 비유했는데, 둘 다 제작자로서의 관심과 기교를 드러냈다. 수도자가 책을 읽는 동안 산만해지게 하는 진짜 촉매제는, 에바그리스우스를 비롯한 수도자들이 **아케디아**라고 부르는 상태였다. 이는 에바그리우스의 제자인 카시아누스가 호기심nosiness이라고 부른 증상, 즉 수도자의 불안과 불만이 겹쳐 어떤 일의 수행이나 생각을 어렵게 하는 증상과 같았다. 아케디아가 책 때문에 일어나지는 않았다. 수도자는 책 한 권 없이도 아케디아의 먹잇감이 되었다. 하지만 책은 그 정도를 심화할 수 있었다. 안 그래도 갈등을 겪고 있던 차에, 수많은 페이지와 심미적 요소, 베개로 삼을 만한 두께 등 특히 코덱스의 기술적 측면이 수도자를 자꾸 딴생각에 빠트렸다.[8]

수도자들은 또 책의 내용이 마음을 **너무 사로잡는다**는 식의 비판도 했다. 설득력이 떨어지고 지루한 책은 문제가 안 되었다. 하지만 독자를 사로잡는 책은 어땠을까. 사막 원로들은 "그것은 쇠처럼 단단해서 잘 제거되지 않는다"라고 경고했다. 이처럼 마음속에 무엇이 박힐지가 중요했기에, 수도자들은 읽을 가치가 있는 글에 대해 활발하게 논의했다. 수도원 교육자들은 '이교도' 작가들, 즉 로마 교육 시스템에서 널리 칭송받아온 시인과 웅변가와 철학자들을 경계했다. 그래서 그 시스템의 큰 틀은 대부분 보존하면서도 전통 텍스트를 성경, 또는 성경과 관련된 텍스트로 대체했다. 하지만 비기독교적 텍스트를 완전히 제거하진 않았다. 그런 텍스트를 좋아하되 신뢰하지 않으며 조심스럽게 다뤘을 뿐이다.[9]

예를 들어 프보우Pbow를 비롯한 파코미아수도연맹 소속 수도자들은 호메로스, 메난드로스, 투키디데스, 키케로 등이 남긴 정경正經에 속하지 않는 실험적인 기독교적 텍스트를 모두 읽고 필사했다. 에데사 서쪽의 유프라테스 강가에 자리 잡은 첸네슈레Qenneshre수도원에서 이중 언어 수도자들은 논리학에 관한 아리스토텔레스의 저서를 그리스어에서 시리아어로 번역했다. 메소포타미아와 동지중해 일대의 주요한 신학적·전례적 주장을 제대로 평가하고 싶었기 때문이다. 5세기에서 9세기 사이의 고해성사를 둘러싼 격렬한 논쟁(과 혼란)은 연구와 협력의 강력한 동기가 되었다. 수도자들은 경쟁하던 수도원들에 특사를 보내 그들의 책을 빌려 읽고 필사하는 것을 꺼리지 않았다. 지중해 전역에서 라틴 독자들은 의심스러운 텍스트를 폐기하는 대신 특정한 문자를 표기해 구분하는 방법을 생각해냈다. 가령 **파불라***fabula*(전설, 설화, 신화—옮긴이), 즉 노골적으로 지어낸 이야기를 발견하면 책의 여백에 'F', 또는 'FAB'라고 표시했다. 이런 표기는 비기독교적 텍스트를 무작정 억누르기보단 주의 깊게 읽었던 독자들의 흔적이다. 어떤 주석은 독자들이 이런 이야기를 기독교적 우화로 해석하도록 돕기 위해 고대 신화에 관한 참고 도서를 알려주기도 했다. 수도자들이 고대 텍스트를 경계하는 동시에 '적절한' 읽을거리로 대했던 증거는 실로 방대하다.10

물론 수도자들은 이 모든 독서가 실은 하나님에게 나아가기 위한 기술이라는 점을 수시로 상기해야 했다. 책 속에 파묻혀 있다 보면 그 사실을 잊기 쉬웠다. 9세기나 10세기에 투르판의 동방교회 소속인 어느 편찬자가 한데 모은 금욕에 관한 텍스트에서 비슷한 주의 사항을 찾아볼 수 있다. 7세기 후반에 페르시아만과 메소포타미아에서 활동했던 니네베의 이삭Isaac of Nineveh의 조언으로, 그는 평소 산만해지는 경향이 있다면 독서에 너무 빠지지 말라고 경고했다. 텍스트에 압도되면, 자기 생각을 "통제하지" 못하게 되고 자신을 박식한 지식인으로 착각하게 된다는 이유였다. 투르판에서 서쪽으로 멀리 떨어진 곳의 수도자들도 중세 내내 이와 비슷한 걱정을 했다. 프랑스 중부 퐁티니Pontigny의 한 시토Citeaux회 수도자가 12세기나 13세기에 말했듯이, 텍스트 내용보단 자기 마음속을 읽는 것이 중요했다.[11]

내면화의 힘

수도자라고 다 독서를 즐기지는 않았다. 고대 이집트 후기에 작성된 파피루스 편지에 따르면, 그곳의 여러 수도자는 독서보단 행정 기술을 연마하는 데 관심이 있었다. 6세기에 페레올루스는 수도자들이 고된 일과를 마친 뒤에 독서보단 휴식을 선호한다고 불평했다. 그리고 《아포프테그마타 파트룸》은 그리스어와 라틴어와 시리아어 금언집에 소개된 한 이야기를 인용하며 수도자들의 책에 먼지가 쌓여간다고 꼬집었다.

"선지자들은 성경을 편찬했고, 교부들은 그것을 필사했으며, 후계자들은 그것을 암송하도록 배웠다. 그런데 이 세대에 와선 쓸모없는 물건인 양 그것을 벽장에 넣어두었다."[12]

이러한 한탄은 수 세기 동안 이어졌다. 책에 수반되는 위험에도 불구하고, 수도자가 되면 설사 원하지 않더라도 독서를 꾸준히 해야 한다고 생각했기 때문이다. 이 기준은 4세기 들어 파코미우스가 세운 여러 수도원에서 정해졌다. 파코미아수도연맹은 상부 이집트를 중심으로 형성되었는데, 그들의 글은 남부 이집트와 지중해 일대로 퍼져나가며 여러 언어로 번역되었다. 파코미우스와 그의 후계자들은 수도자라면 누구나 글을 읽을 수 있어야 한다고 주장했다. 문맹자는 교육받은 후에야 수도연맹에 가입할 수 있었다.

낭송과 암기를 통한 독서가 성경의 내면화에 유익하리라는 게 그 근거였다. 파코미아수도연맹의 수도자들은 〈시편〉과 신약을, 또는 그 가운데 중요한 부분을 암송해야 했다. 그들은 혼자 읽을 때도 소리 내어 읽었고, 동료 수도자들의 낭독이나 성경 구절을 절묘하게 엮은 수도원 지도자들의 설교에 귀 기울였다. 일할 때나 예배에 참석할 때, 심지어 돌아다닐 때도 늘 성경을 암송해야 했다. 당연히 그들은 이러한 과업을 훌륭하게 해낸 동료 수도자들의 이야기를 공유했다. 예를 들어 트무숀스Thmoushons수도원에서 정원사로 일했던 요나스Jonas라는 수도자는 누워서 잠을 자본 적이 없었다. 밤중에도 걸상에 앉아 줄을 꼬며 성경을 읊었다. 심지어 죽을 때마저 그 자세였다. 동료 수도자가 그를 발견했을 땐 사후강직이 일어난 뒤라 그 자세 그대로 묻혔다.[13]

요나스 같은 수도자들은 성경적 세계관과 예언이 현재를 가득 채우고, 또 신성한 말씀이 수도자 자신을 가득 채울 수 있도록 끊임없이 성경을 읽고 암송했다. 그 결과 크고 작은 인지적 변화가 일어났다. 수도자들은 성경을 대본이 아니라 각자의 말로 설명할 수 있게 되었다. 그러면서 드디어 깨닫게 된 우주적 드라마 안에서 그들의 마음도 덩달아 변하기 시작했다. 이러한 독서 문화에서 성경은 수도자들의 집중력을 일시적으로 높이기보단 완전히 변화시켰다.[14]

이로써 수도자들은 산만함을 초래하는 악마에게 맞설 힘을 얻었다. 사용하는 전략은 수도자들마다 달랐다. 파코미아수도연맹에선 인지적 간섭을 체계적으로 방어하고자 책을 읽고 암송하는 시간을 지정했다. 다른 수도공동체에선 가령 〈시편〉 낭송을 하루에 세 번, 일곱 번, 또는 자정에 기도할 때 하라는 식으로 다양하게 일정을 짰다. 파코미우스의 초기 후계자들과 동시대를 살았던 에바그리우스는 훨씬 더 맞춤화된 대응책이 필요하다고 생각했다. 악마가 경고도 없이 아무 때나 수도자에게 생각을 불어넣었기 때문이다. 에바그리우스는 악마의 무기를 **로기스모이***logismoi*라고 불렀는데, (아케디아를 포함해) 방심한 상태에서 수도자의 자아에 불현듯 파고드는 생각을 뜻했다. 이때 수도자가 대응할 다른 생각을 떠올리면, 로기스모이가 마음속 깊이 파고들어 심각한 피해를 주지 않도록 막을 수 있었다. 에바그리우스는 신속한 대처가 관건이라고 강조했는데, 이를 위해선 방대한 독서로 여러 방어 도구를 갖춰야 했다. 예를 들어 악마가 협소한 수도실에 비해 부모의 집이 얼마나 아름다운지를 떠올리게 하면, 수도자는 〈시편〉의 한 구절로 반격했다.

"나는 죄인의 장막에 거하느니 하나님의 성전 문지기로 살겠나이다."[15]

에바그리우스는 악마가 무기로 삼을 만한 생각에 맞춤형으로 대응할 성경 구절을 모아 안내서를 완성했다. 그리고 이 안내서를 말대꾸talking back라는 뜻의 《**안티레티코스***Antirrhetikos*》라고 불렀다. 이는 격언이나 처세훈을 외우면 예기치 못한 시비에 대비할 수 있다는 스토아학파의 신념을 반영한 것이었다. 물론 악마에게 효과적으로 대항한다는 에바그리우스의 의도도 녹아 있었다. 이 안내서에 대한 반응은 수도자들마다 달랐다. 그리스어 원본은 세월의 파도를 넘지 못했다. 5세기에 라틴어로 번역되었지만, 그 또한 지금까지 남아 있을 만큼 많이 필사되진 않았다. 소그드어와 그루지야어로도 번역되었고, 중세 후기쯤엔 아르메니아어와 아랍어로도 번역되었다. 시리아어 독자들은 이 안내서에 열렬히 호응했다. 그래서 《안티레티코스》의 시리아어 번역본이 여러 권 남아 있는데, 그 가운데 세 권(또는 다섯 권)은 500년대까지 거슬러 올라간다. (에바그리우스는 399년에 사망했다.) 고대 후기 필사본의 생존율을 고려하면 이는 상당히 높은 수치다.[16]

일부 수도자는 악마적 생각에 정면으로 맞서는 것이 오히려 인지적 역효과만 일으킨다고 주장했다. 은수자인 바르사누피우스는 이 문제로 씨름하던 수도자에게 산만함을 이기려고 독서나 낭송이나 기도를 중단하는 것이야말로 적이 원하는 바라고 경고했다. 그보다는 하나님에게 호소하며 하던 일을 계속해야 한다고 조언했다. 바르사누피우스를 비롯한 여러 수도자는 또 생각을 억누르려 할수록 생각에 집착하게 될 거라고 우려했다. 역사학자인바르 그레이버Inbar Graiver는 그런 우려가 현대 심리학에서 말하는 '사고 억제의 역설적 효과Ironic Process Theory'와 상당히 유사하다고 분석했다.[17]

쇠처럼 단단한 독서법

악마의 무기인 로기스모이를 물리치려 할 때 모두가 안내서를 원했던 것 같지는 않지만, 수도원 제도에서 금욕주의를 위해 독서가 필수라는 파코미우스와 에바그리우스의 확신은 점점 더 퍼져나갔다. 5세기에 카시아누스는 갈리아의 엘리트들을 위해 이집트의 금욕 문화를 소개하면서 독서의 중요성을 특히 강조했는데, 학생을 뛰어난 대중 연설가로 변화시키는 수사학과 유사하다고 설명했다. 즉 마음이 늘 온갖 생각으로 어지럽다면, 성경을 자주 읽고 깊이 생각함으로써 그 마음이 처리하는 내용을 개선하는 게 낫다는 것이었다. 그렇게 되면 독서는 마음을 각자에게 알맞은 꼴로 '형성'하게 될 터였다. 카시아누스의 메시지는 금욕주의가 비평가들의 지적처럼 지저분하고 이기적인 유행이 아니라, 윤리적인 삶의 기술을 습득하게 하는 진지한 태도임을 분명히 전했을 것이다. 아울러 독서를 통한 금욕주의는 서로마제국의 권위가 기울고 정치적 갈등으로 분열되던 당시에 (주교, 황실 관료나 시민 관료, 기타 권력자 등) 공권력의 자리를 열망한 사람들에게 합법적인 지도력의 최신 모델이 되어주었다.[18] 카시아누스를 비롯한 후세대는 선대의 여러 수도자와 교육자가 확신했던 점, 즉 독서가 개인을 변화시킨다는 점에 전적으로 동의했다. 자기 삶을 올바른 종류의 책들로 채운다면 관점과 행동이 바뀔 게 분명했다. 책을 소리 내 읽음으로써 입을 떠난 말은 다시 돌아와 마음의 일부가 되었다. 책은 쇠처럼 단단하다.[19]

파코미우스와 에바그리우스, 카시아누스의 후세대 수도자들은 책에 빠져들었다. 그들은 굳이 지정된 도서관에 가지 않았다. 현대의 독서광들과 달리 그들은 책을 여기저기에 숨겨두는 경향이 있었다. 예배 중에 읽으려고 교회당에 두는 것은 물론이고, 선반이나 상자, 캐비닛, 벽 틈새 등 손 닿을 만한 곳이면 어디든 보관했다. 고급스러운 책은 보물 상자에 넣어 지키기도 했다. 간혹 수도원의 소장품이 방대할 때는 전용 보관실을 설치했다. 수도자들은 침실에도 책을 보관했다. 대다수 수도원은 수도자들에게 공동체가 공유하는 책을 대출해 읽으라고 권하거나 규정했다. 이러한 권고에는 경고의 메시지도 포함되어 있었다. 수도자들은 빌려 간 책을 훼손하지 않도록 주의해야 하며, 자기 소유인 양 집착해서는 안 된다는 것이었다.[20] (소유욕은 결국 산만함으로 이어지는 지름길이었다.)

중세 초기의 수도자들이 일단 고대 후기의 독서 방식을 받아들인 상황에서, 수도원 지도자들은 어떻게 하면 이 기술을 일상생활에 더 잘 접목할 수 있을지 계속 논의했다. 무엇보다 시간이 문제였다. 책을 읽기에 가장 좋은 시간은 흔히 아침이라고 말하면서도, 여름에는 시원한 아침에 일을 시작할 수 있도록 독서 시간을 뒤로 미뤘다. 수도자가 책을 하루에 얼마나 읽어야 할지는 의견이 분분했다. 한 시간 반? 세 시간? 역효과가 나지 않는다면 더 오래? 수도자가 밖에서 일하느라 지쳤다면 야간 예배 시간에? 누구는 기도와 다른 일과 사이사이에 책을 읽어야 한다고 주장했고, 누구는 독서 시간을 주말에 보상으로 제공해야 한다고 주장했다. 또는 나쁜 생각을 물리치기 위한 일종의 해독제이자 과제로서 독서를 할당하기도 했다. 교회당에서 예배가 시작되기 전에 수도자들이 잡담을 못 하게 하는 방법으로도 쓰였다. 때로는 기운이 없어 농사일을 못 한다고 주장하는 수도자에게 부과할 '일거리'가 되었다. 일부 수도원에선 한 수도자가 일하는 동료들을 위해 책을 읽어주도록 했다. 아울러 식사 시간에도 누군가는 큰 소리로 책을 읽었다. 입으론 음식을 씹고 마음으론 경전을 되새기라는 이유였다. 독서와 관련해서는 이처럼 페르시아만에서 스페인까지 수도원마다 각기 다른 지침을 적용했다.[21]

하지만 어디서도 쉬지 말고 읽으라고 권하지는 않았다. 이시도루스는 수도자들에게 책에 나오는 근면한 사도들처럼 육체노동도 해야 한다고 강조했다. 육체노동이 수행의 중요한 부분이었기 때문이다. 수도자들은 독서에만 집중하는 게 사실상 불가능하다는 점도 알고 있었다. 요셉 하자야가 주장했듯이, 책만 계속 읽으면 눈이 상하고 뇌도 "왜곡되었다." 납치되어 노예 생활까지 견뎌낸 요셉은 과장할 사람이 아니었다.[22]

최적의 시간에 책을 읽는다고 해도, 수도자들과 그들의 마음이 저절로 바뀌지는 않았다. 키프로스의 에피파니우스Epiphanius of Cyprus 등 열성 지지자들이 주장한, “이 책들을 보기만 해도 죄를 덜 짓고 의로움을 더 굳건히 믿게 된다”라는 식의 정서는 크게 공감받지 못했다. 6세기에 레안데르가 말했듯 수도자들은 악마에게서 벗어나기 위해 독서와 기도를 꾸준히 수행할 필요가 있었다. 하지만 그렇게 꾸준히 수행하더라도 늘 위태로운 상태를 면하기 어려웠다.[23] 산만함은 책이 베개로 전락하기 한참 전부터 수도자들의 정신을 파고들었다. 역설적으로 들리겠지만 수도자들은 집중하는 데 도움을 받고자 집중이 필요한 작업, 즉 책과 씨름해야 했다.

그래서 수도자들은 적극적으로 읽는 법을 배웠다. 이 말은 곧 현대와 상당히 다른 독서법을 채택했다는 뜻이다. 요즘처럼 속독, 훑어보기, 폭넓게 읽기를 목표로 삼는 대신, 수도자들은 천천히 주의 깊게 읽고, 같은 내용을 반복해서 읽었다. 스페인 북서부에서 전래한 ‘일반 규칙’은 수도자들이 성부들에 관한 글을 반복해서 읽고 마음에 깊이 새기도록 권고했다. 심지어 글을 읽지 않을 때라도 성부들이 사방에서 그들을 에워싸고 있다고 상상하게 했다. 이런 가상의 보호막은 실수를 저지르지 않도록 도움을 주는 일종의 지원책으로 여겨졌다. 일반 규칙은 7세기 중반에 어느 특수한 수도공동체를 위해 생겨났다. 그 규칙에서 언급된 수도자들은 주로 가족과 일가친척, 심지어 마을 사람들 전체와 함께 수도원에 입회한 농부들이었다. 당시 그들이 살았던 스페인 북부 갈리시아Galicia의 지주들은 엘리트들의 토지 강탈에 저항해 재산을 지키고 공동체를 보호할 방법으로 수도원을 설립했던 것 같다. 수도원장들은 이러한 집단행동에 불안을 느끼고 수도원 설립과 운영에 관한 몇 가지 기본 규칙을 만들려고 노력했다. 그들의 우선순위 중 하나는 하나님에게 순종하고 집중하는 마음을 심어주는 것이었다. 그중 책에 대한 그들의 조언은 당시 수도자들의 독서 과정을 아주 명확하게 설명한다는 점에서 이례적이다. 농부들에게 그런 설명이 필요하다고 보았던 것이다.[24]

수도자들은 또 책의 여백에 메모하는 식으로 독서에 몰두했다. 그들이 지루하거나 산만해져서 그렇게 했다고 생각할 수 있는데, 때로는 진짜로 그렇기도 했다. 특히 아일랜드의 필경사들은 책 내용과 상관없는 글을 끼적이곤 했다. 일부는 수도자였고 상당수는 전문직 종사자였는데, 바깥 날씨나 새들에 대해 적기도 하고, 춥다거나 아프다거나 숙취에 시달린다는 등 신변잡기를 적기도 했다.

하지만 중세 초기의 작가들과 독자들은 대체로 정신을 바짝 차리고자 여백에 글을 썼다. 본문 내용에 대한 동의 여부를 밝히거나, 글의 논리적 흐름을 더 명확히 하고자 주제를 간략히 정리하는 식이었다. 기억하거나 다시 읽거나 다음 독자에게 알려줄 가치가 있는 구절에도 표시를 남겼다. 때로는 본문과 관련해 심도 있는 논평을 제공하거나 참고할 만한 다른 책을 적기도 했다. 예를 들어 갈리아 출신의 아일랜드 지식인 세둘리우스 스코투스Sedulius

† 6세기나 7세기에 작성된 아우구스티누스의 설교 사본의 한 페이지를 보면, 왼쪽 여백에 "그가 겸손과 고백에 대해 말한 부분은 짧지만 달콤하다(brevis et bona, ubi dicit de humilitate et confessione)"라는 속기가 적혀 있다. © Biblioteca Apostolica Vaticana

Scottus는 9세기 중반에 교과서 선집을 만들면서 "내가 로르슈수도원에서 읽었던, 호레이스Horace에 관한 폼포니우스Pomponius의 논평을 읽어보라" 같은 주석을 달았다. 이후 스코투스를 잘 아는 누군가가 이 선집을 필사할 때면, 원래의 주석을 누가 썼는지 알려주고자 **훨씬 많은** 주석을 추가해야 했다.[25]

이러한 방주旁註, 즉 여백에 쓴 글은 수도자들의 집중하려는 노력과 뒤이어 같은 책을 읽을 독자들의 집중을 도우려는 노력을 모두 보여준다. 그들이 남긴 짤막한 글은 놀랍도록 직설적인 데 반해, 그들의 정체는 대개 흐릿해 생애는 고사하고 이름조차 거의 알려지지 않았다. 그렇기에 필경사가 대놓고 자기소개를 한 경우는 항상 주목받는다. 8세기에 시리아 북동부의 스페쿨로스Speculos수도원에서 수행하던 수다스러운 부제 사바Saba는 자신의 필체를 무척 자랑스러워했다. 그래서 자신이 필사한 〈열왕기〉 사본에 "얼룩진 타우 하나 만들지 않았다"라고 적었다. (타우는 시리아 자모의 마지막 글자인 'T'를 가리킨다.) 800년경에는 스페쿨로스수도원에서 서쪽으로 수천 킬로미터 떨어진 셸Chelles수도원의 수도자 열 명이 아우구스티누스의 《시편 해석》을 총 세 권짜리 세트로 제작했다. 작업에 참여했던 여성 수도자들은 할당받은 부분의 끝에 서명을 남겼는데, 그 가운데 아홉 개가 남아 있다. 그중 한 명이 기슬리디스Gislildis였다. 그 이름으로 유추해볼 때 아마도 수녀원장인 기셀라Gisela와 인척 관계였을 것이다. 만약 그렇다면 기슬리디스는 기셀라의 오라버니이자 카롤링거제국의 통치자였던 샤를마뉴 대제와도 인척 관계였을 것이다.

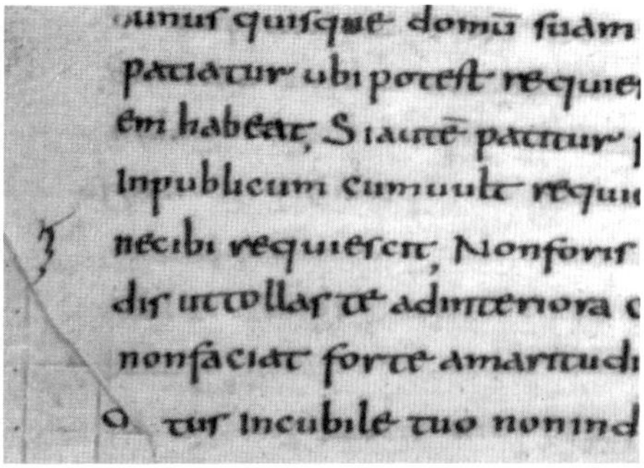
unus quisque domū suam
patiatur ubi potest requie
em habeat; Si autē patitur
Inpublicum cum uult requi
necibi requiescit; Nonforis
dis ut tollas te adinteriora
nonfaciat forte amaritudi
tur incubile tuo nonind

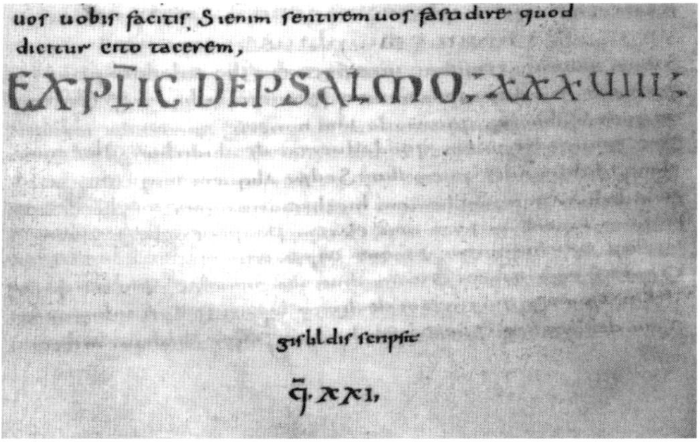
uos uobis facitis; Si enim sentirem uos fastidire quod
dicitur cito tacerem,
EXPLIC DEPSALMO XXXUIII
gislildis scripsit
q̄. XXI,

† 왼쪽 여백에 (찾아보라는 뜻의) 'ζ(그리스어 자모의 여섯 번째 글자인 제타—옮긴이)'가 적혀 있다. 기슬리디스는 이를 통해 〈시편〉 35장 5절에 대한 아우구스티누스의 해석, 즉 "(평화는 바깥세상에서 찾을 수 없고 오히려) 마음의 침상에서 찾을 수 있다. 그러니 당신은 내면 깊숙이 들어가 자기 자신을 들어 올려야 한다"라는 부분을 강조했다.

‡ 〈시편〉 31~38장에 대한 아우구스티누스의 해석을 필사한 뒤, 기슬리디스는 원고 끝에 "기슬리디스가 이것을 썼다"라는 서명을 남겼다.

더 확실한 점은 기슬리디스가 예리한 독자였다는 사실이다. 그는 아우구스티누스의 신학에서 특히 중요하고, 또 카롤링거 제국의 궁전에서 특별히 논의했던 텍스트를 강조하고자 단일 문자나 기호로 여백에 표시를 남겼다. 예를 들어 기슬리디스는 하나님을 믿기 전에 어떻게 자신을 알고 자기 잘못을 인정해야 하는지를 알려주기 위해 아우구스티누스가 〈시편〉을 활용했다는 점을 꾸준히 강조했다. 물론 이 책은 기슬리디스의 소유물이 아니었다. 당시 《시편 해석》은 쾰른의 주교를 위해 제작되었다. 그런데도 기슬리디스는 자신의 관심과 이익을 위해 메모했던 것 같다. 즉 자기에게 가장 중요한 내용을 표시하는 과정에서 머릿속에 저장했을 것이다.[26]

집중을 돕는 텍스트 디자인

이처럼 특별한 경우가 아니고서는 중세 초기의 책 제작자들이 누구인지 알 수 없지만, 그들 중 상당수가 기발한 디자이너였다고 인정할 수밖에 없다. 그들은 독서 경험을 풍성하게 하고자 끊임없이 다양한 기술을 실험하고, 또 개발했다. 독서가 더 쉬워지게 하려고 그렇게 한 게 아니라, 더 확실히 깨우치고 집중하게 하려고 그렇게 했다.

그들이 개발한 기술 중 일부는 오늘날까지 이어지고 있다. 고대 후기에는 흔히 단어 사이에 간격을 두지 않고 (마치 이렇게) 글자를연속해서붙여썼다. 500년경 북아프리카에서 활동한 폼페이우스Pompeius라는 라틴어 문법학자는 이런 형식으로 쓰인 텍스트는 언뜻 잘못 읽힐 수 있다고 지적했다. 그는 베르길리우스의 장편 서사시 《아이네이스》 8권에 포함된 시구를 예로 들었다. 'CONSPICITVRSVS'라는 시구는 '곰이 주의를 기울였다*conspicit ursus*', 또는 '암퇘지가 발견되었다*conspicitur sus*'로 모두 해석될 수 있었다. 사실 이 시구는 워낙 유명한 장면을 묘사한 부분이라 오해를 불러일으킬 일이 없었기에 농담에 가까운 예시였지만, **스크립티오 콘티누아***scriptio continua*, 즉 단어 사이에 공백을 두지 않는 조판 방식은 확실히 해석의 어려움을 낳았다.

로마인들이 1세기에 이미 단어 분리를 시도하다가 폐기했기에, 고대 후기의 필경사들이 처음으로 발명했다고는 할 수 없다. 다만 그들이 이 방식을 선호한 결과, 8세기와 9세기 무렵엔 일반적인 관행으로 자리 잡았다. 한편 문자 체계가 엄격하게 자음화된 시리아어로 작업했던 필경사들은 문자 체계에 점을 도입해, 가령 (왕을 뜻하는) 'malka'와 (조언을 뜻하는) 'melka'처럼 실제로는 다르게 발음되지만, 똑같이 'mlk'로 쓰이는 단어들을 구분하기 시작했다. 7세기와 8세기에 이르러 점은 모음 기호로 발전했다. 오늘날에도 시리아어는 이런 방식으로 점을 사용한다.

구두점은 고대 후기와 중세 초기에 등장한 또 다른 문학적 변화였다. 구두점은 원래 연설할 때의 억양을 나타내는 용도로만 사용되었다. 그러다가 점차 생각의 시작과 끝을 알려주는 등 통사론적·의미론적 정보까지 제공하게 되었다. 이는 단어 순서가 매우

유연한 굴절어屈折語에서 유용했다.[27]

6세기 중반에 카시오도루스Cassiodorus는 구두점이 지각에 이르는 밝은 통로를 제공한다고 극찬했다. 그는 문서에서 길을 찾는 데 도통한 사람이었다. 이탈리아 동고트왕국의 고위 행정관으로 일하면서 온갖 서류를 다루다가 은퇴한 뒤엔 비바리움Vivarium이라는 도시에 수도원을 세우고 도서 문화를 활발하게 육성했다. 이런 카시오도루스조차 구두점에 경탄했다면, 문맹이거나 교육을 많이 못 받은 독자들이 띄어쓰기, 점, 구두점 같은 시각적 도구들을 어떻게 느꼈을지는 충분히 짐작할 만하다. 유럽에서 구두점을 가장 열성적으로 지지한 사람들은 사실 학교에서만 라틴어를 배운 영국 수도자들이었다. 바다 건너 유럽의 동료 수도자들은 라틴어를 8세기까지 구어로 사용했다.[28]

책 디자이너들은 이러한 언어적 변화에서 한발 더 나아갔다. 그들은 데이터 시각화라는 용어가 등장하기도 전에 (마땅히 데이터 시각화의 한 형태로 간주할 만한) 레이아웃과 인포그래픽을 실험했다. 텍스트에 포함된 특정 아이디어와 패턴을 강조해 독자들의 눈길을 사로잡겠다는 더 상위의 목표를 달성하고 싶었기 때문이다.

그러려면 펜이 양피지에 닿기도 전에 '데이터', 즉 텍스트 자체가 매력적인 방식으로 구성되어야 했다. 실제로《아포프테그마타 파트룸》의 여러 이야기는 이 원칙을 염두에 두고 다양한 형식으로 배열되었다. 어떤 판본에서는 한 사람에 대한 여러 이야기를 한데 묶은 다음 등장인물들을 알파벳순으로 분류했고, 다른 판본에서는 빈곤, 인내, 성욕 다스리는 법 등 주제별로 자료를 정리했다. 알파벳순으로 정리된 판본에 안내되어 있듯 핵심은 다음과 같았다.

“여러 사람의 손으로 완성된 이야기는 혼란스럽고 무질서해 독자의 주의를 분산한다. 그들의 마음은 다른 방향으로 이끌려 책에 흩어져 있는 격언을 기억할 수 없다. 따라서 우리는 이 책을 읽고 이익을 얻으려는 사람들을 위해 (이야기를) 장별로 잘 정리해 쉽게 찾을 수 있게 했다.”[29]

필경사들은 독자들이 텍스트의 진행 과정을 한눈에 파악할 수 있도록 판형을 고민했다. 주제나 절節의 변화를 표시하기 위해 다른 색 잉크로 표제를 썼고, 본문과 구분하기 위해 표제의 필체를 달리하기도 했다. 그리고 새로운 장, 관점의 변화, 수사학적으로 구별되는 절 등 본문의 중요한 지점을 나타내기 위해 해당 텍스트의 첫머리에 장식을 붙이거나 크기를 키웠다. 그들은 ‘—’, ‘÷’, ‘/’ 같은 오벨루스obelus(저자가 썼거나 인용했는지 의심스러운 내용에 붙인 의구표疑句標—옮긴이)를 사용해 원본의 견해와 무관해 보이는 구절들을 표시했다. 이는 논쟁의 여지가 있는 텍스트를 독자가 무턱대고 믿지 않게 해주었다. 또한 특정 페이지에서 독자들이 신성한 공간으로 나아갈 수 있게 십자 표시를 활용했다. 독자들이 정신을 번쩍 차리고 마음가짐을 바로 하도록 눈을 부릅뜬 수도자의 초상화를 그려 넣기도 했다.[30]

† 아키텐의 프로스페르(Prosper of Aquitaine)가 쓴 《하나님의 은총과 자유 의지(God's Grace and Free Will)》의 9세기 사본에는 그의 적수인 카시아누스의 주장이 오벨루스(÷)로 표시되어 있다. 필경사는 또 화자가 바뀔 때마다 여백에 프로스페르와 카시아누스의 이름을 추가했다.

† 성가의 시작 부분에 그려진 수도자의 얼굴은 사실 알파벳 'O'다. 그의 부릅뜬 눈은 수도자들이 이 성가를 부를 때 갖춰야 할 경계심을 나타낸다. 즉 (가사 내용처럼) 수도자들은 자기 내면의 낙담시키고 좌절시키는 힘, 즉 무지함과 속박하는 덫과 유독한 냄새처럼 느껴지는 힘에 맞서 싸워야 한다.

오늘날 우리가 접하는 양에 비하면 지극히 적겠지만, 중세 초기의 풍요로운 서적 문화는 불안의 원천이기도 했다. 당시 독자들은 유통되는 자료의 양에 압도되었다. 가령 성경에 대한 주해서만 해도 수없이 많았다. 대단히 박식한 수도자들마저 자리에 앉아 여러 경전을 이해하려다가 위축되곤 했다. 역설적이게도 이 문제를 해결하기 위해 그들이 애용했던 해결책은 더 많은 책을 만드는 것이었다. 특히 문집을 많이 만들었다. 한 작가의 여러 글이나 여러 작가의 글을 한데 모은 문집이 고대 후기와 중세 초기에 애용되던 형태였다. 편집자들은 전략적으로 특정 주제를 강조하거나 전체 내용의 힘을 강화하고자 엄선된 글들을 분류하고 엮어서 하나의 새로운 코덱스로 완성했다. 심지어 성경을 가지고도 그렇게 했다. 성경의 개별 권들은 성인전이나 예언서, 역사서와 접목될 수 있었다. 또는 지면에 주해를 넣을 수 있도록 구성되기도 했다. 가령 성경 본문을 중앙에 네모나게 배치하고, 축약된 주해를 그 주변에 배치했다. 이 방법은 800년대 초부터 (지금의 독일 중부에 있는) 풀다Fulda 수도원에서 주로 사용했는데, 이후 다른 수도원들로 퍼져나갔다. 예를 들어 840년대에 오트프리드Otfrid라는 수도자는 야고보, 베드로, 요한, 유다의 복음서와 〈사도행전〉에 관한 사본 겸 주해서를 세로 3단으로 구성했는데, 참고 기호를 추가해 독자가 기본 텍스트와 양옆의 주해를 쉽게 오갈 수 있게 했다.[31]

얼핏 보잘것없어 보이는 세로 단은 고대 후기에 텍스트를

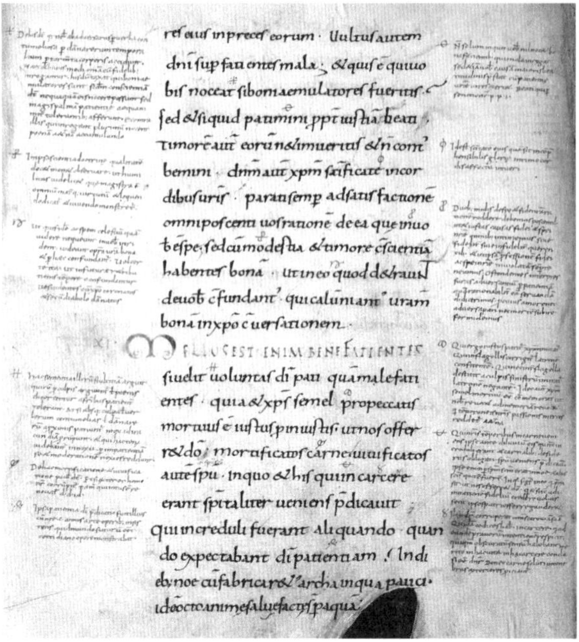

† 840년대에 오트프리드가 비상부르(Wissembourg)수도원에서 제작한 《〈사도행전〉과 서간》의 사본 겸 주해서는 다양한 편집 기술을 활용했다. 가령 띄어쓰기, 구두점, 성경 본문 양옆에 주해를 배치한 3단 레이아웃, 독자가 해당 주해를 쉽게 찾도록 성경 본문 위에 붙인 기호, (〈베드로전서〉 3장 17절을 쓰며 사용한) 갈색 소문자 서체(캐롤라인 초서체)와 붉은색 대문자 서체 등이 있었다.

시각화하는 일이 성공하는 데 결정적 역할을 했다. 그중 첫 번째는 《헥사플라*Hexapla*》라고 알려진 방대한 성구 사전biblical concordance이었다. 이 책은 오리게네스Origenes의 열정으로 탄생했다. 오리게네스는 철학자이자 기독교 신학자로, 200년대 전반에 알렉산드리아와 카이사레아에서 활동했다. 오리게네스는 230년대에 카이사레아로 이주하고 나서 《헥사플라》 작업에 뛰어들었다. 3세기까지도 여전히 소수에 불과했던 동료 기독교인들에게 더 정돈된 판본의 성경을 제공하겠다는 목표를 세웠던 것 같다. 당시엔 유대교 성경의 그리스어 번역본이 몇 가지 유통되는 정도였다. 오리게네스는 그것들을 서로 비교하고, 또 히브리어 원문과 비교해볼 수 있다면, 기독교인들이 더 나은 정보를 얻으리라고 생각했다. 더 나아가 그 안에 포함된, 《70인역》으로 알려진 《셉투어전트*Septuagint*》의 우수성도 알게 되리라고 보았다. 무엇보다 이 성구 사전 덕분에 기독교인이 유대인과 논쟁을 벌일 때 자신을 더 잘 방어할 수 있기를 바랐던 듯싶다. 어쨌든 오리게네스와 협력자들(필경사 한 명, 기독교인과 유대교인 고문들, 부유한 후원자 한 명)은 전례 없는 대작을 완성해냈다. 40여 권의 코덱스에는 히브리어, 그리스어로 음역된 히브리어, 여러 개의 그리스어 번역본이 나란히 배열되었다. 수천 페이지에 달하는 이 성구 사전은 편집 기술의 혁신을 통해 독자들을 신성한 경전 속으로 더 깊이 끌어들였다.[32]

안타깝게도 최초의 《헥사플라》는 세월의 파도를 넘지 못했다. 하지만 오리게네스의 프로젝트에서 파생된 곁가지가 그의 기술을 기어이 입증해냈다. 616~617년에 《헥사플라》의 시리아어 번역본이 알렉산드리아 외곽의 에나톤Enaton에 있는 수도원에서 만들어졌다. 로마와 페르시아 사이에 수십 년간 이어진 전쟁을 피해 레반트와 메소포타미아에 살며 시리아어를 쓰던 사람들이 이곳으로 도망쳐왔기 때문이다. 이 번역본은 《헥사플라》 원본에 그리스어로 수록되었던 《셉투어전트》를 시리아어로 옮긴 것이었다. 그 외 구약의 여러 그리스어 번역본(및 그것들의 시리아어 번역본)도 포함했다. 오리게네스의 《헥사플라》와 달리 시리아어 번역본은 단을 줄였다. 하지만 《셉투어전트》가 유대교 성경과 다른 부분을 나타내고자 각종 표시는 그대로 유지했다. 가령 별표는 오리게네스가 다른 그리스어 번역본들로 보완한 《셉투어전트》의 누락된 부분을, 의구표는 유대교 성경에서 언급되지 않는 내용을 표시해준다. 따라서 《헥사플라》의 시리아어 번역본은 여백의 주석을 제외하면 '하나의' 세로 단으로만 구성되어 있지만, 여전히 방대한 작업이었다. 8세기 말과 9세기 초에 동방교회의 총대주교였던 티모시 1세Timothy I는 그 책의 여러 사본을 공동 작업했는데, "이것만큼 필사하거나 읽기 어려운 텍스트는 없다. (…) 하마터면 시력을 잃을 뻔했다!"라고 증언했다.[33]

형식이 메시지를 강화한다

오리게네스가 《헥사플라》를 완성하고 한 세기가 채 지나지 않았을 무렵, 카이사레아의 에우세비오스Eusebios of Caesarea 주교가 그

작업에서 힌트를 얻어 다른 식의 성구 사전을 제작했다. 이 책은 성경이 아니라 역사와 관련된 것이었다. 에우세비오스는 《헥사플라》를 읽었다. 아울러 고대의 여러 연대기와 역사서 그리고 통치자들과 관료들과 온갖 사건의 기록물도 두루 살펴보았다. 그 과정에서 시간을 추산하는 다양한 체계에 충격을 받았다. 각각은 과거의 극히 부분적인 측면만 들여다보게 할 뿐이었다. 그래서 에우세비오스는 《크로니키 카논*Chronici canones*》이라는 방대한 역사서 작업에 착수했다. 《헥사플라》가 성경 문헌학 분야에서 했던 일을 역사학 분야에서 해낸 것이었다. 이 책은 한 페이지에 서로 다른 연대표를 정렬해 방대한 데이터를 비교할 수 있게 했다. 이로써 독자는 동시대에 펼쳐진 온갖 역사를 한눈에 보면서 여러 연대표에 쪼개져 실린 사건을 상호 참조할 수 있었다. 에우세비오스는 독특한 편집 기술을 통해 오리게네스가 《헥사플라》로 했던 것보다 훨씬 더 명확하게 자신의 메시지를 강조했다. 그는 일종의 인포그래픽만으로 유대교 족장들이 그리스 역사와 신화에 등장하는 영웅적 인물들보다 앞선다는 것을 효과적으로 보여주었다. 콘스탄티누스 대제가 기독교로 개종하는 모습을 직접 목격했던 에우세비오스가 《크로니키 카논》을 로마제국의 연대표로 끝낸 것은 우연이 아니었다. 모든 역사적 길은 로마로 이어졌다.[34]

이 책은 확실히 수많은 사람의 관심을 끌었다. 중세 초기의 독자들은 에우세비오스의 정략적 동기를 간파했고(《크로니키 카논》의 형식을 보면 그 점을 놓치기 어렵다), 그 가운데 일부는 거기에 반격을 가하겠다고 나섰다. 오늘날 《프레데가르 연대기Fredegar

Chronicle》로 불리는, 7세기 중반 갈리아에서 편찬된 역사서의 작가들은 《크로니키 카논》의 라틴어 번역본을 활용했다. 이 번역본은 로마제국의 부유한 후원자들을 등에 업은 유력한 수도자인 히에로니무스의 작품이었는데, 그는 성경을 라틴어로 번역한 것으로도 유명했다. (그 성경을 《불가타 성경Vulgate》이라고 한다.) 《프레데가르 연대기》의 작가들은 에우세비오스와 히에로니무스가 했던 것처럼 세계의 모든 역사를 로마제국으로 집중하는 대신, 지중해와 유럽에서 활동한 여러 사람의 다양한 삶의 궤적을 따라 확장했다. 즉 제국의 역사보다는 중세 초기를 특징짓는 정치적·민족적 다양성을 강조했다. 에우세비오스의 작품을 이렇게 급진적으로 수정했으니, 원래의 레이아웃도 바꿔야 했다. 세로 단에 평행하게 배열된 연대표가 사라졌다. 《프레데가르 연대기》는 여러 나라의 역사적 사실을 하나의 텍스트로 묶어 단일한 실타래처럼 풀어나갔다. 이번에도 형식이 메시지를 강화했다.[35]

에우세비오스의 또 다른 실험은 책 디자인의 역사에서 훨씬 더 인기를 끌었던 것으로 보인다. 바로 복음서를 위한 격자 디자인인데, 오늘날 '캐넌 테이블canon table'(어원이 된 그리스어 '*kanon*'이 테이블을 뜻하기 때문에 기술적으로 중복된 표현이다)로 불린다. 그전까지 복음서의 서사는 고정된 것으로 상상되지 않았다. 하지만 4세기에 이르러 〈마태복음〉 〈마가복음〉 〈누가복음〉 〈요한복음〉이 정전正典으로 간주되면서, 에우세비오스는 동일한 사건이나 생각이 각각의 방식으로 서술된 곳들을 표시해 기독교인들이 서로 대조하며 읽을 수 있도록 했다. 이 상호 참조 시스템에서 캐넌 테이

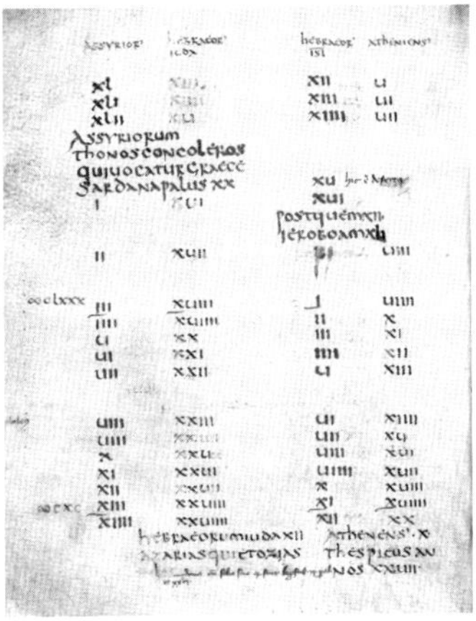

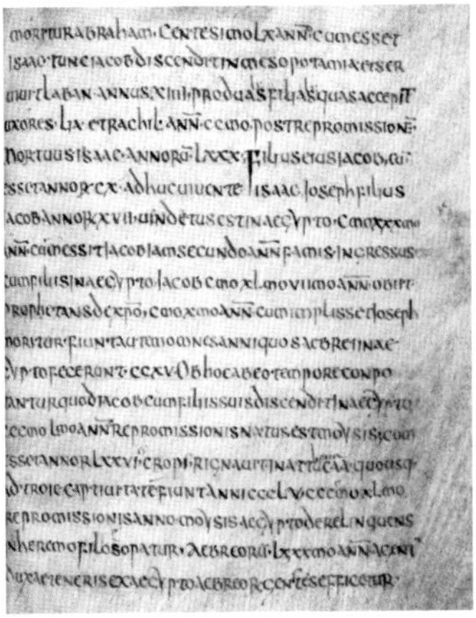

† 에우세비오스의 《크로니키 카논》은 훗날 추가된 발췌문과 요약문을 제외하곤 원본이 남아 있지 않다. 한편 381년에 히에로니무스가 라틴어로 번역한 《크로니키 카논》이 크게 인기를 얻었다. (5세기 중반 이탈리아에서 제작되어 지금까지 남아 있는) 이 페이지는 해당 번역본의 가장 오래된 사본으로, 아시리아, 유다왕국의 히브리인, 이스라엘의 히브리인, 아테네, 라틴, 스파르타, 코린토스, 이집트의 역사를 나란히 보여준다.

‡ 《프레데가르 연대기》의 가장 오래된 사본. 660년대에 완성되었고, 몇십 년 만인 700년경에 갈리아에서 필사되었다. 《크로니키 카논》과 달리 작가들은 고대 역사의 여러 시간선을 과거와 현재 세계의 정치적 다양성과 상호작용에 관한 하나의 복합적인 이야기에 녹여냈다.

블의 각 단에 표시된 숫자는 복음서 본문에 표시된 숫자와 연결되어서, 독자들이 둘 사이를 편하게 오갈 수 있도록 했다. 무엇보다 캐넌 테이블은 효과적인 기억 장치로도 작동했다. 숙련된 독자는 페이지마다 (세로 단과 숫자가 표시된 열의 형태로) 압축된 데이터를 내면화해, 필요할 때마다 해당 기억을 빠르게 탐색할 수 있었다.

에우세비오스는 분명히 큰일을 해냈고, 에티오피아에서 아일랜드까지 복음서의 독자들은 그의 기억 장치로 이득을 보았다. 그 과정에서 각자의 취향에 맞춰 설정이 바뀌었다. 어떤 사람은 (본문 숫자를 기억하지 못하는 독자를 위해) 성경 내용을 요약한 세로 단을 캐넌 테이블에 추가했다. 다른 사람은 각 페이지 하단에 앞의 내용을 담은 작은 도표를 추가해, 책을 뒤적이는 수고를 덜어주었다. 그들은 복음서 저자들의 초상화나 그림 상징들을 추가하기도 하고, 복음서 간의 유사점을 늘리기 위해 숫자를 더 세분화하기도 했다. 하지만 수정을 하든 안 하든, 중세 초기 독자들은 에우세비오스의 체계를 활용해 복음서 간의 더 큰 패턴과 관계에 눈뜰 수 있었다. 한마디로 캐넌 테이블 덕분에 그들은 책에 더 깊이 빠져들었다.[36]

중세 초기에 편집 기술을 실험한 사람들은 기독교인들만이 아니었다. 《코란》의 초기 필경사들은 본문의 끝부분을 표시하기 위해 온갖 장식을 고안했다. 본문의 나머지 부분이 아랍어로 촘촘히 쓰였을 때도 마찬가지였다. 그들은 또 시리아의 필경사들에게 영감을 받아 이전엔 모호했던 아브자드abjad(자음 문자)에 점이나 획을 도입했던 것 같다.[37] 그러고 보면 수도자들은 중동, 지중해, 유럽 각지에서 중세 초기 책 디자인의 발전에 두루 동참했던

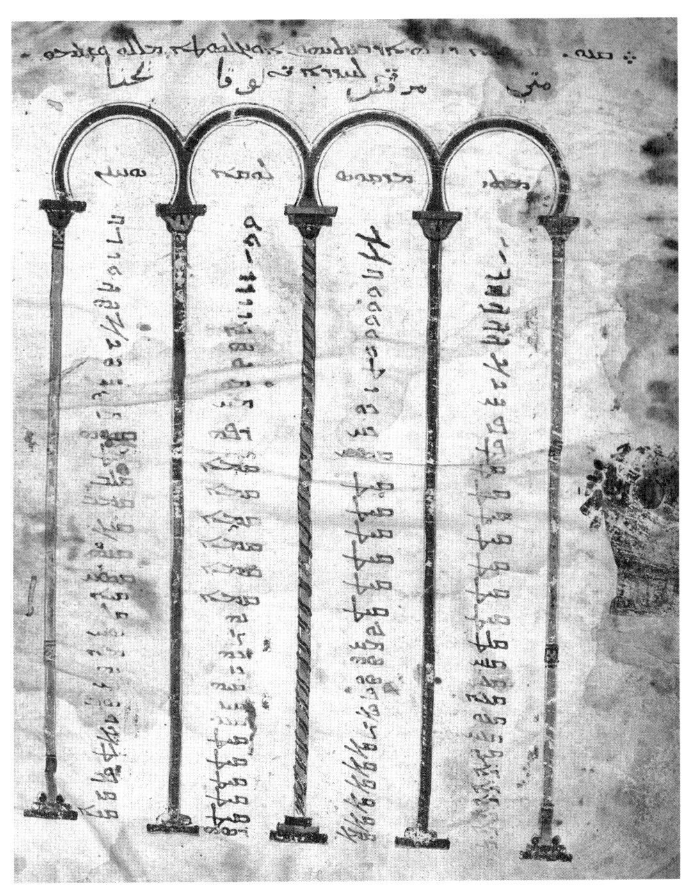

† 6세기에 널리 읽힌 시리아어 성경인 《페시타(Peshitta)》에 수록된 에우세비오스의 첫 번째 캐넌 테이블의 변형된 버전. 〈마태복음〉 〈마가복음〉 〈누가복음〉 〈요한복음〉의 세로 단이 시리아어의 쓰고 읽는 방향에 맞춰 오른쪽에서 왼쪽으로 정렬되어 있다.

† 6세기나 7세기에 에티오피아에서 만들어진 《아바 가리마 복음서 I(Abba Garima Gospels I)》에 수록된 에우세비오스의 세 번째와 네 번째 캐넌 테이블의 한 버전. 이 책의 참고문은 가로로도 읽을 수 있는 격자가 아니라 기다란 띠로 처리되었다. 에티오피아의 기독교인들은 이 캐넌 테이블을 참고 체계보단 그리스도에 관한 여러 이야기가 놀랍도록 일치한다고 믿기 위한 시각적 증거로 여겼다. 비둘기와 오리 떼로 장식된 화려한 도안은 오묘한 신의 섭리를 부연한다. © Yogi Black / Alamy Stock Photo

셈이다. 그들의 눈부신 업적은 독자와 책 사이의 협력 관계를 향상하려는 열망에서 비롯되었다. 다시 말해 그들은 텍스트를 더 읽기 쉽도록, 그 의미가 더 강조되도록, 복잡하더라도 다루기 쉬운 단위로 압축해 기억에 오래 남도록 노력했다. 일부 실험은 좋은 반응을 얻지 못했고, 때로는 해결해야 할 결함도 있었다. 하지만 성공과 실패 모두 독자들이 책에 집중할 수 있도록 돕겠다는 폭넓은 관심을 입증한다.[38]

산만함을 다스리려면 책을 더 많이 읽어야 한다고 주장하는 현대의 비평가들은 그 옛날 집중하려고 애쓰는 과정에서 갖가지 편집 기술을 고안했던 수도자들의 노고를 잊지 말아야 한다. 수도자들은 레이아웃과 본문 구성의 조정을 넘어, 천천히 읽기와 함께 읽기, 반복 읽기 등 기술이 따라잡을 수 없는 독서법도 개발했다. 따라서 오늘날 **특정** 비디오 게임과 텔레비전 프로그램을 **특정 방식**으로 활용하면 집중하는 데 도움이 된다고 주장하는 연구자들은 기술과 활용법을 함께 고민한 수도자들과 상당히 유사한 태도를 지녔다고 할 수 있다.[39]

책 디자인과 독서법의 발전으로 책이 더 독자 친화적으로 바뀌더라도 책에 담긴 개념까지 단순화되어서는 안 된다. 수도 문화에서 멋지게 시각화된 텍스트는 어디까지나 독자가 복잡한 내용에 뛰어들어 그 안에 머물도록 돕기 위한 것이었다.[40] 그렇게 복잡한 내용에 집중하기 위해 수도자들은 단일한 코덱스와의 관계를 훨씬 뛰어넘는 독서법과 사고법을 개발했다. 이는 그들을 기억 속으로 깊숙이 끌어들였다.

5장

기억:

수동적 기억과 능동적 몰입

수도자들은
자기 내면에서 기억이라는
또 다른 책을 찾아냈다.

원하는 것만 기억하고,
잘 분류하며,
필요한 만큼만 끄집어낼 수 있다면,
산만함과 작별할 수 있지 않을까.

이를 위해 개발된 불멸의 기술이
바로 명상이다.

명상으로 자기 내면에 집중한 수도자들은
머릿속 기억의 방에 가닿았다.
이후 어질러진 방을 청소하고,
세상에 대한 새로운 생각을 채워 넣으니,
이를 통찰이라 불렀다.

카시아누스는 찬송하거나 기도하거나 독서할 때도 자꾸 온갖 기억이 떠올라 주의를 흩트리는 통에 좌절하곤 했다. 명상에 빠지려 하면 젊었을 때 읽었던 시가가 불쑥 떠올랐다. 카시아누스는 그것이 자기 마음을 "물들였다"라고 말했다. 수많은 시가에서 스며 나온 "유치한 이야기와 전쟁사"를 어떻게든 몰아내려 애썼지만, 기억 속의 전쟁 영웅들은 마음의 직물에 여전히 배어 있었다. 카시아누스는 일찍이 에바그리우스에게 산만함을 엄격하게 관찰하고 다스리라고 배웠다. 그렇기에 자신의 수행을 살필 때마다 절망감을 느낀다고 사막 교부인 네스테로스Nesteros에게 토로했다.

우리는 흔히 기억이 흐릿하다고 투덜거리지만, 수도자들은 기억이 지나치게 뚜렷하다고 투덜거렸다. 이는 그들의 집중력에 또 다른 위협 요인이었다. 그런데 네스테로스는 오만 가지를 기억한다고 카시아누스를 비난하지 않았다. 단지 그가 문제를 잘못된 각도에서 해결하려 한다고 생각했을 뿐이다. 즉 내용물이 아무리 싫더라도 마음을 싹 비우기란 불가능하다. 하지만 진심으로 아끼는 것들로 새로 채우고 정리할 수는 있다. 그러면 나중에 접근하기가 더 쉬울 것이다. 네스테로스는 카시아누스에게 성경의 틀template을 바탕으로 마음을 재구성해보라고 제안했다. 그것은 마치 좋은 가구를 듬성듬성 배치한 방과 비슷했다. 그 방은 돌판 두 개, 황금 항아리 한 개, 이새Jesse의 나무(종교적 계보를 나타내는 나무 모양의 상징—옮긴이)에서 잘라낸 아론의 지팡이, 수호천사 두 명으로 채워진 일종의 방주였다. 이 가구들은 각각 율법의 지속성, 바닥이 안 보이는 기억력, 영생, 일반적 지식과 영적 지식을 상징했다. 새롭게 단장한 마음은 바로 이런 모습, 즉 인지적 잡동사니가 싹 치워진 하나님의 집이 되어야 했다.[1]

네스테로스와 카시아누스의 동시대 사람들에게 마음을 재구성하는 과정은 최종 완성품만큼이나 중요했다. 그들은 기억을 온갖 추억의 집합물이나 회상할 것들의 저장소로만 보지 않았다. 그렇다, 그 안에 담긴 내용물이 중요했다. 수도자의 기억은 늘 함께 머물면서 생각에 필요한 자료를 제시하고 올바른 인식과 경험의 틀을 제공하며 윤리적 행동의 기준으로 작용해야 했다. 동시에 기억은 수도자가 주변의 것들로 새로운 정신 구조를 설계하고 구축하는 데 활용한 도구였다.[2] 대단히 복잡한 집중력을 발휘할 때도 그 무대는 기억이 되었다.

오늘날 우리는 기억을 흔히 블랙박스처럼 취급한다. 반면에 수도자들은 기억이 작동하는 방식부터 배우고, 그대로 활용했다. 그들에게 기억은 일종의 건설 현장이었다. 수도자들은 그 안의 각종 장비를 이용해, 과거의 생각을 재구성하고 현재의 생각에 깊이 빠져들며 미래를 위한 새로운 인지 패턴을 구축했다. 그들은 떠오르는 것을 무작정 따라가는 수동적 자세 대신 능동적 사고방식을 택함으로써, 그 자체로 고도의 집중 상태에 빠져들었다.

수도자들은 기억력을 강화하는 연상법을 활용했고, 이미 가지고 있던 기억을 다른 용도로 활용하는 법을 배웠다. 그런 와중에도 마음을 계속 움직였다. 이러한 관행은 복잡하고 창의적이며 어려웠다. 아울러 수도 문화의 다른 측면과 마찬가지로, 수도자들의 이익과 위험을 둘러싼 논쟁을 촉발했다. 수도자들은 기억을 활용해 자신의 인지 공간을 스스로 설계할 수 있기를 바랐다. 또한 산만함을 대체하는 데서 그치지 않고 아예 무력화하길 바랐다.

감각과 기억의 관계

기억을 더 능숙하게 활용하려면, 일단 무엇이 기억에 남을 만한지 알아차리고 그에 따라 기억을 설계해야 했다. 수도자들은 기억이 장소와 밀접하게 연관되어 있다는 사실을 알고 있었다. 네스테로스가 묘사한 방주, 곧 지성소至聖所도 그러한 예였다. 그는 카시아누스가 다시 방문하기 쉽도록 명확하게 정의된 공간을 제시했다. 다른 수도자들도 중요한 사안을 읽거나 쓸 때 지식을 공간에 단단히 고정하고자 항해기, 순례기, 우주여행기, 지도 읽기 같은 지리적 서술을 시도했다. 상상 속에서 이런저런 장소를 이동하면 정보를 정리하고 나중에 기억하는 데 도움이 되었기 때문이다. 수도원 자체도 이런 식으로 활용될 수 있었다. 수도자들은 시간이 흐르며 각자에게 익숙해진 수도실이나 그 외 수도원의 각종 부속실 위로 다양한 경험과 연상을 쌓았다. 그 과정에서 공간은 일종의 기억 창고가 되었다. 수도자들은 이런 방식으로 생각하도록 훈련받았다. 오늘날 '기억 궁전memory palace'으로 불리는 기억법과 비슷한데, 네스테로스의 방주를 좀 더 정교하게, 또 아름답게 재현한 건축 공간에 기억할 만한 온갖 것을 채워 넣는 방식이었다. 고대 후기와 중세 초기의 수도자들은 정확한 연상 기호를 사용하진 않았다. 그들과 그들의 동시대 사람들에게 그것은 "번거롭고 교묘했다." 하지만 기억 궁전과 마찬가지로, 그들의 장치 중 상당수는 공간화되어 있었다. 즉 아이디어는 의미 있는 장소와 연결되어 있었다.[3]

수도자들은 한 번에 여러 감각을 사용하면 기억을 붙잡는 데 좋다는 사실도 알았다. 카시아누스와 네스테로스는 기억해내는 경험을 묘사하기 위해 감각어를 사용했다. 즉 기억 속에 저장된 아이디어는 눈에 보이고 만질 수 있으며 향긋하고 달콤하며 생생했다. 이것은 은유가 아니었다. 아이디어가 기억 속에 어떻게 들어오고, 또 그것을 다시 불러내면 어떤 느낌인지에 대한 정확한 묘사였다. 그리고 고대 후기와 중세 초기의 수도원은 다감각 매체multisensory media를 중시해 지각할 게 넘쳐났다. 교회당이 특히 그랬다. 신성한 공간에서는 생명력과 아름다움으로 감각을 충만케 해야 한다고 생각하는 수도공동체가 많았기 때문이다.

시각을 예로 들어보자. 당시의 미학 이론상 교회당 내부는 인간의 시각을 즐겁게 해주면서도 불안정하게 하도록 설계된 색과 빛, 표면과 재료의 상호작용을 강조했다. 빽빽하게 장식된 표면은 눈을 계속 움직이게 했다. 직물은 금속과 보석으로 장식되었다. 대리석과 모자이크는 그림처럼 화려했다. 직물을 짜서 만든 그림은 석재를 둘러싸 그 표면을 부드럽게 하는 것 같았다. 실내는 자연을 연상시키고 천국을 암시함으로써 열린 공간처럼 보였다. 6세기에 어느 평론가가 말했듯이 이러한 공간은 "저항할 수 없는 힘으로 인간의 시선을 강탈했다." 정신은 놀라운 광경에 감탄하면서도 숙연해질 수밖에 없었다.

상부 이집트에 있는 붉은 수도원의 경우, 5세기 말과 6세기 내내 교회당 구석구석이 화려하게 칠해져 있어 고대 후기의 미학을 제대로 입증했다. 이 공동체의 수도자들은 셰누테가 세운 수도연맹에 속해 있었다. 그래서 셰누테가 죽고 약 1세기가 지난 후에 그의 하얀 수도원과 같은 기념비적인 스타일로 붉은 수도원을 세웠다. 붉은 수도원은 로마제국 후기의 채색된 건축물 가운데 가장 잘 보존되었다. 하얀 수도원을 포함한 다른 건물들은 이후 사람들의 취향이 하얗고 단순한 쪽으로 바뀌면서 표면이 다 벗겨졌다. 하지만 붉은 수도원은 채색된 벽면을 진흙 벽돌로 둘러싸는 것으로 수모를 피했다. 원래 상태로 말끔하게 복원된 오늘날에는 수도원 지도자들, 성인들, 성경 속 인물들의 초상화가 교회당의 반구형 지붕과 벽감에서 관람객을 내려다보고 있다. 그 주위 공간은 실물로 착각할 만큼의 정밀한 묘사가 특징인 트롱프뢰유trompe-l'oeil 양식으로 꾸며져, 대리석, 직물, 식물, 동물, 기하학 패턴으로 장식된 건축물 표면이 더욱 다채로워 보인다. 미술사학자 엘리자베스 볼

먼Elizabeth Bolman이 묘사한 대로 이 교회당은 "다양한 시각적 자극을 기하급수적으로 늘리기 위해" 색과 패턴을 혼합하던 고대 후기의 취향을 잘 드러낸다.[4] 이러한 자극과 스타일은 관람객의 주의를 흩트리는 게 아니라 더 빠져들고 몰입하게 했으며, 경험을 기억하는 능력도 키워줬던 것으로 보인다.

붉은 수도원은 어떤 면에서 특별한 경우였다. 대다수 수도원의 교회당은 셰누테와 그의 후계자들이 지었던 것만큼 규모가 크지 않았다. 어떤 공동체는 교회당을 이 정도 규모로 꾸밀 여력이 없었고, 다른 공동체는 원칙적으로 거기에 반대했다. 파코미우스는 수도자들이 그런 아름다움에 과도하게 집중하다가 마음이 "엇나갈까 봐" 우려했다. 12세기의 시토회 수도자들은 표면을 덜 채울수록 좋다고 주장했다. 심상으로 명상하는 게 더 쉽다는 이유였다. 교회당의 미학을 종합적으로 추적하기는 어렵다. 원래 상태로 남아 있는 교회당이 거의 없고, 애초에 고고학적으로 파악하기 어려운 수도원이 너무 많기 때문이다. 중세 초기의 교회당은 대개 훗날 확장되거나 개조되었고, 반대로 화재나 지진, 전쟁이나 오염 등으로 손상되거나 파괴되었다. 때로는 그냥 방치되기도 했다.

그런데도 고고학자들은 어떻게든 그 흔적을 찾아내왔다. 키르벳에드데이르Khirbet ed-Deir수도원의 교회당은 베들레헴에서 남서쪽으로 수 킬로미터 떨어진 바위 동굴에서 발견되었는데, 모자이크 '카펫'이 여전히 바닥 전체를 덮고 있었다. 근처의 키르벳엘쿠네이티라Khirbet el-Quneitira수도원은 강도들이 남긴 조각으로 유추해볼 때 밝게 채색된 프레스코화가 있었을 것으로 추정된다. 비

† 붉은 수도원의 교회당에 그려진 화려한 그림. 트리콘치 바실리카(triconch basilica, 반원형으로 돌출된 벽감이 세 개인 교회—옮긴이) 북쪽 면의 두 번째 층이다. 이 추상적 그림은 500년에서 525년 사이에 그려졌고, 특히 초상화는 같은 세기의 후반에 그려졌다. 세 인물 중 제일 왼쪽이 셰누테, 가운데는 그의 전임자인 프콜(Pcol)이다. ⓒ B.O'Kane / Alamy Stock Photo

드의 주 무대였던 영국 북부의 웨어머스재로수도원은 아직 남아 있는 장식과 석고와 색유리 조각으로 미루어 보건대, 과거에는 빽빽하게 꾸며져 붉은 수도원의 수도자들도 공감했을 법한 다양성과 역동성을 뽐냈을 것이다. 우마이야왕조가 이베리아반도를 정복하고 나서 한 수도공동체가 톨레도에 산타마리아데멜케Santa María de Melque교회를 지었는데, 그들은 새로운 지배자가 레반트에서 가져온 건축양식을 본받았다. 하지만 다른 면에서는 전통을 유지했다. 아직 남아 있는 장식 조각을 분석한 고고학자들은 수도자들이 훨씬 일찍부터 교회를 짓기 시작했다고 결론지었다. 수 세기 전에 확립된 양식이 고스란히 반영되어 있었기 때문이다.[5]

육체적 상상력을 자극하라

이처럼 시각은 수도자들의 수행에서 중요한 부분이었지만, 다른 감각도 중요하긴 마찬가지였다. 교회당에서 행해진 의식은 노래, 향기, 동작, 심지어 맛까지 강력한 자극을 수반했다. 이러한 감각 경험은 단순한 겉치레가 아니었다. 신체와 정신의 조화를 끌어내는 핵심 요소였다. 얽히고설키는 감각들은 하나님과 하나님이 창조한 우주의 복잡성을 이해하도록 도와주었다. 아울러 온갖 경험을 기억할 수 있게 해주었다.[6]

텍스트는 감각을 물리적으로 자극하기보단 그냥 암시할 뿐이었지만, 여전히 각 감각에 대한 체험을 유도할 수 있었다. 카시아누스를 비롯한 여러 수도자는 (집중을 흩트릴 수 있어) 잊고 싶은 이야기에 대해 불평하면서도 사람들을 사로잡는 이야기가 본질적으로 나쁘다고 생각하진 않았다. 그들은 추상적 개념을 합리적 형태로 상상하는 연습이 복잡한 아이디어를 처리하고 기억하는 데 유용하다는 고대의 신비적 해석anagogy을 존중했다. 기독교인들은 특히 텍스트가 감각적 암시로 마음의 관점을 어떻게 바꿀 수 있는지에 관심을 보였다.[7]

한 역사학자가 고대 후기 특유의 "본능적 관찰"과 "육체적 상상력"이라고 묘사했던 텍스트와 감각의 관계는 성인전에 잘 나타나 있다. 중동이나 지중해나 북·서유럽의 사회상에 대한 글을 썼든 안 썼든, 성인전 작가들은 모두 신학과 정치학과 윤리학에 대한 논쟁을 인간사에 빗대어 압축하는 글쓰기 전략을 공유했다. 그래야 독자와 청취자의 공감을 끌어낼 수 있다고 보았기 때문이다. 또한 성인전은 흔히 역동적인 행위, (드물긴 하지만) 인상적인 풍경과 소품, 강력한 대사, 코미디, 갈등, 유혈 사태가 한데 어우러져 한 편의 라이브 쇼처럼 전개되었다. 하지만 성인전 작가는 좀체 존재를 드러내지 않았다. 자기들이 독자의 마음속에 만들어낸 기억을 매개하지 않는 양 배경 속에 숨어버렸다.[8]

이러한 기술을 기민하게 활용한 예로 7세기에 그리스어로 쓰인 이야기 한 편을 살펴보자. 팔레스타인 사막에서 조시마Zosima라는 수도자의 눈에 비친 어느 성자에 관한 이야기다.

조시마가 〈시편〉을 읊은 뒤 조심스럽게 하늘을 우러러 제6시기도prayers of sixth hour(동튼 뒤 여섯 번째 시간에 하는 기도로, 보통 정오에 한다—옮긴이)를 올리고 있는데, 그가 서 있는 곳에서 오른편에 사람 그림자가 어른거렸다. 처음엔 악마의 환영인가 싶어 깜짝 놀랐고 두려움에 몸까지 떨었다. 하지만 (기도가 끝나서) 성호를 긋고 두려움을 떨쳐낸 후 다시 보니, 실제로 누군가가 남쪽으로 걸어가고 있었다. 햇볕에 잔뜩 그을렸는지 벌거벗은 몸이 시커멨다. 성긴 머리칼은 양털처럼 하얬는데, 길이가 목덜미에 닿을락 말락 했다. 조시마는 이 놀라운 광경에 고무되어 크게 기뻐하면서, 그 생명체가 향하는 방향으로 뛰어가기 시작했다. (…)

그 생명체는 멀리서 조시마가 뛰어오는 모습을 보더니, 몸을 돌려 더 깊은 사막으로 마구 달아났다. (…) 조시마의 걸음이 더 빨랐는지 거리가 점점 좁혀졌다. 목소리가 닿을 만큼 충분히 가까워졌을 때 조시마는 눈물을 흘리며 이렇게 말했다.

"그대는 어찌하여 이 늙고 죄 많은 인간에게서 달아나는 것이오? 오, 진정한 하나님의 종이여, 그대가 누구든, 이 광야에서 누구를 위해 살든, 간절히 청하건대 나를 기다려주시오. (…)"

(…) 달아나던 생명체는 마른 개울 바닥으로 내려갔다가 다시 반대편 둑으로 올라갔지만, 조시마는 너무 지쳐서 더는 쫓아갈 수 없었다. 그저 마른 개울의 이쪽 편에 서서 눈물을 흘리며 한탄을 쏟아냈다. 그 소리가 어찌나 크고 서러웠던지 근처에 있는 누구라도 들을 수 있었다. 그러자 생명체가 소리쳤다.

"조시마 신부님, 주님의 이름으로 부디 저를 용서해주세요. 저는 신부님 쪽으로 몸을 돌리고 얼굴을 마주할 수 없습니다. 보다시피 저는 여성의 몸이지만 의복을 제대로 갖추지 못했습니다. 벌거벗은 몸을 드러내기가 부끄럽습니다. 신부님이 이 죄 많은 여인에게 진정 호의를 베풀고 싶다면 걸치고 있는 옷을 던져주세요. 그러면 저는 여인의 약점을 가리고 신부님을 향해 돌아서서 축복받겠습니다."

조시마는 정신이 예리하고 신성한 문제에선 누구보다 현명한 사람이었다. 하지만 여인이 자기를 "조시마"라고 부르는 소리를 들었을 때 두려움과 놀라움에 몸을 떨었다. 여인이 선견지명의 재능을 축복받지 않았다면 한 번도 보거나 듣지 못한 사람의 이름을 부를 수 없을 거로 판단했기 때문이다.[9]

이 일화는 성인전 작가가 조시마의 경험을 전하는 더 큰 이야기 속에 포함되어 있지만, 나름의 서사를 가지고 있다. 가령 극적인 풍경 속에서 추격전이 펼쳐진다. 한낮의 태양이 뜨겁게 타오른다. 욕망, 눈물, 수치심, 한기, 충격을 드러내는 대화가 직접적으로 오간다. 풍경도 계속해서 바뀐다. 그림자 같은 환영은 흑백의 생명체가 되고, 이 생명체는 다시 마른 개울 너머에서 소리치는 벌거벗은 여인이 된다. 이 구조는 두 가지 놀라운 반전을 만들어낸다. 즉 '그림자'와 '생명체'가 실제론 여인이고, 이 여인은 만난 적도 없는 조시마를 곧바로 알아본다. 그리고 이러한 반전은 이야기가 내포한 더 큰 주제, 즉 정체성이 바뀔 수 있다는 점을 예고한다. 독자는 결국 마리아라는 이 여인이 성욕에 집착해 창녀처럼 살아온 삶을 회개하고 사막에 들어와 거의 반백 년 동안 욕망과 싸워왔다는 사실을 알게 된다. 조시마와 마주쳤을 무렵, 여인은 사막의 뜨거운 태양 아래에서 살갗이 시커멓게 타도록 수행해 성인으로 거듭난 상태였다.[10] 이 모든 내용이 기억에 남을 만한 인상적인 장면들로 압축된다. 그 예술적 효과가 탁월하긴 하지만, 그렇다고 유일하진 않다. 중세 초기 문학은 대부분 복잡한 주제를 극적인 장면으로 압축해 청중이 이해하고 기억하기 쉽도록 서술했다.

기억의 지름길이 되는 이미지

중세 초기에 성인전을 비롯한 여러 문학작품은 이미지를 거의 넣지 않았다. 서사 자체가 워낙 시각적으로 강렬했기 때문이다. 이미지와 함께 화려하게 제작된 경우는 보통 성경, 특히 복음서나 〈창세기〉의 사본이었다. 거기에 포함된 이미지들은 순수하게 장식적이지도 않았고, 그렇다고 기억 증진만을 목적으로 디자인되지도 않았다. 그보다는 주제를 시각적으로 전달하고, 삽화가의 분석에 독자가 참여하도록 유도하는 데 집중했다. 그럼으로써 독자가 이미 알고 기억하는 사실을 더 깊이 생각하도록 자극해 집중력을 강화하는 데 도움을 주었다.[11]

800년경에 영국, 또는 아일랜드에서 제작된 복음서 세트인 《켈스의 서》의 한 페이지를 살펴보자. 〈마가복음〉 15장 25절*erat autem hora tertia*과 24절*et crucifigentes eum diviserunt vestimenta eius*이 쓰여 있

† 《캘스의 서》에서 〈마가복음〉의 두 구절(15장 24~25절)을 복잡한 시각적 이미지로 재현한 페이지.

는데, 그리스도를 십자가에 못 박은 로마 병사들이 다음 날 늦은 아침에 모여 망자의 옷을 어떻게 나누었는지 서술하고 있다. 미술사학자 벤저민 틸먼Benjamin Tilghman에 따르면, 이 페이지는 텍스트의 얽힘과 그 시각적 형태를 통해 독자가 두 구절을 더 복잡하게 해석하고 이해할 수 있도록 디자인되었다.

틸먼이 이 사본의 채식彩飾을 해독하면서 지적했듯이, 기독교인들은 간혹 그리스도의 옷과 성경의 다른 부분에 나오는 직물, 즉 〈출애굽기〉 26장 1절에서 청색과 자주색과 주홍색으로 묘사한 성막의 휘장을 연관시켰다. 그들이 이렇게 한 이유는 휘장 자체가 종종 그리스도의 몸을 상징한다고 해석되었고, 아울러 (복음서 내용에 따르면) 그리스도가 고문당하고 처형될 때 그 옷과 휘장이 동시에 찢어졌기 때문이다. 그런 이유로 이 페이지는 자주색 바탕에 주홍색 글자와 청색으로 화려하게 장식되었다.

대칭을 이루는 두 황금색 프레임의 한가운데에 놓인 마름모, 또는 다이아몬드 모양의 장식도 내용과 디자인의 연관성을 강화한다. 이 장식은 당시 화가들이 휘장을 그릴 때 가끔 사용하던 자주색과 주홍색 패턴으로 채워져 있다. 마름모꼴 자체는 그리스도의 후광이나 방대한 우주를 상징하는 동시에, 그가 인간 세상의 균열을 초월할 수 있는 존재임을 강조했다.

그 위아래에서 역시 완벽하게 대칭을 이루는 직사각형 장식 네 개는 그리스도의 나뉜 옷(로마 병사들은 그리스도의 옷을 네 깃으로 나누어 가졌다—옮긴이)을, 무엇보다 사방으로 퍼져나갈 교회를 상징했다. 자세히 보면 그리스도 자신도 사방으로 나뉘어 있음을 알 수 있다. 자주색 옷을 걸친 채, 머리는 오른쪽 위에, 발은 왼쪽 아래에 있다. 그는 분할되어 있지만 죽지 않았다.[12]

이처럼 한 페이지에 모두 담기에는 그 내용이 매우 많다. 하지만 이미지는 지름길이 아니어야 했다. 오히려 독자가 까다롭지만 매혹적인 퍼즐을 깊이 파고들도록, 또 책을 다시 보지 않더라도 떠올릴 수 있는 아이디어를 풍부하게 형성하도록 격려해야 했다.

아울러 이미지는 수도자들이 기억을 **정리해** 새로운 것을 배우도록 도와주었다. 《켈스의 서》를 만든 사람들은 이미지를 이용해 여러 아이디어를 연결할 수 있다면, 묶음별로 분류할 수도 있겠다고 생각했다. 고대와 중세의 수도원 이론가들은 기억을 단위(또는 '덩어리')로 나눌 때 되살리기가 훨씬 쉽다는 사실을 알고 있었다. 그래서 수도자들은 아이디어를 하나로 모으기 위해서뿐 아니라 구별 짓기 위해서도 이미지를 활용했다. 같은 이유로 다른 사람들이 머릿속에 떠올려볼 수 있도록 이미지를 묘사하기도 했다.

승천의 사다리와 여섯 날개 달린 천사

예를 들어 수도자들은 사다리를 즐겨 그렸다. 사다리의 가로대는 점점 더 높아지고 어려워지는 윤리적 선택을 나타냈다. 일부 수도 규칙은 12개의 가로대에 12단계의 겸손한 행동을 부여하는 식으로 겸손을 설명했다. 더 나아가 600년대에 시나이의 한 수도원장은 《신성한 승천의 사다리The Ladder of Divine Ascent》를 썼다. 이 책이 동지중해 일대에서 큰 인기를 끌자 저자인 요한 클리마쿠스는 '사다리 요한John of the Ladder'이라는 별명까지 얻었다. 이 작품은 격언과 성스러운 이미지, 재치 있는 은유로 가득했다. 일종의 수행 안내서로서 책은 30단계의 수행법을 사다리의 가로대에 빗대어 제시했는데, 독자가 세부 지침을 읽어나가며 마음의 눈으로 수행의 전체 체계를 이해하도록 한 점이 특징이었다.[13]

12세기부터 학자와 교사들은 비슷한 용도로 쓸 수 있는 이미지, 특히 나무와 천사에 열광했다. 나무와 천사는 약 700년 전 네스테로스가 그의 정신적 방주에 놓을 때부터 기억과 연관되었다. 역사학자들은 중세 절정기에 고등교육이 보편화되며 정보가 넘쳐난 탓에 저런 이미지들이 더 매력적으로 보였을 거라고 설명한다. 그런 이미지는 대학생과 학자들이 방대한 자료를 분석하고 전략적으로 저장하는 데 유용했다. 천사의 기본 도안은 〈이사야〉 6장 1절과 2절의 내용, 즉 예언자가 본 여섯 날개를 한 세라핌seraphim(구품천사 중 가장 높은 등급의 천사로, 세 쌍의 날개가 특징이다—옮긴이)의 환상에서 유래되었다. (한 학자가 그 환상을 묘사한바) "감각 활성화의 완벽한 이 사례"는 수도자들의 기억 속에 굳건히 자리 잡았다. 천사는 유기적 구조의 재현이기도 했다. 천사의 여섯 날개에는 각각 특정한 개수(흔히 다섯 개에서 일곱 개 사이)의 깃털이 달려 있었는데, 깃털마다 더 세부적인 특징이 부여되기도 했다. 이 도안을 널리 알린 문헌 중 하나인 《여섯 날개The Six Wings》는 1100년대에 랜서니의 클레멘트Clement of Llanthony라는 영국 수도자가 쓴 것으로 추정된다. 이 책에서 천사의 날개들은 각각 고백, 참

† 여섯 날개를 한 천사 도안 중 가장 오래된 것으로, 클레멘트가 쓴 《여섯 날개》 사본에 나온다. 날개와 깃털을 보면 각각의 주제를 담고 있어 기억을 돕는다. 일부 날개가 땋아져 있다는 사실은, 독자가 머릿속 형상에 생기를 불어넣고 날개를 펼쳐 주제와 하위 주제의 순서를 옳게 정렬해야 함을 암시한다. 땋은 날개는 여러 주제를 서로 연결하는 역할도 했을 것이다.

회, 육신의 정화, 마음의 순결, 이웃에 대한 사랑, 하나님에 대한 사랑 등 영적 정화를 위한 수행과 연결되었다. 자연스레 각 날개에 달린 깃털은 그 하위 주제를 할당받았다. 가령 육신의 정화와 관련된 날개의 경우, 깃털은 오감의 억제를 상징했다.

다른 형태의 지식과 해석을 나타내려고 이 도안을 만지작거린 사람들도 있었다. 연상 도구로서 천사는 주체가 아니라 발판이었다. 천사 도안이 기억 속에 자리 잡으면, 그것으로 전달하고 싶은 주제와 하위 주제를 더 깊이 분석해 들어갈 수 있었다. 설교자들은 이 방법이 설교를 짜는 데 특히 유용하다고 생각했다. 요점의 순서를 정하는 데 도움이 되었고, 설교 도중에 깃털 하나를 잊더라도 당황하지 않고 바로 다음 깃털로 넘어갈 수 있었다. 그들은 심지어 설교 중에 천사를 직접적으로 묘사하기도 했다. 그 덕분에 청중도 동일한 도안으로 설교를 기억 속에 새길 수 있었다.[14]

이러한 도안들은 책에서 어쩌다 한 번씩 그려졌을 뿐이다. 그 대칭 구조는 머릿속에서 형상을 구성해본 사람이라면 완성된 도안에 의존하지 않고도 쉽게 떠올릴 만했다. 중세 절정기에 사용된 모든 연상 기호도 마찬가지였으며, 수도자들에게 적극적으로 기억을 형성하라고 강조했던 수 세기 전에도 마찬가지였다.[15]

현대에도 유효한 중세 천년의 몰입법, 명상

고대와 중세의 암기법이 다 사라진 것 같지만, 실은 오늘날 경쟁적이고 실용적인 용도로 부활했다. 예를 들어 저널리스트 조슈아 포어Joshua Foer는 '암기의 달인'으로 불리는 사람들에 대한 글을 썼는데, 그중 한 명인 에드 쿡Ed Cooke은 고대와 현대의 연상법을 혼합한 언어 학습 플랫폼인 멤라이즈Memrise를 공동 설립했다.[16] 그런데 현대에 개발된 대부분의 유사 시스템은 기계적 반복 암기에 초점을 맞추는 편이라 고대와 중세의 수도자들이 추구했던 방법과는 전혀 다르다. 수도자들은 저장한 기억으로 무엇을 할지에 관심이 더 많았다. 그들은 단순 암기에 별로 매력을 느끼지 못했을 뿐, 그것이 얼마나 효과적인지는 이미 알고 있었다. 다만 기억을 명상에 활용하는 일에 진정으로 끌렸다.

그들은 이러한 수행을 명상이라는 뜻의 메디타티오*meditatio*, 또는 멜레테*melétê*라고 불렀다. 메디타티오는 단순히 평온하거나 흘려보내는 상태가 아니었다. 오히려 운동과 비슷한 상태로, 수도자들이 즐겨 사용한 집중의 은유와 일치했다. 명상에 들어간 마음은 준비운동을 시작으로 뛰어오르고 내뻗치고 매달려야 했다. 꽃을 꺾거나 약을 짓거나 폐품으로 뭔가를 만들어내는 것처럼 인지적 연결을 이뤄냈다. 수도자들은 책을 읽으면서, 또는 책 내용을 떠올리면서 명상할 수 있었다. 메디타티오의 가장 기본적 의미는 암기였다. 하지만 좀 더 발전된 메디타티오는 아이디어들을 연결하고 그 과정에서 새로운 것을 '기억하는' 활동이었다.[17]

다양한 전통의 명상을 비교한 학자들은 그것이 어떤 형태이든 내적 변화를 추구하는 집중과 연결 지어 설명할 수 있다고 주장한다. 그들은 또 명상의 다양한 형태에 주목한다. 중세 초기 중국의 불교 승려들은 영적 성취에 대한 증표로서 장엄한 환상을 마주하고자 명상했다. 이와 대조적으로 서양의 기독교 수도자들은 구조화된 분석 방식으로서 명상을 이해했다. 그들에게 명상은 오늘날 학자들이 지시 기법directive technique과 주제 구조thematic structure라고 부르는 것들을 독특하게 조합하는 활동이었다. 이러한 명상은 목적적이고 집중적이며, 연상처럼 작용했다.[18] 어떤 개념을 명상하기 위해, 즉 그것이 무엇인지, 또는 무엇을 의미하는지 생각하기 위해, 수도자들은 관련 자료를 찾고자 자신의 기억을 더듬었다. 그런 다음 연상을 바탕으로 다른 기억을, 또 다른 기억을 더듬었다. 그렇게 기억 덩어리를 점점 더 키우면 편협한 시각이 아니라 훨씬 더 폭넓은 관점에서 판단할 수 있었다. 한마디로 탐구적이고 탐색적인 사고방식이었다. 이처럼 명상에는 기도와 비슷해지면서 발견하고 창조하는 행위까지 포함되었다. 그것은 하나님과 가까워지는 수단이기도 했는데, 세상을 더 깊이 생각하는 일은 결국 하나님이 끊임없이 보내는 신호를 해독하는 일이었기 때문이다. 그것은 또 마음을 목적 없이 방황하도록 내버려두지 않으면서도, 활기차게 움직이게 하려는 전략이기도 했다.

상호 참조와 조합의 기술

수도원 문헌에는 명상이 어떤 모습이어야 하는지 알려주는 내용이 많다. 수도자들의 글이 애초에 기억 형성을 이끄는 명상적 구조를 유지하기 때문이다. 가령 6세기나 7세기에 작성된 《사부의 수도 규칙Rule of Master》 서문도 그러하다. 익명의 저자는 서문에서 이 책이 왜 잣대measuring stick, 자ruler, 규칙rule을 뜻하는 레굴라*regula*라고 불리는지 설명한다. 이 용어는 저자에게 명상의 출발점이 되었는데, 특히 사도 바울의 편지 중 한 구절을 상기하도록 자극했다. 바울은 고린도Korinthos 시민들에게 자신은 자기만족에 빠진 지도자가 아니라고 설명하면서, 자신감은 "하나님이 우리를 판단하는 measure 규칙[regula]을 척도measure 삼아" 제한되어야 한다고 주장했다. 한 단어가 지닌 두 가지 다른 뜻 사이의 연결 고리에 대한 첫 번째 명상에서, 저자는 '사부master'의 호칭을 빌려 자신의 규칙을 정의하기 시작한다. 이로써 그는 자신이 바울처럼 하나님에게 영혼 구원을 위임받은 대리인이자 사부라고 주장한다. (바울이 흔히 불리던 명칭인) '사도'에 대한 존중도 이 규칙서의 지침이 바울의 선례에 근거하고 있음을 시사한다.[19]

저자가 규칙을 어떻게 적용할지 고심하는 동안에도 명상은 계속된다. 저자는 서로 연결된 용어와 어원으로 한데 묶인 성경 구절들로 서문을 마무리함으로써, 규칙이 결국 두려움과 사랑의 결합으로 이루어진다고 결론짓는다.

> 사도가 "너희는 그들을 매로 다스려야*reges*(이 말은 regula와 같은 뿌리에서 나왔다) 한다"라고 했는데, 이 말은 두려움으로 다스려야 한다는 뜻이다. 사도가 말했듯이 "너희는 무엇을 원하느냐? 내가 너희에게 매를 들고 나아가랴, 아니면 긍휼한 마음

으로 나아가랴?" 사도가 또 말했듯이 "주님 왕국의 홀*virga regni tui*(regni의 표준형으로 왕국을 뜻하는 regnum도 regula와 같은 뿌리에서 나왔다)은 공정의 막대기*virga*니라. 그 왕국에서 주님은 정의를 사랑하고 불의를 미워하시느니라." 주님이 말씀하셨듯이 "나는 매로 그들의 불의를 다스릴 것이다."[20]

오늘날 독자가 《사부의 수도 규칙》을 읽는다면, 수도원 문헌의 특징인 장황하게 인용된 성경 구절들을 건너뛰고 싶을 수도 있다. 역사적으로 독특한 부분이라기보단 성경에서 파생된 부분이기 때문이다. 하지만 모든 명상과 온갖 종류의 성경 구절에는 저자의 의도가 포함되어 있다. 이 특별한 묶음은 찾아보기나 단어 검색 프로그램의 도움 없이도 공통된 요소들(매, 규칙, 정의)이 언급된 구절들을 퍼뜩 떠오르게 한다. 주석가 가운데 일부는 진작부터 이런 구절들을 묶어왔는데, 이러한 묶음은 더욱 새로운 결과를 만들어냈다. 즉 성경의 모티프와 그 모티프에 대한 전통적 해석을 결합해, 수도 규칙서 자체를 권위적이고 사도적이며 교육적이고 규율적인 것으로, 또 공정하고 신성한 것으로 제시했다.[21]

이처럼 온갖 구절을 묶어 메시지를 전달하다 보니, 그 문맥과 규범에서 멀어진 오늘날의 독자들보단 수도원 제도 안에서 치열하게 살았던 과거의 독자들에게 더 적합할 수밖에 없다. 다만 《사부의 수도 규칙》의 어떤 구절을 명상하든, 또는 아예 다른 책을 읽으며 명상하든 수도자들도 아이디어 사이에서 벌어지는 복잡한 상호작용을 이해하려면 속도를 늦출 필요가 있었다. 721년경에 비드가 남긴 기록에 따르면, 수도자 한 쌍이 〈요한복음〉을 하루에 한 콰이어quire(24~25매. 요즘 단위로 16쪽)씩 읽었는데 둘 중 한 명이 죽어가고 있어서 일주일 내로 끝내야 했기 때문이다! 그런 식으로 기한이 촉박할 때만 명상 과정 없이 쭉 읽어 내려갔다.

하지만 명상에는 함정이 있었다. 여유를 갖고 수행한 수도자들도 도중에 산만함에 빠질 수 있었다. 대부분의 경전이 상호 참조와 조합을 무한대로 확장할 수 있는 심오한 말뭉치였기 때문이다. 수도자는 명상을 통해 켜켜이 숨겨진 세상을 폭넓게 탐색할 수도, 무한한 가능성에 압도당할 수도 있었다. 그래서 7세기 후반에 셰몬 디에부타는 "마음의 눈이 뜨인다면, 단어마다 책 한 권을 보게 될 것이다"라고 말했다. 또한 명상은 너무나 소모적이라 종종 수도자들이 훨씬 더 중요한 일에 집중하지 못하게 했다. 일부 비평가는 수도자들이 개념적으로 시공간을 헤매지 말고 직접적으로 면밀히 조사해야 한다고 지적했다.[22]

방황함으로써 명상하기

어쨌든 명상은 수도 생활에만 국한되지 않았다. 어떤 주제든 이런 형태의 독서와 사고의 대상이 될 수 있었다. 온 우주가 명상의 무대였다. 7세기나 8세기 초에 맘즈버리의 올드헬름Aldhelm of Malmesbury 수도원장이 쓴 《수수께끼*Aenigmata*》 문집의 전제가 바로 그러했다. 올드헬름은 책의 구절들을 일련의 퍼즐로 구성했는데,

거품이나 타조, 베개, 별자리 등 우주의 다양한 구성 요소가 원래의 속성을 벗어난 더 복잡한 방식으로 묘사되었다. 인문학자인 에리카 위버Erica Weaver가 지적했듯이, 이런 "해석적 스타일"은 독자의 관심을 높이는 데 일조했다. 《수수께끼》는 난해한 어휘, 말장난, 관점의 변화를 통해 이리저리 "방황하게 하면서" 독자를 어렵고도 놀라운 명상으로 끌어들였다.[23]

중세 초기의 가장 포괄적인 작품 중 하나인 라바누스 마우루스Hrabanus Maurus의 《사물의 본성Natures of Things》도 비슷한 원리를 따랐다. 이 책의 분량은 약 25만 단어로, 성경에 등장하는 인물들, 지구의 물리적 특징과 생명체들, 천문학, (역사 기록, 스포츠, 공예, 도시 디자인, 가정 공간 등을 포함한) 인류학을 총망라한 백과사전이었다. 동시에 이 모든 현상의 내적 의미에 대한 안내서이기도 했다. 라바누스의 명상은 독자들이 온 우주를 하나로 연결하는 신성한 논리를 명상하고 집중하도록 도왔다.

라바누스는 《사물의 본성》을 쓰기 위해 수많은 다른 책을 참고했다. 중세 작가들은 흔히 책을 읽으며 양피지 조각에 메모했지만, 때로는 자신의 기억에 의존해 내용을 정리하기도 했다. 라바누스도 처음 펜을 들었을 때 독서와 명상으로 얻은 수십 년 치의 기억을 떠올렸다. 그는 60대에 이 책을 쓰기 시작했는데, 풀다수도원에서 거의 평생을 보낸 직후였다. 라바누스가 842년에 떠날 때까지 이곳의 도서관은 유럽에서 최고로 꼽혔다. 하지만 《사물의 본성》은 단순히 라바누스 개인의 명상 수행서가 아니었다. 독자들의 명상을 돕는 인지적 도약대였다.[24]

이 책이 현대 독자들에게도 같은 역할을 할지는 알 수 없다. 우리는 배배 꼬인 구절들에 집중하기 어려울 것이다. 하지만 라바누스와 같은 문화를 공유했던 수도자들에게, 즉 같은 텍스트와 이야기를 공유하고 또 같은 방식으로 읽고 기억했던 수도자들에게 명상은 책에 대한 몰입을 강화해주었다. 그들은《사물의 본성》을 혼란스러운 콜라주가 아니라 익숙한 텍스트와 주제로 구성된 만화경으로 경험했을 것이다. 물론 다른 명상과 마찬가지로 탐색하는 도중에 주의가 흐트러질 위험이 늘 존재했다. 하지만 라바누스의 경우를 비롯한 모든 명상은 두서없이 진행되는 것 같아도, 실은 방대한 정보의 세계로 들어갈 현명한 길을, 적절히 훈련받으면 누구나 쉽게 따라갈 수 있는 길을 개척하는 과정이었다.

예를 들어 라바누스가 가축화된 돼지에 대해 언급한 내용을 자세히 살펴보면, 우리는 그가 언어적·개념적 유사성을 통해 연결 고리를 만들어냈다는 사실을 알 수 있다. 텍스트와 기억을 겹치고 의미를 대조하면서, 라바누스는 독자들이 모든 것을 관통하는 신성한 의사소통에 집중하도록 이끌었다.

> 암퇘지*sus*는 목초지를 파헤치기*subigat* 때문에 그렇게 불린다. 다시 말해 암퇘지는 땅을 마구 파헤쳐서 먹이를 찾는다. 수퇘지*verres*는 힘*vires*이 세기 때문에 그렇게 불린다. 돼지*porcus*는 쓰레기를 뒤지고 진창에서 뒹굴며 진흙을 잔뜩 묻히기 때문에 더럽다*spurcus*는 뜻의 이름이 붙었다. 호레이스는 "그래서 암퇘지는 진흙의 친구다"라고 말한다. 우리가 쓰는 오물*spurcitiam*과

사생아*spurios*라는 말도 이 단어에서 유래했다. (…)[25]

암퇘지들*sues*은 죄인을 뜻하고, 부정한 자와 이단자를 뜻하기도 한다. 그들은 발굽이 갈라져 있고 새김질*ruminant*, 즉 반추하지 않기 때문에 충실한 신도라면 그들의 고기*carnes*를 만지지 말라고 율법에 나와 있다. 그런 자들은 율법과 복음을 받아들일 순 있지만, 영적인 양식을 반추하지*ruminant* 않기 때문에 부정한 사람들이다. 게다가 그들은 회개하는 데 소홀한 사람들이며, 앞서 한탄했던 일로 되돌아가는 사람들이다. 그런 자들에 대해 베드로는 편지에서 이렇게 썼다. "개는 구토한 곳으로 돌아가고, 깨끗이 씻긴 돼지는 진흙탕에서 다시 뒹군다."[26]

개는 구토로 자기 배를 짓누르던 음식을 토해낸다. 그런데 구토한 곳으로 돌아가, 방금 게워낸 음식을 다시 배 속에 채워 넣는다. 자기 잘못을 한탄했던 사람도 이와 같다. 고백을 통해 그동안 자신이 게걸스레 먹어 배를 짓누르던 정신적 사악함을 다 토해내지만, 나중에 그 사악함으로 돌아가 또다시 허겁지겁 먹는다. 암퇘지는 깨끗이 씻고자 진흙탕에서 뒹굴지만 훨씬 더 지저분해진다*sordidior*. 자기 잘못을 한탄하면서도 그 짓을 멈추지 않는 사람은 더 심각한 죄책감에 시달리게 된다. 눈물을 흘림으로써 얻을 수 있었던 바로 그 용서를 거부한 꼴이다. 그 사람은 흙탕물 속에서 뒹구는 것과 같다. 눈물로써 삶의 깨끗함을 계속 갈구하지만, 하나님이 보기엔 바로 그 눈물을 더럽히는*sordidas* 꼴이다.[27]

'돼지들*porci*'은 또 불결하고 퇴폐적인 인간을 뜻하기도 한다.

복음서에 "우리를 쫓아내시려면, 돼지 떼에게 들여보내주소서"라고 나와 있다. 그리고 이 지점에선 "네 진주를 돼지*porcos* 앞에 던지지 마라"라고 나와 있다. '돼지'는 또 부정한 사람의 영혼을 뜻한다. 복음서에 "그래서 그가 그를 자기 농장으로 보내 돼지를 치게 했다"라고 나와 있다. '돼지'는 또 죄인과 부정한 자들을 뜻하는데, 〈시편〉에 이렇게 쓰여 있다. "그들의 배는 당신의 숨겨진 창고에서 취한 것들로 채워져 있다. 그들은 돼지고기*porcina*로 가득 차 있고, 나머지를 자기네 자식들에게 남겨주었다*relinquentur*." 여기서 〈시편〉의 화자는 유대인들이 '숨겨진 창고'에서 취한 부정한 것들, 즉 주님이 금하셨다고 알려진 것들로 가득 차 있다고 말한다. '돼지고기'는 오염된 것을 나타낸다. 구약의 규칙에서 돼지고기는 부정하다고 지정되어 있기 때문이다. 하지만 죄인들은 또 "그의 피가 우리와 우리 자식들에게 임하소서"라고 외칠 때 자식들에게 다른 잔여물*reliquias*도 물려주었다. 솔로몬의 '암퇘지*sus*'는 또 제멋대로 사는 죄인을 뜻한다. "암퇘지 코에 걸린 금 고리는 아름답지만 어리석은 여인과 같다." '암퇘지'는 또 육신*carnalium*의 불결한 생각*sordidae*을 뜻한다. 비뚤어진 행동은 바로 그런 생각에서 비롯된다. 이사야는 이렇게 말한다. "돼지의 살코기*carnem suillam*를 먹는 사람들은 불경한 국물을 자기네 그릇에 담는다."[28]

이 명상은 독창적인 동시에 독창적이지 않다. 라바누스는 4세기에서 8세기까지 북아프리카, 이탈리아, 스페인, 갈리아, 영국에서 작성된 여러 주석을 바탕으로 《사물의 본성》을 썼다. 엄밀히 따지면 그의 부채는 훨씬 더 컸다. 그가 인용한 출처는 죄다 또 다른 출처를 인용한 것이었기 때문이다. 중세 초기의 주석은 이런 식으로 권위자를 언급하는 게 무척 중요했다. 그 권위자도 성스러운 텍스트를 이해하고자 또 다른 권위자에게 의존했다. 여러 수도원 작가가 지적했듯이 성경을 자기 관점에 맞춰 왜곡할 수는 없었다.[29] 다만 전통적 해석에 대한 개인의 견해를 제시할 수는 있었다. 라바누스를 비롯한 주석가들이 대부분 그렇게 했다.

예를 들어 라바누스는 〈시편〉 16장에 나오는 돼지고기 섭취자들과 〈마태복음〉 27장에 나오는 본디오 빌라도의 대담자들을 언급하면서 유대인이 자손에게 죄 많은 유산을 물려주었다고 (카시오도루스를 인용하며) 암시했다. 이로써 그가 인용한 출처에선 별로 강조하지 않았던 반유대주의적 논쟁을 명상케 했다. 중세 초기까지만 해도 기독교 주석가들은 자기네 신앙만이 구원에 이르는 참된 길이라고 주장하고자 구약을 면밀히 검토해 유대인이 하나님을 제대로 섬기지 못했다는 증거를 찾곤 했다. 하지만 《사물의 본성》을 집필할 840년대에 라바누스는 눈에 띄게 온건한 목소리를 냈다. 그리고 풀다수도원의 후원자이자 서유럽과 중부 유럽의 통치자였던 카롤링거왕조의 황제들은 자기 백성을 이스라엘 사람들처럼 선택받은 민족으로 규정했다. 그래서 유대인 신하들을 편애하고 유대인 장교를 고용하는 등 유대인들을 대놓고 지원했다. 유대인과 기독교인이 서로 엄격하게 분리된 삶을 살아야 한다는 격렬한 반발을 꺾고자 특히 그렇게 했다. 라바누스도 유대인 역사가인 요세푸스Josephus의 글을 읽고 인용했다는 이유로 그리고 유대인 주석가에 대한 관심이 크다는 이유로 비난받았다.[30]

개인적 통찰을 돕는 집단적 노력

아울러 돼지에 관한 명상은 하찮아 보이는 미물도 여러 방식으로 해석될 수 있다는 것을 보여주겠다는 라바누스의 핵심 목표를 잘 반영한다. 책을 비롯해 그의 주변을 가득 채운 것들은 단순한 상징이 아니었다. 돼지도 마찬가지였다. 그것들은 자유자재로 변신했다. 그렇기에 유연한 방식으로 조사해야 했다. 물론 그의 명상에는 은유가 섞여 있었다. 오늘날 기준으로 보면 그가 제시한 단어의 어원들은 엉터리다. 생물학, 역사학, 신학을 표본으로 삼았지만, 그중 어느 것도 포괄적으로 다루지 못했다. 하지만 라바누스의 방대한 텍스트는 하나의, 아니 일련의 출발점이었다. 어떤 주제든 더 깊이 탐구할 게 있었다. 라바누스는 돼지에 관한 명상을 전부 다루지도 않았다. 가자의 은수자들인 바르사누피우스와 에우티미우스는 이미 3세기 전에 서신을 주고받으며 돼지에 관한 성경 구절 중 일부를 전혀 다른 발췌문과 결합함으로써, 원치 않는 생각이 튀어나오는 문제를 해결할 명상에 도달했다.[31]

우주는 너무나 방대해 어떤 텍스트나 명상으로도 요약할 수 없으며, 어떤 논리적 질서도 절대적일 수 없었다. 고대 후기와 중세 초기의 사상가들은 그 점을 잘 알고 있었다. 메디타티오의 분석 방식은 단언컨대 주관적이었다. 분석가가 도달한 통찰은 자신이 선택한 인지 경로를 따라 형성되었다.[32]

한편 명상은 집단적 노력이기도 했다. 우리가 나눠 써야 하는 자원과 우리가 던지는 질문은 항상 주변 세상에 있는 것들에서 영향받기 때문이다. 집단적으로 사고하는 일이 흔한 수도원에서는 특히 그랬다. 예를 들어 제르트루드는 어머니인 이타Itta와 함께 니벨Nivelles수도원을 설립하고 수녀원장을 맡았는데, 경전의 거의 모든 부분과 어려운 주석까지 다 암기했다. 성인전 작가에 따르면, 그는 자신이 배운 모든 걸 수도자들에게 전달하고자 그렇게 했다고 한다. 그런데 수도원 지도자가 일괄적으로 경전에 관해 묻고 가르치는 경우가 아니더라도, 많은 수도자가 자기들끼리 질문하고 답하면서 생각을 나눴다.

수도자들이 이런 모임에서 나눴던 대화는 간혹 글로 기록되어 오늘날까지 전해진다. 카시아누스와 게르마누스가 이집트 멘토들에게 상담했던 내용이 대표적인 예다. 그리고 카시아누스의 친구인 리옹의 에우케리우스Eucherius of Lyon는 성경 해석에 관한 대단히 영향력 있는 책을 두 권 썼는데, 수도자이자 주교로서 수년간 해왔던 논쟁이 그 책들에서 잘 드러난다. 그레고리우스의 중요한 〈욥기〉 논평도 기원이 비슷했다. 바실리우스가 4세기에 개발한 수도 규칙은 그의 공동체가 10년 넘게 제기한 질문에 대한 답이었다. 우리는 이러한 텍스트가 개별 저자의 결과물이라고 생각하지만, 사실 여기엔 여러 대담자의 생각과 기억이 담겨 있다. 이처럼 명상은 집단적 노력이었다. 집중의 과업은 개인적인 일 같지만, 세

상을 인식하고 평가하는 굉장히 사회적인 방식을 발전시켰다.[33]

마음이 원하는 것

궁극적으로 명상은 지속적인 집중 상태를 요구했다. 카이사리우스는 534년에 "마음속의 거룩한 명상을 결코 멈춰선 안 된다"라고 말했다. 육체가 일하든 쉬든, 정신은 하나님을 더 잘 이해하기 위해 수도 규칙서 등을 두루 기억하면서 지적 활동을 계속해야 했다. 2세기 후 테오필로스Theophilos라는 수도자는 실제로 그렇게 하고자 (지금의 이집트와 수단 국경 지대인) 누비아Nubia의 수도실을 개조했다. 수도실의 모든 벽이 코덱스 페이지처럼 보이도록 콥트어로 쓴 글과 그림을 직사각형의 틀에 끼워 벽마다 걸었다. 거기엔 복음서의 서두 구절, 〈니케아 신조Nicene creed〉, 성인들의 이름, 《아포프테그마타 파트룸》의 이야기, 신비한 텍스트 등이 포함되었다. 벽에 붙인 텍스트는 기억을, 장식은 집중을 이끌었다.[34]

테오필로스는 738년에 이 일을 마무리했다. 하지만 기억은 애초에 무한한 건축 공간이라 수도자는 책이나 청사진에 얽매이지 않고서도 그것을 끊임없이 개조하고 확장하며 기념비적인 성과를 거둘 수 있었다. 이러한 사고방식은 중세 초기의 수도원 제도를 벗어난 어느 수도 규칙서에서 절정에 달했다. 바로 생빅토르의 위그Hugh of Saint Victor가 1125년에서 1130년 사이에 쓴 《노아의 방주 제작에 관한 소책자Little Book about Constructing Noah's Ark》(이하 《소책자》)였다. 위그는 파리의 생빅토르교회에서 아우구스티누스가 제시한 지침에 따라 생활한 여러 성직자 중 한 명이었다. 어떤 면에서 생빅토르교회는 (위그와 동료 성직자들에게) 새로운 중세 세계의 선봉이었다. 도시 학교, 시민 참여, 학구적 신학 같은 문화가 도입되는 데 앞장섰기 때문이다. 동시에 생빅토르교회는 중세 초기의 수도원 제도를 계승했기 때문에 과거의 전통을 진지하게 받아들였다. 그런 점에서 위그의 책은 수도자들이 명상할 때 마음을 다스리는 법을 어떻게 배웠는지 보여주는 멋진 사례다.[35]

이 책에서 위그(또는 위그의 강의를 받아 적은 학생)는 노아의 방주를 자기 방식으로 구축함으로써 경전 해석이 어떠해야 하는지 알려준다. 위그는 자신의 복잡한 창조물을 생빅토르교회에 프레스코화로도 그렸을지 모르지만, 《소책자》는 그것이 벽 너머로 퍼져나갔다고 설명한다. 지금까지 남아 있는 여러 사본을 살펴보면 책에는 애당초 이미지가 들어 있지 않았다. 방주가 작은 크기의 책보다는 큰 크기의 건물 벽에 더 적합했기 때문이다. 어쨌든 방주는 기억 안에서 가장 잘 작동했을 것이다. 중세 독자들은 직접 벽을 칠하지 않으면서도 이 활동을 내면화할 준비가 되어 있었다.

위그가 방주를 선택한 이유는 노아의 이름이 '휴식'이나 '안식'을 뜻한다는 사실을 수도자들이 즐겨 언급했기 때문이다. 그들은 〈창세기〉에 나오는 노아의 방주를 일종의 수도원으로 해석했다. 둘 다 영적 차분함과 안정을 위한 피난처였다. 방주는 결국 수도자들의 집중을 위한 모델이자 은유였던 셈이다.[36]

《소책자》에서 가장 중요한 점은 모델을 제시했다는 것이다. 위그는 후대 독자들이 스스로 이미지를 구축할 수 있도록 자신의 예술적 과정을 처음부터 설명했다. 우선 정사각형 안에 그보다 살짝 작은 정사각형을 그린다. 그러면 작은 정사각형 주위로 테두리가 쳐진 것처럼 보일 것이다. 이후 작은 정사각형 안에 십자가를 그리되, 그 끝이 작은 정사각형의 테두리까지 뻗치게 한다. 그 십자가는 금색으로 칠한다. 이어서 작은 정사각형의 모서리와 십자가 사이에 생긴 공간도 칠한다. 위쪽의 두 공간은 불타오르는 붉은색이고, 아래쪽의 두 공간은 구름 같은 파란색이다. 이는 각각 이집트에서 탈출한 이스라엘 백성을 인도했던 불기둥과 구름기둥을 상징한다. 작은 정사각형과 그것을 둘러싸고 있는 큰 정사각형 사이에는 글자를 하나씩 쓴다. 위에는 시작을 뜻하는 알파A를 쓰고, 밑에는 끝을 뜻하는 오메가Ω를 쓴다. 오른쪽에는 카이X를 쓰고, 왼쪽에는 시그마Σ를 쓴다. 이 둘은 '그리스도*Χριστός*'의 첫 글자와 마지막 글자이며, 로마 숫자인 'X'(10)와 'C'(100)를 많이 닮았다. 이때 'X'는 십계명을 뜻하고, 'C'는 이방인들이 마침내 신앙을 받아들임으로써 이뤄지는 완벽함을 뜻한다. 그러고는 작은 정사각형의 테두리 선을 두 가지 다른 색으로 덧칠한다. 이때 테두리의 안쪽 선은 영생을 나타내는 녹색이고, 바깥쪽 선은 그리스도의 피를 나타내는 자주색이다. 그리고 이 모든 것의 중앙, 즉 십자가 안에 새끼양을 그려 넣는다. 이 양은 그리스도 자신이다. 시작과 끝이요, 신약과 구약이며, 십자가에 달린 희생양이다.

아직 작업은 끝나지 않았다. 이 모든 것을 더 큰 직사각형으로 둘러친다. 이것이 방주가 차지하는 공간이다. 그런 다음 중앙의 작은 정사각형을 평면에서 '끌어당겨' 높다란 기둥처럼 세운다. 이어서 방주의 지붕을 짓는데, 큰 직사각형의 네 모서리와 작은 정사각형의 녹색 및 자주색 테두리를 목재로 이어 붙인다. 측면에서 '바라보면' 이 구조물은 뾰족한 꼭대기가 잘려 나간 대신 양 한 마리가 있는 피라미드처럼 보인다. 이제 피라미드를 세 개 층으로 나누자. 그러면 방주의 기본 틀이 완성된다.[37]

작업은 시작 단계일 뿐이다. 이제 방주에는 더 많은 공사를 수행할 무한한 공간이 있다. 예를 들어 방주의 뱃머리에서 중앙 기둥을 지나 선미로 이어지는 지붕에 신성한 역사의 과정을 나타낸다고 해보자. 이를 위해 지붕 모서리에 성경의 인물들과 교황들의 아이콘을 일렬로 배치하고, 앞으로 다가올 역사를 위해 일부 공간을 남겨 두기로 한다. 이 과정에서 누구를 포함할지 그리고 그 계보를 방주의 기하학적 구조와 의미 있게 호응하도록 어떻게 구성할지 선택해야 한다. 공사의 모든 단계가 이런 식으로 이뤄진다. 서까래를 추가해 의미를 더할 수도 있다. 방주 측면을 여러 겹의 띠처럼 보이도록 알록달록하게 칠하고 그렇게 한 이유를 설명할 수도 있다. 세 개 층의 네 구석마다 사다리를 설치할 수도 있다. 열두 개의 사다리 중 일부에는 온갖 종류의 성경을 쌓아놓고, 나머지에는 특정 구절을 다양한 색으로 적어놓는다. 생명체의 여러 존재 상태state of being를 의인화해 사다리 위나 주변에 배치하는 것은 어떨까. 가령 무지는 항아리를 깨트리고, 명상은 깨진 조각을 줍고, 숙고는 그 조각을 다시 붙이는 모습으로 말이다. 방주의 선체에 이런저런 의미의 단어를 쓸 수도 있다. 또는 각 층이 어떻게 연결되어 있는지 따져보고, 층마다 외벽을 따라 작은 포드pod(유선형 공간—옮긴이)들을 붙여보자. 그리고 방주 안쪽에도 벽에 색을 칠해 또 다른 포드들을 나타낸다. 이때 각 포드는 (마치 대륙이나 나라처럼) 서로 다른 지리적 공간을 의미한다. 방주 전체가 세상으로 변화한 것이다. 마지막으로 지구를 상징하는 구체로 방주를 둘러싼 다음, 그 윤곽을 따라 사계절과 바람, 12궁도, 천국과 지옥을 상상해 배치한다. 그리고 하나님이 이 모든 것 위에 앉아 감싸고 있다.

이처럼 《소책자》는 연상과 명상의 최고 경지를 보여주었다. 위그는 공간 구성, 세분화, 감각 활성화라는 익숙한 전략을 사용했다. 흥미진진한 명상으로 새로운 기억을 만들어내는 게 그의 목적이었다. 일단 방주가 (벽에 그려진 프레스코화뿐 아니라) 마음속에도 그려지고 나면, 원할 때마다 실제 그림에서는 볼 수 없는 각도로 방주를 살피며 확대하거나 축소하거나 새로운 속성을 찾을 수 있었다. 또 그 과정에서 새로 발견한 특징에 대해 질문도 할 수 있었다. 위그가 다른 작품에서 썼듯이, 메디타티오는 "열린 공간에서 마구 뛰어다니는 것을 좋아한다."[38] 마음을 단련하는 가장 좋은 방법은 마음이 원하는 바를 맛보게 하는 것이었다.

"속히 나를 도우소서"

수도자들의 복잡한 명상과 그들이 구축한 드넓은 내면세계가 오늘날 우리에겐 무척 기이하게 보인다. 우리는 머릿속에 떠오른 키워드와 이미지, 직접 만든 파노라마를 훑어보며 집중하려 애쓰지 않는다. 그렇다고 해서 메디타티오를 별 볼 일 없는 일로 치부해선 안 된다. 나는 대학 신입생들을 대상으로 중세의 다양한 인지적 수행법을 가르쳐 새로운 생활에 잘 적응하도록 돕고 있다. 학생들이 가장 좋아하는 활동은 위그가 《소책자》에서 설명했던 명상이다. 그들은 수업에서 탐구할 가치가 있다고 생각하는 개념, 가령 유기화학의 한 부분이나 코딩이나 시를 선택하고 그것을 위한 가상의 건설 현장을 조성한다. 건축을 시작하려면, 그들은 한 조각이 다른 조각과 어떻게 연결되는지, 연관성이 강한지 약한지, 더 분석하고 구축할 게 있는지 등을 자문해야 한다. 이러한 활동은 기본적으로 수준 높은 학습에 해당하지만, 전혀 지루하거나 부담스럽지 않다. 신나는 모험처럼 학생들을 푹 빠져들게 한다. 그리고 시험 결과에서 증명되듯 기억도 잘된다.

하지만 수도원의 다른 기법처럼, 명상과 관련된 인지 활동도 위험할 수 있었다. 카시아누스는 5세기 초에 광범위한 명상이 경로를 벗어날 수 있다고 진단했다. 그러자 그의 스승 중 한 명인 이삭 사부가 간단한 해결책을 제시했다. 생각을 통제하려면 〈시편〉의 한 구절을 생명줄처럼 꽉 붙잡아야 한다는 것이었다.

"하나님, 나를 구원하소서. 주여, 속히 나를 도우소서."

이삭은 카시아누스와 게르마누스에게 주의가 산만해질 때마다 이 구절을 떠올리라고 조언했다. 더 나아가 일하고 여행하고 먹고 자고 화장실에 가는 동안에도 이 구절을 끊임없이 되새기면 좋다고 강조했다.[39]

이 구절은 수도자에게 하나님이 항상 도와줄 곳에 계신다는 것과 산만함을 견뎌내려면 하나님의 도움이 필요하다는 것을 상기해주었다. 따라서 끝없이 되새기면 잠재적인 산만함까지 모두 몰아낼 터였다. 하지만 카시아누스와 게르마누스는 이 방법이 원초적 문제까지 제거할 순 없다는 사실을 깨달았다. 그래서 "어떻게 하면 **그** 구절을 꽉 붙들 수 있습니까?"라고 물었다. 이삭은 이 질문에 실망했지만, 자신의 답변이 간접적 해결책이라는 사실을 인정할 수밖에 없었다. 〈시편〉의 구절을 꽉 붙들려면 그저 밤새워 기도하고 명상해야 했다!

고대 후기와 중세 초기의 명상 수행은 수도 생활이 그저 자기통제로만 그치지 않았다는 점을 여실히 보여준다. 물론 수도자들은 동료들의 기억 속에서 별 의미 없이 맴돌 만한 말을 내뱉지 말라고 요구받긴 했다. 파코미우스는 한 수도자가 포도 철이라고 말하는 소리를 들었을 때 다음과 같이 야단쳤다.

"무지한 사람들은 그대가 그 과일을 언급하는 소리를 듣게 되면, 먹고 싶어서 안달 날 것이오!"[40]

하지만 집중의 과업은 풍요로움과도 관련이 있었다. 파코미우스가 분노를 터뜨리고 50년쯤 흐른 뒤에 네스테로스가 지적했듯이, 존재하는 기억을 없애려 애쓰기보단 새로운 기억으로 채우기가 더 쉬웠다. 그리고 수도자들이 기존 기억을 바탕으로 개발한 일종의 공학 프로젝트는 그들이 명상에 얼마나 적극적이었는지 보여준다. 우주 만물과 그 안에 담긴 도덕적 풍경에는 신경 써야 할 복잡한 것들이 너무나 많았다. 그들은 더 나아가야 했다.

6장

마음:

생각을 생각하는
메타인지

집중의 단계가 심화할수록
수도자들은 가장 강력한 적,
즉 생각에 초점을 맞췄다.

생각은 언제 어디서 어떤 모습으로
튀어나올지 알 수 없었다.
그렇다고 생각 없이 살 수도 없었다.

따라서 중요한 건
생각을 관찰하고
분별하는 일이었다.
이로써 생각을 생각하는 일,
곧 메타인지가 탄생했다.

메타인지의 최고 경지에 오른 수도자들은
집중에 집중하는 일,
곧 몰입의 순간을 경험했다.

생각 속으로 깊이, 더 깊이 파고들면 수도자들은 마음의 가장 기이한 특징, 즉 어떤 정보를 처리하는 동시에 그 과정을 관찰하는 능력과 마주쳤다. 오늘날 우리는 이런 성찰성reflexivity을 수다스러운 간섭으로 생각할지 모르지만, 수도자들은 재능으로 여겼다. 그들에게 **생각에 관한** 생각은 산만함이 아니었다. 오히려 자아를 안정시키는 궁극적 방법이었다. 그래서 그들은 자기 머릿속으로 들어가기 위해 온갖 방법을 고안했다.

지금까지 살펴본 전략들, 즉 수도자들이 세상을 살아가기 위해 그리고 공동체, 몸, 책, 기억을 활용하기 위해 고안한 온갖 수행법은 집중된 마음을 중심으로 한 일련의 동심원과 같았다. 그런데 수도자들은 마음을 단련할 때조차 산만함에 빠지기 쉬웠다. 설상가상으로 잘 훈련된 수도자일수록 산만함을 제대로 인식하기가 점점 더 어려워졌다! 정신이 고도로 기능하는 상태에서 방해받으면, 방향이 잘못된 것인데도 순간의 통찰처럼 느껴졌다. 그레고리우스와 니네베의 이삭은 (6세기 말과 7세기 말에 저술한 책에서) 산만함과 계시는 대단히 비슷하다고 지적했다. 둘 다 술에 취한 듯 통제력을 상실한 느낌을 주었다. (그레고리우스가 말한) 인지적 “실수”나 (이삭이 말한) “말더듬증” 때문인지, 아니면 개념적으로 압도하는 현상을 갑자기 접했기 때문인지 구별하기 위해, 마음은 자기 자신을 철저히 조사해야 했다.[1]

이로써 메타인지는 고대 후기와 중세 초기의 수도자들에게 중요한 수행법이 되었다. 기법은 초급부터 고급까지 다양했다. 나스파르의 아브라함Abraham of Nathpar이 600년경에 말했듯 “수도자 내면의 숨겨진 존재가 아기처럼 자랐기” 때문이다.[2] 마음은 아기의 옹알이를 내면의 언어로 발전시켜, 이를 활용해 자신의 움직임을 능숙하게 관찰하고 산만한 요소를 제거해야 했다. 즉 점점 더 어려운 훈련을 통해 자기 생각을 관찰하고 평가하고 격려하고 확대해, 궁극적으로 (일시적이나마) 움직이지 않는 상태가 되어야 했다.

생각을 듣고 조사하고 살피는 일

수도자들은 무엇보다도 생각이 떠오를 때 그 생각을 관찰하는 습관을 길러야 했다. 바실리우스는 어른 수도자들에게 젊은 수도자들이 무슨 생각을 하는지 자주 물어보라고 했다. 그 문답 과정을 통해 젊은이들은 좋은 생각과 나쁜 생각을 구별하고 좋은 생각에 집중하고자 노력함으로써, 자연스럽게 자기 생각을 관찰할 수 있게 되었다. 500여 년이 지난 9세기와 10세기에 영국의 수도원 교육자들도 비슷하게 조언했다. 다만 방법이 조금 달라졌다. 그들은 젊은 수도자들에게 다양한 상황의 대화법을 연습해보도록 격려했다. 가령 교사와 산만한 학생 사이에 오간 대화를 읊어보는 것은 자신을 돌아보고 경계하는 데 도움이 되었다.[3]

이러한 인지 습관을 남들보다 더 진지하게 받아들인 이들이 있었다. 홍해와 페르시아만 주변의 수도자들은 한 사막 교부에 관한 이야기를 즐겨 했다. 그는 자기 생각을 날마다 추적하기 위해 바구니 두 개를 사용했는데, 좋은 생각이 떠오르면 오른쪽 바구니에 돌을 넣고 나쁜 생각이 떠오르면 왼쪽 바구니에 돌을 넣었다. 저녁때까지 나쁜 생각 쪽 바구니가 좋은 생각 쪽 바구니보다 많이 차면, 저녁 식사를 거르는 식으로 자신을 벌했다.[4]

그는 행동이 워낙 부지런하고 철저했기에 사람들의 이목을 끌었다. 하지만 대다수 수도자는 어른이 되어서도 그렇게 체계적이지 못했다. 자기 생각을 관찰해야 한다는 것과 그 이유를 자꾸 상기해줘야 했다. 셰누테는 수도자들이 하나님의 불시 방문을 예비하며 마음을 가다듬도록 촉구하고자 이렇게 말했다.

"하나님은 사람들이 사는 세상을 날마다 (그리고) 자주, (하지만) 항상, 은밀하게 돌아다니신다."

셰누테가 465년에 세상을 떠난 후, 제자 가운데 일부는 성인전을 쓰면서 그가 수도자들의 생각을 꿰뚫어 볼 수 있었다고 주장했다. 엄격한 수도원장에 대한 새로운 기억은 어쩌면 자기 감시를 더 철저히 하라는 자극제로 작용했을 것이다.[5]

다른 멘토들은 수도자들이 주도권을 잡았으면 하는 마음

에서 산만함을 추적하는 데 도움이 될 만한 기법을 고안했다. 6세기에 도로테우스는 수도자들에게 매일 일기를 쓰듯이 마음속으로 점검표를 작성하라고 권했다. '〈시편〉에 관심을 기울였던가?', '불순한 생각에 사로잡혔던가?', '신성한 독회에 귀를 기울였던가?', '찬양을 멈추고 교회당을 일찍 나섰던가?'

7세기 말에 셰몬 디에부타는 방법을 바꿔 생각이 일부러 방황하도록 내버려두라고 제안했다. 즉 들판에서 풀을 뜯는 가축처럼 놓아두다가 "갑자기 맹렬하게 달려들어 자기 마음이 무슨 생각을 하는지 차분히 듣고 조사하고 면밀히 살피도록 하라." 매복 공격에서 자신이 사업이나 여행 등 쓸데없는 생각에 빠져 있었다는 것이 드러나면, 훈련 강도를 높여야겠다고 다짐하라. 그래야 이후에는 신경 쓰지 않을 때조차 더 나은 생각을 하게 될 것이다![6]

알고리즘 이전 시대의 분별력

수도 생활에서 자기 생각을 관찰하는 일은 메타인지의 시작에 불과했다. 셰몬뿐 아니라 이란에서 아일랜드까지 수많은 수도자에게 가장 중요한 단어였던 '분별력'은 산만한 생각을 조사하고 출처를 파악하는 등의 탐정 활동을 가리키는 전문용어였다. 이는 생각이 다양한 경로로 마음에 들어온다는 이론을 널리 퍼트린 에바그리우스의 심리학과 관련이 있었다. 어떤 생각은 자아에서 비롯되었다. 하나님도 수도자의 마음에 생각을 보낼 수 있었다. 악마도 마찬가지였다. 얼핏 무작위로 떠오르는 생각들이 죄다 문제가 되진 않았다는 뜻이다. 좋은 생각도 있었고 나쁜 생각도 있었다. 그 차이를 구별하는 일은 수도자의 몫이었다.

에바그리우스는 수도자들이 악마에게서 비롯되었다고 판단한 생각에 맞서 싸우도록 《안티레티코스*Antirrhetikos*》를 썼다. 수도자들은 나쁜 생각에 맞섰던 영웅적 원로들의 이야기를 읽고, 또 행인들도 들을 수 있을 정도로 큰 소리로 읊었다. 하지만 이러한 투쟁은 수도자가 어떤 생각이 적대적이라는 사실을 감지해야만 시작될 수 있었다. 그 선제적 심사 과정이 바로 분별력의 활동 영역이었다. 《뉴욕 타임스》의 기술 전문 기자인 케빈 루스Kevin Roose는 인공지능과 자동화 시대에 인간이 번성하려면 "주의력 보호"와 "디지털 분별력", 즉 화면에서 쏟아져 나오는 정보들을 평가하는 능력이 핵심이라고 주장했다. 그런데 인간이 알고리즘과 로봇에 빠져들까 봐 걱정하기 훨씬 전인 1500년 전에도 주의력 보호와 분별력은 생존 기술로 분류되었다.[7]

분별력은 끊임없는 비판적 사고가 필요했기 때문에 고대 후기에도 발휘하기가 쉽지 않았다. 수도자들은 머릿속을 스치는 온갖 생각의 내용과 성격을 파악함으로써, 어떤 생각을 받아들이거나 거부할지 판단하는 데 필요한 맥락적 단서를 찾아야 했다.

금식에 대한 충동처럼 얼핏 고결한 생각을 예로 들어보자. 금식은 흔히 이롭긴 하지만 **항상** 좋기만 하진 않았다. 수도자가 부활절에 동료들과 함께 식사하지 않으려고 금식하겠다는 생각을 떠올렸다면, 그의 분별력은 그 생각이 부적절하다고 판단해야 했다. 또한 생각은 언제든 오해를 유발할 수 있으므로, 수도자들은 계속해서 자기 생각을 검토하라고 권유받았다. 도로테우스는 타와타수도원에서 의술을 베풀던 시절에 한 수도자가 수상한 생각에 빠져 자신의 지각마저 왜곡시키는 모습을 목격했다. 그는 실제로 일어나지도 않은 범죄를 동료들이 저질렀다고 생각했다. 카시아누스도 모세 사부에게서 한 수도자가 자기 아들을 죽이려 했다는 이야기를 들었다. 그 수도자는 하나님이 아브라함에게 이삭을 죽이라고 명령하셨듯 자기에게도 그렇게 명령하셨다고 생각했다. 요컨대 검토되지 않은 생각은 위험했다. 얼핏 봐선 유익하거나 악의 없는 생각도 신중하게 분석해야 했다.[8]

도로테우스는 분별력을 하나님의 선물이라고 말했다. 하나님이 인간을 창조할 때 신성한 씨앗이나 불꽃을 넣어 "영혼을 정화하고 선악을 분별할 수 있게" 했다는 것이다. 그렇다고 수도자들이 고독한 탐정처럼 다 알아서 하라는 뜻은 아니었다. 수도자들은 언제나 하나님에게 도움을 구할 수 있었다. 도로테우스와 동시대에 활동한 콜롬바누스는 **자신의** 수도자들에게 생각을 분별하려고 애쓸 때 하나님에게 도움을 청하라고 조언했다. 아울러 멘토에게도 조언을 구하라고 권했다. 수도자들이 수도원 지도자와 정기적으로 생각을 공유해야 했던 주된 이유 중 하나는, 분별력이 필요한 분석 과정에 지원이 필요했기 때문이다.

수도원 지도자들은 생각이 떠오른 바로 그 순간 분별하도록 돕는 일반적 원리를 제공하려 애썼다. 하지만 예외적 상황이 있음을 알았기에 그들의 조언은 양면성을 띠었다. 6세기에 수도 생활을 막 시작한 어느 수도자가 이 문제를 두고 바르사누피우스와 많은 편지를 주고받았다. 바르사누피우스는 어떤 생각이 믿을 만한지 판단하는 기법을 소개했다. 즉 어떤 것이 좋다고 생각했는데 바로 다음 순간 **그렇지 않다**는 생각이 들면, 기도하라. 기도 후에도 그 생각이 좋다고 판단된다면, 아마도 좋은 생각일 것이다. 하지만 수도자는 이 조언에 만족하지 못했다. 그래서 어떤 것이 좋다고 생각했는데, 그 생각을 판단할 다음 생각이 떠오르지 않으면 어떻게 되는지 또 물었다. 진짜로 좋아 보였던 생각이 실제론 나쁜 생각일 수 있지 않은가. 바르사누피우스는 그에게 명확한 답변을 주지 않았다. 아니, 줄 수 없었다. 그래서 수도자는 늘 하나님에게 (또는 다른 사람에게) 상담해야 했다.[9]

현대인들의 눈에는 바르사누피우스와 서신을 주고받았던 수도자가 강박적인 사람으로 보일지 모른다. 그러한 의심은 현대의 시뮬레이션 가설simulation hypothesis과 다르지 않다. 즉 악마가 우리를 현혹하는지에 관한 질문과 우리가 시뮬레이션 안에 살고 있는지에 관한 질문은, 우리가 알고 있다고 **생각하는** 것이 혹시라도 다른 존재에 의해 조작된 것은 아닌지 알아내고픈 갈망에서 모두 비롯된다.[10] 기술techno철학자들이 가상현실의 가능성은 사소한 문제가 아니라고 주장하듯이, 수도자들도 생각탐지thought-detection를 매우 진지하게 여겼다. 인식론적으로 의심스러운 산만함은 훨씬 더 치명적이었기 때문이다. 겉보기와 다른 무언가에 정신이 팔린다는 것은, 실제론 나쁘지만 좋아 보이는 무언가에 주의를 빼앗기는 꼴이었다.

따라서 수도자들은 확신에 이르려는 노력, 즉 하나님과 멘토와 자기 양심과의 삼각관계를 끝까지 유지해야 한다고 믿었다. 금식이나 독서나 사회화 같은 다른 형태의 기법들과 달리, 분별력은 과도하게 발휘하는 게 가능하다고 보지 않았다. 수도자가 한 가지 생각에 집착하거나 오랫동안 여러 생각에 사로잡히는 등 강박적 증상을 보인다면, 그것은 분별력이 과도했기 때문이 아니라 상황을 적절히 분별하지 못했기 때문이다. 수도자들은 지나친 분석의 결과로 무능력해지는 현상, 즉 '분석 마비paralysis by analysis'를 걱정하지 않았다.[11]

"그 생각이 나를 괴롭힌다"

수도자들이 볼 때 분별력 자체는 문제 될 게 없었다. 분별력이 문제를 **포착했기** 때문이다. 또는 신경과학자 개절리가 말했듯이, 분별력은 경비원bouncer처럼 작동했다. (물론 엄밀히 따져 개절리는 분별력보단 전두엽 피질의 실행 기능을 언급했다.) 이처럼 은유를 즐긴 전근대의 수도자들은 생각이 자력으로 재현될 수 있다고 믿었기에, 달갑지 않은 생각이 떠오르자마자 포착하고 막아내는 일이 특히 중요했다. 그렇지 않으면 그 나쁜 생각이 마음속에 "둥지를 틀거나" "싹을 틔울" 것이었다. 나쁜 생각은 또 좋은 생각의 씨앗을 죽이는 살충제(또는 페레올루스가 말했듯이 "인공 화합물")처럼 작용할 수 있었다. 그런 생각은 마음속에 오래 놔둘수록 뿌리 뽑기가 더 어려웠다. 정확한 분별력은 산만한 생각이 자리 잡고 전이되어 결국 실질적인 피해를 주지 않도록 방지해주었다.[12]

어떤 생각이 해로운 심리적 문제로 전이되지 않게 하려면 분별력이 빠르게 작동해야 했다. 9세기에 힐데마르는 《베네딕트 수도 규칙》을 논평하며, 아무리 사소하더라도 사악한 생각은 포착한 즉시 산산 조각내야 한다고 강조했다. 그렇지 않으면 점점 더 크고 강해져 없애는 데 엄청난 노력이 필요할 터였다. 도로테우스는 하찮게 보이는 생각일지라도 방치하면 심각한 도덕적 태만으로 이어질 수 있다고 지적했다. 그는 또 수도자가 분별력을 꾸준히 발휘하지 않으면 나중엔 전혀 발휘하지 못하리라고 경고했다. 즉 메타인지는 자주 쓰지 않으면 잃을 위험이 있었다.[13]

에바그리우스는 사악한 생각을 식별하는 행위 자체가 그 생각을 무장 해제시킨다고 주장했다. 수도자의 머릿속에 황금에 관한 생각이 불쑥 떠올랐다고 하자. 수도자는 이 생각에 주목해야 할 뿐 아니라 왜 이런 생각에 빠졌는지 자문해야 했다. 그의 주의를 흩트린 원인은 황금 자체였을까, 아니면 부를 축적하겠다는 충동이었을까. 수도자가 잡념의 원인을 추적해 탐욕을 지목했다면, 이는 곧 악마의 농간이라고 판단할 수 있었다. 탐욕이 인간과 하나님 모두에게 해롭다는 사실을 알고 있었기 때문이다. 이렇게 전모를 밝혀낸 순간, 수도자는 나쁜 생각에서 자유로워질 수 있었다. "세심하게 검토하면 생각은 스스로 파괴되어 사라진다. 이 사실을 명심하고 실천해 지성이 최고조에 이르면 악마는 스스로 물러날 것이다." 악마를 물리치고 그들의 사악한 생각이 스며들지 않게 하

려면, 수도자는 그런 생각을 드러내기만 하면 되었다.[14]

늘 자기 감시와 경계 상태에 있어야 한다는 점은 분명 소모적일 수 있었다. 하지만 이상하게도 수도자들을 위로했다. 분별력 덕분에 수도자들은 일단 생각을 감지하기만 하면 그것과 거리를 둘 수 있었다. 얼핏 스치는 생각이 사악하다고 해서 자신을 가혹하게 정죄할 필요가 없어진 것이었다. 그리스어권의 수도자들은 자기 생각을 주체로, 자기 자신을 객체로 말하는 습관이 있었다. "그 생각이 내게 들려주길", "그 생각이 내게 제안하길", "그 생각이 나를 괴롭힌다", "그 생각이 나를 엄습한다"와 같은 표현은 수도자가 마음속에 떠오르는 온갖 생각을 자기 자신과 동일시하지 않아도 됨을 나타냈다.

5세기에 아파메아의 요한John of Apamea도 헤시키우스Hesychius에게 비슷한 위로를 건넸다. 그는 "마음의 표면을 떠다니는" 나쁜 생각은 쉽사리 쓸어버릴 수 있다고 격려했다. 하나님은 깊이 개입한 일만 심판하니, 반복해서 떠오르는 생각은 적절히 처리한다면 문제 될 게 없다는 뜻이었다. 사막 교부인 포이멘은 산만함을 다스릴 방법과 관련해 수많은 은유를 생각해냈다. 한번은 정신이 혼란한 수도자에게 다음과 같이 조언했다.

"그런 생각이 들 때마다 '이건 내 문제가 아니다, 사탄아. 그런 불경스러운 언동은 너나 일삼도록 하라. 내 영혼은 그것을 원하지 않는다'라고 말하게. 당신의 영혼이 원하지 않는 것은 오래 머물지 않을 것이오."[15]

생각을 사유하는 작업은 기도로서 계속되어야 했다. 더 정확히 말하면, 수도자들은 기도가 잘 안 될 때 메타인지에 의존했다.

기도는 많이 할수록 좋았다. 《아포프테그마타 파트룸》에 등장하는 한 익명의 수도자는 "수도자가 기도를 위해 일어설 때만 기도한다면, 그런 수도자는 전혀 기도하지 않는 것이다"라고 꼬집었다. 기본적으로 기도는 주의를 기울이는 이상적인 상태였다. 찬양하거나 감사하거나 요구하는 등 하나님과 대화하는 모든 일이 기도였다. 마음을 신에게로 향한 채 소통하는 행위가 전부 기도였다. 따라서 수도자들은 꾸준한 기도가 잡념을 몰아내고 주의를 집중시킨다는 논리를 체화하려 끊임없이 애썼다. 하지만 자신의 기도를 돌아볼 때면 여전히 집중하는 데 힘들어하는 모습과 마주할 뿐이었다. 짜증도 나고 기운도 빠졌다. 요한 클리마쿠스가 지적했듯이 "악마는 산만함을 이용해 우리의 기도를 쓸모없게 만들려고 노력한다."[16]

기도 중에 자꾸 흔들리다 보니 수도자들은 산만함을 더욱 강하게 교화하려 들었다. 철학자이자 신학자인 오리게네스는 확실한 기준을 제시했다. (3세기에 활동했던 사람이라) 그의 연구는 후대에 비판받기도 했지만, 수도원 제도와 기독교 전반에 강력한 영향을 미쳤다. 사실 오리게네스는 산만함을 크게 걱정하지 않았다. 물론 그도 기독교인들이 기도할 때 잘 집중하지 못한다는 사실을 알고 있었다. 그래서 성관계를 떠올리지 않도록 침실에선 기도하지 말라고 조언했고, 일부 기독교인이 '벽을 바라보는 것보다 더 좋다'는 이유로 경치 좋은 곳에 시선을 두고 기도한다며 비난했다. 아울러 기도하는 사람은 누구나 온갖 잡념 탓에 하나님에게서 멀어지는 경험을 해봤을 거로 추측했다. 오리게네스의 해결책은 간단했다. 그는 기도에 시간을 할애할 가치가 있다고 기독교인들을 설득하는 데 애썼고, 그들이 기도에 진정한 노력을 기울인다면 능히 집중할 수 있다고 확신했다.

오리게네스의 견해는 당대 기독교의 테두리를 넘어설 정도로 상당히 인습적이었다. 일례로 알렉산드리아를 비롯한 여러 지역의 신플라톤주의자들은 오리게네스만큼 산만함의 위험에 동요하지 않았다. 플라톤주의자라고 자칭했던 이 철학자들은 모든 존재가 하나의 신성한 기원에서 비롯된다고 여겼고, 기도를 통해 그 유일한 신성에 어떻게든 도달하고자 노력했다. 성공적인 기도를 위해 누구는 의식을 강조하고 누구는 소통의 핵심인 영혼을 강조하는 등 의견이 분분했지만, 기도가 유일신divine unity과의 만남을 성공적으로 이끌 거라는 데는 이견이 없었다.[17]

하지만 오리게네스의 권고 이후 한 세기가 지났는데도 수도자들은 여전히 산만함에 시달린다는 사실에 크게 좌절했다. 집중과 기도를 인생 과제로 삼은 수도자들조차 산만함을 떨쳐내지 못했다! 그들은 오로지 선한 것을 사랑하는 마음으로 기도해야 한다고 생각했다. 즉 하나님을 사랑하기 때문에 하나님에게 집중하는 제 최선이라고 여겼다.[18] 하지만 대다수 수도자가 지원이 필요하다는 사실도 인정했다. 따라서 수도원 이론가들은 인간의 한계를 고려해 마음이 산만해지지 않도록 기도하는 데 도움이 될 만한 여러 상상력 훈련과 은유를 개발했다. 이번에도 수도자들은 일심단결을 위해 생각을 생각하는 반反직관적 활동을 동원했다.

기도에 집중하고자 고안한 가장 간단한 메타인지는 마음 속에 상상의 울타리를 치고 그 속에 온갖 생각을 가두는 것이었다. 이에 대해 7세기의 시리아 작가 사도나Sahdona는 "사방에 흩어져 있는 생각을 한군데로 모은다"라고 묘사했다. 이 방법은 주로 집중 전 준비 단계로 활용되었다. 셰몬 디에부타가 상상했듯이 생각을 목초지로 보낼 수 있다면, 울타리 안에 다시 가둘 수도 있을 것이었다. 요한도 똑같은 전략을 공유했다. 그는 알렉산드리아 근처의 어느 수도원을 방문했을 때 한 수도자가 기도에 굉장히 집중하는 모습을 목격했다. 그에게 어떻게 그리 집중할 수 있는지 설명해달라고 하자 이런 답이 돌아왔다.

"나는 기도를 시작할 때 습관적으로 내 생각과 마음과 영혼을 끌어모읍니다. 그런 다음 그것들을 상대로 '어서 그리스도와 우리의 왕과 하나님 앞에 엎드려 경배하자!'라고 소리칩니다."[19]

자아성찰과 자아망각

의도적인 목표 설정은 또 다른 준비운동이었다. 4세기에 바실리우스는 장인이 일을 완수하고자 스스로 목표를 설정하듯이 수도자들도 같은 방식으로 이익을 얻을 수 있다고 설명했다. 대장장이가 도끼나 낫을 벼릴 때 그 연장을 쓸 의뢰인의 모습을 상상하는 것처럼, 어떤 목표는 수도자의 마음에 집중할 거리를 선사해 더욱 효과적으로 기도할 수 있게 해주었다. 안토니우스도 "망치로 쇳덩어리를 두드리는 사람은 먼저 낫, 칼, 도끼 중에 무엇을 만들지 결정한다. 우리도 어떤 덕목을 쌓아야 할지 먼저 결정해야 한다. 그렇지 않으면 헛수고로 끝날 수 있다"라고 말했다.

이 주제와 관련해 다양한 이야기가 전해진다. 카시아누스가 친구인 게르마누스와 함께 여러 멘토와 상담한 내용을 담은 《담화집Collationes》은 모든 수도자가 장·단기 목표를 명확히 설정해야 한다는 모세 사부의 조언으로 시작된다. 사막 교부인 디오스코루스Dioscorus는 침묵하기나 조리된 음식 피하기 같은 새해 목표를 세우는 것으로 유명했다. 또 다른 사막 원로는 낙담한 수도자에게 "결승점의 기둥"을 떠올려보라고 권했다. 이는 로마의 스포츠계에서 유래한 또 다른 은유였다.[20]

다른 전략들은 기도에 훨씬 더 폭넓게 접근했다. 어떤 수도자들은 기도를 재구성하고 정처 없이 헤매지 않을 방법으로서, 생각뿐 아니라 **그 생각을 하는 자기 모습도** 시각화했다. (이 기법은 '거리 두기'로 알려진 현대의 심리 훈련과 흡사하다.) 고대 후기와 중세 초기에 유행했던 또 다른 방법은 추상적인 기도 행위를 일상의 구체적인 상호작용에 비유하는 것이었다. 가령 누군가와 대화하고 있다고 상상해보라. 상대방이 당신의 말에 주의를 기울이지 않으면 어떤 기분이 들겠는가. 만약 당신이 권력자와 이야기하고 있다면? 그의 말을 무시할 수 있겠는가. 또는 법정에서 판사에게 변론한다고 상상해보라. 그런 상황에서 딴 데 정신을 팔겠는가. 산만함이 상상력의 결핍에서 비롯된다는 점을 암시하고자 이런 가상의 시나리오가 끊임없이 만들어졌다. 이것들이 의미하는 바는 명확했다. 하나님이 바로 눈앞에 있다는 사실을 알아채지 못하는 수도자는 집중하지 못한다![21]

산만함은 감정 결핍에서도 비롯되었다. 그래서 하나님에게 진정으로 집중하는지 평가하는 확실한 진단법 가운데 수도자가 우는지 확인하는 것이 있었다. 하나님의 창조와 희생, 용서를 진심으로 인정하는 수도자라면 죄책감과 감사함에 눈물을 흘릴 수밖에 없을 터였다. 이 상태를 전문용어로 '양심의 가책', 또는 '죄책감'이라고 불렀다. 양심의 가책을 느낀 수도자는 정신을 집중했다. 우주의 도덕적 지향에 동조하고 그 안에 굳건히 자리 잡았다. 좀 더 중세적인 은유로 설명하자면, 그 수도자는 잠금이 해제되었다. 셰몬 디에부타가 말했듯이 "모든 미덕의 문을 여는 마스터키는 참회하는 마음이다." 회한의 눈물을 흘리지 않는다면, 수도자는 "한없이 헤맬 수밖에 없을 것이다." 눈물은 결국 마음을 집중하고 있다는 증거였다.

양심의 가책이나 죄책감은 하나님에게 집중하는 일에 매우 중요했기 때문에, 그 감정을 **느끼지 못한** 수도자들은 저절로 일어나야 마땅한 감정을 억지로 짜내고자 노력했다. 한 사막 교부는 일종의 메소드 연기처럼 슬픈 생각을 하거나 신체에 상처라도 입혀 눈물을 짜내야만, 그것을 더 중요한 생각과 기도에 접목할 수 있다고 주장했다. 하지만 다른 사람들은 이를 문제가 되는 지름길로 바라봤다. 이삭 사부는 카시아누스와 게르마누스에게 억지로 짜낸 눈물은 자연스러운 눈물과 다르고, 죄책감에 대한 걱정은 문제를 키울 뿐이라고 설명했다. 한편 바르사누피우스는 수도자가 양심의 가책을 느끼지 못하는 이유로 자기중심성self-centeredness을 꼽았다.[22] 집중하려는 노력은 자아성찰self-reflection과 자아망각self-effacement을 동시에 진행하는 역설적 과정이었다. 이때 집중이 직관적으로 이뤄지도록, 수도자가 자기 관점을 자기 밖으로 끌어내는 데 도움을 줄 마음의 틀이 필요했다.

따라서 죽음을 생각할 것

중세 초기의 수도원 제도에서 흔히 볼 수 있었던 또 다른 전략은 죽음, 특히 자신의 죽음과 그 결과를 생각하는 것이었다. 집중력을 높이기 위한 다른 훈련과 마찬가지로, 죽음을 둘러싼 사유도 수도자의 생각과 감정을 전환하는 메타인지였다. 이는 특히 스토아학파가 자아에 주의를 기울이는 수단으로 주창했던 메멘토 모리 *memento mori*(죽음의 상징—옮긴이) 및 멜레테 타나투*melétê thanatou*(죽음의 연습—옮긴이)라는 강력한 고대의 전통에 뿌리를 두고 있었다. 아울러 로마제국의 학생들에게 친숙한 과제의 연장선이기도 했는데, 그들은 자기 자신을 위험한 순간에 처한 비극적 영웅이라고 상상하며 연설문을 작성했다. 가령 '오디세우스는 키클롭스가 친구들을 잡아먹는 모습을 보고 무슨 말을 했을까?' 하는 질문에 답하는 식이었다.

하지만 죽음 명상은 단순한 전통으로 끝나지 않았다. 고대 후기의 기독교 지식인들은 이러한 훈련에 종말론적 색채를 가미했다. 즉 죽음에 관한 생각을 심판에 관한 질문과 연결했다. 삶의 방향을 바꾸려면 자신의 죽음을 생각해야 하는데, 장기적으로 따져 신성의 보상 체계까지 포함하려면 **사후 세계**도 생각해야 마땅했다.[23]

이런 식으로 생각하는 기독교인이 많아지는 가운데, 수도자들은 그 문제에 독특한 인지적 접근 방식을 취했다. 그들은 죽음과 신의 심판을 전망하며, 현재의 스치는 생각조차 미래의 영혼에 영향을 미칠 수 있다고 믿었다. 그래서 **생각**에 생사가 걸려 있다고 여기라며 서로에게 상기하고 촉구했다. 일례로 카시아누스는 테오나스Theonas 사부의 말을 인용해 하늘 높은 데서 줄 타는 모습을 상상하라고 충고했다. 공중에선 주의가 조금만 흩어져도 치명적인 결과가 초래될 수 있었다. 바바이Babai 대제는 키리아쿠스Cyriacus라는 수도자에게 벼랑 끝에 서 있는 모습을 떠올려보라고 조언했다. 7세기 후반에 다디쇼는 한 수도자에게 천사와 악마가 좌우에 있다고 상상한 다음, 기도할 때 고개를 좌우로 돌려 천사와 악마를 바라보고 마지막으로 십자가에 못 박힌 그리스도를 떠올리라고 제안했다.[24]

수도자들은 이러한 훈련 덕분에 죽고 나서 닥칠 일에 더 잘 대비할 수 있었다. "수도자의 전체 환경을 죽음의 관점에서" 바라봤다는 요한 클리마쿠스에 따르면, 하나님은 인간이 더 나은 행동을 하도록 언제 죽을지 정확히 예측할 수 없게 했다. 죽을 때를 정확히 알면, 마지막 순간에 가서야 행동을 바로잡으려 할 게 뻔하기 때문이다. 따라서 수도자들은 도덕적으로나 정신적으로 항상 경각심을 유지하려 애썼다. 에바그리우스가 자신의 스승에게 배웠듯이 "수도자는 항상 내일 죽을 것처럼 준비해야 한다."[25]

연장선에서 수도자들은 죽음 너머 영혼의 미래까지 생각했다. 자신의 목표를 더 명확하게 보려고 천국에 있는 자기 모습을 떠올렸다. 한 수도자는 좌절할 때마다 "천국에 올라가 천사들의 경이로운 아름다움"을 숙고한다고 고백했다. 이 놀라운 경험담은 은수자 열두 명이 만나 각자 수행했던 경험을 공유하며 통찰력을 기르고 가르침을 나눈다는 유명한 이야기에 포함되어 있다. 다른 수도자들은 훨씬 더 멀리 나아갔다. 파코미우스는 천국을 여러 번 힐끗 볼 때마다 성자로 가득한 아름다운 도시들, 영생의 열매가 주렁주렁 달린 나무들, 덥지도 춥지도 않은 완벽한 날씨, 언제나 환한 대낮을 발견했다. 통제된 수도 생활을 위한 각종 제안을 담은 《사부의 수도 규칙》은, 계절은 언제나 봄이고 음식은 항상 먹고 싶은 것이며 소화 불량은 전혀 없는, 아니 소화라는 것 자체가 없는 장소를 전망했다![26]

물론 수도자들이 최악의 상황을 상상하던 날도 있었다. 수도원의 제빵소에서 일하던 한 수도자는 오븐의 불꽃을 들여다보며 앞으로 "마주할 영원한 불길"을 떠올렸다. 카파도키아의 한 암자에 거주하던 시메온이라는 수도자는 "죽음의 불길이 우리를 쫓는다. 우리를 벌거벗긴 채 저승으로 보낼 죽음의 불길이"라는 문구를 벽에 잔뜩 새겨놓았다. 시메온은 교회당 묘지에 미리 마련된 자신의 무덤 비문도 직접 썼다. 실제로 수도자들은 임시 무덤을 미리 마련할 수 있었다. 기괴한 비유를 잘 짜냈던 요한은 자신의 침대를 무덤으로 상상하라고 권했다. "그렇다면 잠을 많이 못 자게 될 것이다."[27]

일부 수도원 지도자는 공동체가 더 잘 단합하도록 영원한 형벌의 공포를 그려보라고 권했다. 그런데 수도자들은 그러한 도움 없이도 참혹한 장면을 충분히 상상할 수 있었다. 잠결에 최후의 심판대로 끌려간 한 수도자는 그곳에 자기 어머니가 있는 것을 보고 화들짝 놀랐다. 어머니는 그에게 자기를 버리고 힘겹게 수도원에 들어갔는데도 구원에 이르도록 열심히 노력하지 않는다고 소리 질렀다.[28]

수도자들은 천국이나 지옥을 상상하거나 육신의 죽음을 진지하게 생각할 수 있었지만, 그 과정에서 한 가지 감정만은 피해야 했는데, 바로 자신감이었다. 니네베의 이삭은 한 덕망 있는 수도자가 스스로 행복하고 칭찬받을 만하다는 생각이 들었을 때 어떻게 대처했는지 소개했다. 그 수도자는 분별력 덕분에 이런 생각에 저항할 줄 알았다. 행복은 시기상조였다. 게다가 수도자들은 절대로 자부심을 느끼지 말아야 했다. 그런 감정은 자신을 낚아채는 '낚싯바늘'로 인식하도록 훈련받았다. 그래서 이 수도자는 자기 생각을 향해 이렇게 나무랐다.

"내가 이렇게 멀쩡히 살아 있는데 너는 어찌하여 행복하다고 하느냐? 죽을 때까지 나한테 무슨 일이 일어날지 모른다."

아파메아의 요한이 지적했듯이 구원을 확신하면 "집중력이 느슨해질" 위험이 있었다. 6세기에 도마Thomas라는 수도자는 에페수스의 요한에게 자기 일을 방해받으면 분개하는 이유를 다음과 같이 설명했다.

"인간의 전체 삶은 하나님이 신중하게 검토할 일련의 책과 같습니다. 하나님의 심판을 떠올리면 너무 떨려서 생각을 통제하고 마음을 가다듬어 하나님을 향하게 됩니다. (…) 따라서 단 한 시간의 낭비도 두려워 피하고자 합니다."[29]

《가디언》의 칼럼니스트이자 작가인 올리버 버크먼Oliver Burkeman은 메멘토 모리 및 멜레테 타나투의 전통을 강조하며, (평균 4000주밖에 안 되는) 인간의 유한성에서 중요한 일에 집중하고자 하는 동기를 찾아야 한다고 제안했다.[30] 이러한 주장에는 1500년 전 수도자들을 자극했던 종말론적 절박함이 빠져 있긴 하지만, 그와 비슷한 교훈을 선사한다. 요한이 도마와 나눴던 대화를 기록한 이유는, 그가 자신의 죽음을 떠올리며 마음을 다잡은 데 깊은 감명을 받았기 때문이다. 그러한 메타인지로 도마는 본보기가 되었다. 수도자들은 죽음과 최후의 심판을 전망하며 기도를 비롯한 모든 일에서 마음을 하나님에게 향하고자 노력했다.

미시적인 동시에 거시적인 시야

죽음을 생각하고 사후 세계를 전망하는 일은 확실히 자극제가 되었다. 수도자들이 현재에, 특히 하나님에게 말하는 순간에 주의를 기울이도록 도왔다. 하지만 그 일은 또 온갖 피조물을 구성하는 신성한 논리를 엿보게 함으로써, 평소의 시야를 뛰어넘게 하는 모험이기도 했다. 메타인지는 수도자들이 자신을 가둔 틀에서 벗어나, 즉 그들의 마음과 기억, 책과 몸, 공동체와 세계를 넘어 우주 전체를 아우르도록 관점을 넓혀주었다.

이러한 우주적 경험 가운데 대단히 유명한 일화가 그레고리우스의 《대화집》에 소개되어 있는데, 바로 베네딕트가 환상을 본 일이었다. 베네딕트는 한밤중에 기도하려고 침실 창가로 가서 밖을 내다보았다. 그런데 온 세상이 환히 빛나더니, 동료인 카푸아의 게르마누스Germanus of Capua가 천사들의 호위를 받으며 천국으로 가는 모습이 보였다. (이후 베네딕트는 게르마누스가 바로 그 순간에 죽었다는 사실을 알았다.) 이 이야기를 들은 부제 베드로는 베네딕트가 어떻게 전체를 볼 수 있었는지 알고 싶어 했다. 그레고리우스는 시력의 상대성을 알려주었다. 창조주를 볼 수 있는 영혼에게는 모든 피조물이 축소되어 보인다며, 베네딕트처럼 환상을 경험할 때면 "마음의 코일이 곧게 펴져서" 온 우주로 뻗어나간다고 설명했다. 즉 세상이 점점 작아진 게 아니라, 베네딕트의 마음이 점점 커졌다.[31]

훌륭한 수도자의 시야는 미시적이면서 거시적이었다. 수도자들은 이 사실을 통해 아주 사소해 보이는 행동에도 물리적 세계를 뛰어넘는 반향을 일으켜 운명을 바꿀 힘이 있음을 깨달았다. 7세기에 지비투르드Gibitrude라는 수도자가 열병을 앓던 중 천국으로 이송되었을 때, 하나님은 그가 동료 수도자 세 명에게 품었던 원한을 버려야 한다고 충고했다. 반대로 670년대에 바론투스Barontus라는 수도자가 잠시 천국을 방문했을 때, 천상의 거주자들은 그가 세 번이나 결혼하고 온갖 말썽에 휘말린 것을 지적하지 않았다. 수도자가 된 후에 그러한 생활 방식을 청산했기 때문이다. 다만 교회당에 밤새도록 불을 켜두지 않았다는 이유로, 죽은 동료 중 한 명에게 질책당했다. 이어서 베드로가 바론투스의 결정적 잘못은 수도원에 들어온 후 금화 열두 개를 몰래 간직한 것임을 지적하며 당장 없애라고 경고했다.

환상이 항상 명확했던 것은 아니었다. 사달베르가 수녀원장은 낙원에 대한 환상을 보았을 때, 지상에서 알고 지내던 사람들을 알아보지 못하는 바람에 다시 소개받아야 했다! 그레고리우스가 지적했듯이, 수도자들은 생각만큼이나 환상에 대해서도 분별력을 발휘할 필요가 있었다. '환상'은 간혹 과식의 결과이거나, 집착이나 악마의 산물일 수 있었다. 물론 진정한 신의 계시일 때도 있지만, 환상을 잘못 해석하면 메시지를 잘못 이해할 수 있기에 늘 조심해야 했다.[32]

그레고리우스는 이미 많은 수도자가 환상을 귀중한 나침반으로 취급한다는 사실을 알았기에 이렇게 조언했다. 수도자들은 환상에 관한 이야기를 열정적으로 주고받았다. 그래서 우리도 그 사실을 알게 된 것이다. 아마도 8세기 초에 (지금의 영국 서부 미들랜즈에 있는) 웬록Wenlock수도원에서 한 수도자가 환상을 보았을 때, 그의 경험은 곧바로 다른 수도원의 수녀원장에게 전해졌다. 그 수녀원장은 영국해협 건너편의 다른 수도자에게, 그 수도자는 다시 영국의 **또 다른** 수녀원장에게 그 일을 편지로 알렸다. 이 전승 사슬에 엮인 모든 사람과 그들이 아는 수많은 수도자가 환상을 본 수도자의 경험에 매료되었다. 육체에서 벗어남으로써 정상적인 감각 인식이라는 '두툼한 갑옷'을 벗어던진 후 초인적 명료함으로 온 세상과 사후 세계를 바라보는 느낌을 갈구했다. 그런데 동시대 중국의 불교도가 인정했듯이, 환상은 알맞은 해석이 필요하기에 여러 사람과 공유해야 했다. 바라보기엔 짜릿했지만, 분별력이 뛰어난 수도자라도 그 환상이 무엇을 뜻하는지 항상 명확하게 알지는 못했다.[33]

6세기 후반 들어 죽음을 중심에 놓은 환상이 더 자주 나타났다. 그때부터 지중해 일대의 기독교인들은 육체가 죽은 후 영혼에게 도움이 될 만한 사항들을 열심히 논의하기 시작했다. 바론투스나 웬록수도원의 수도자처럼 죽은 자들의 거처로 여행을 떠나는 환상은 사람들이 자기 운명에 영향을 미치는 선택과 힘을 살피는 데 도움을 주었다. 환상마다 가능하거나 바람직한 일에 대해 다른 관점을 제시했지만, 전체적으론 인간사의 사소한 일과 기념비적인 일, 과거와 미래 사이의 연결을 강조하는 파노라마식 관점을 제시했다. 이러한 메타인지적 관점은 마음이 앞으로 나아갈 길을 그려주었을 뿐 아니라, 수도자가 그 길을 주의 깊게 따라가도록 격려해주었다.[34]

이러한 우주적 시야는 중세 초기에 워낙 인기를 끌어 죽음, 또는 육체에서 분리된 영혼의 임사 체험 정도로 얄팍하게 정의되지 않았다. 일부 수도자는 '순수한 기도'라고 부르는 마음의 상태, 즉 그들이 다룰 수 있는 가장 진보된 기도 상태로 이해하고 갈구했다.

순수한 기도, 이른바 '주의가 흐트러지지 않은 기도'는 4세기의 예리한 수도원 이론가로서 그 인지 문화에 큰 영향을 미쳤던 에바그리우스가 처음 제안한 것이었다. 하지만 이 개념은 새로운 질문과 전통과 전문성을 지닌 후계자들의 손을 거치며 점차 바뀌었다. 7세기와 8세기에 시리아어권, 특히 페르시아만과 메소포타미아 일대의 수도자들은 남다른 열정으로 순수한 기도에 수반되는 정신적 과정을 탐구하고 측량했다.[35]

우리는 이 수도자들에 대해 아는 바가 별로 없다. 그들은 외적인 삶보다 마음에 관심을 두는 경향이 있었다. 그들의 글은 친숙하고 활기차지만, 그들 자신에 대해선 별로 알려주는 것이 없다. 그들이 떠나고 수 세기 후에 작성된 짧은 전기에서 간신히 몇 가지 사실을 알아냈을 뿐이다. 하지만 이 답답할 정도의 엉성한 증거만으로도 동시리아 수도자들이 대단히 높은 수준의 교육을 받았으며, 독거 수도실을 뛰어넘는 사회적 네트워크에 연결되어 있었음을 알 수 있다.

이 수도자들은 그레고리우스를 비롯해 유럽, 지중해, 중동의 수많은 사람이 참여했던, 사후에 영혼이 겪을 일에 관한 논쟁을 잘 알고 있었다. 동시리아 수도자들은 영혼이 육체에 의존해 지각하므로, 죽은 뒤엔 최후 심판의 날까지 수면 상태에 들어간다고 주장했다. (한 역사학자가 묘사한 것처럼) 이렇게 "마비된" 상태에서 영혼은 인지적 계시를 받을 수 없었다. 반면에 동방교회 수도자들은 사후 영혼의 일엔 별로 관심이 없었다. 그 대신 기도로 가닿을 마음의 우주적 지평을 탐구했다.[36]

그들은 초보자를 위한 글을 쓰지 않았다. 순수한 기도는 전문가들을 위한 수행이었다.[37] 이 이론가들은 그것을 공동체에서 벗어나 몇 주, 심지어 몇 년 동안 고독하게 생활한 수도자의 전유물로 바라보는 경향이 있었다. 수도 생활의 더 근본적 영역에서 자신을 철저히 감시하고 단련해온 은수자들만 이런 식의 가장 진보된 활동을 수행할 수 있었다. 이를 달성한 수도자들은 우주에 대한 고양된 관점마저 넘어섰다. 즉 우주를 **넘어** 완전한 집중 상태에 빠져들었다.

순수한 기도를 표방한 수도자들은 그것을 인지적으로나 영적으로 도달할 수 있는 기도의 궁극적 단계로 보았다. 그 단계에 도달하려면 미리 준비되어 있어야 했다. 기도는 '성경에서 벗어나' 하나님에게 말하는 행위요, 생각이었다. 그렇다고 단순히 머릿속에 떠오르는 대로 말해도 된다는 뜻은 아니었다. 대다수 수도자는 신체적·사회적·규범적·정신적 훈련을 많이 하면 할수록 기도의 수준이 높아진다고 믿었다. 그레고리우스는 베네딕트의 환상을 언급하며, 책에서 시작해야 결국 책에서 벗어나는 게 가능하다고 암시했다. 즉 성경을 읽으며 그 의미를 여러 방식으로 해석하는 수준에 도달해야 심오한 우주를 들여다볼 수 있다는 것이었다. 니네베의 이삭은 이번에도 그레고리우스와 생각이 같았다. 카타르 출신의 이삭은 이란 남서부와 메소포타미아 북부에서 활동했고 시리아어권의 기독교인들에게 엄청난 영향을 미쳤다. 그는 수도자들이 책과 명상을 내면화할수록 거기에서 점차 벗어날 수 있다고 주장했다. 반면에 깊이 읽거나 명상하지 않고서 기도한다면, 천국으로 가는 마음의 길은 너무나 흐릿할 것이었다.[38]

예상치 못한 명료함

충분히 준비한 수도자들은 더 높은 단계의 기도로 나아갈 수 있었다. 그 단계에서는 창조에 얽힌 개념적·도덕적 체계를 하나님에게 고하고, 전체 우주를 엿볼 수 있었다. 5세기 초에 아스테리우스Asterius는 레나투스Renatus라는 수도자에게 "미래의 삶에 대한 보상은 차치하고라도, 마음이 천상의 별들과 함께 거닐 수 있다니 얼마나 멋진 일인가!"라고 외쳤다. 수도자들에게는 이와 같은 신나는 사례가 많았다. 《아포프테그마타 파트룸》에 따르면 "포르피리테스Porphyrites에 사는 한 훌륭한 원로는 고개를 들면 천국의 모든 것을 관찰할 수 있었고 고개를 내려 땅에 주의를 기울이면 온갖 틈새와 그 틈새에 있는 모든 것을 볼 수 있었다." 동시리아 수도자들은 이렇게 진보된 기도에 대해 훨씬 더 열정적으로 기록을 남겼다. 순수한 기도로 가는 길에서 얻을 수 있는 귀중한 경험으로 여겼기 때문이다. 8세기에 달야타의 요한은 수도자가 하늘보다 더 높고 바다와 심연보다 더 깊은 곳을 온종일 돌아다닐 수 있다고 말했다. (요한보다 한 세대 아래인) 요셉 하자야는 수도자가 기도 중에 악마의 공격을 물리치면 "두 세계의 풍경", 즉 현재 세계와 "신세계"를 볼 수 있다고 했는데, 신세계는 시리아어로 '천국'을 뜻했다. 이러한 견해는 시대를 막론하고 광범위하게 퍼져 있었다. 셰몬 디에부타는 고양된 마음에선 현재 벌어지는 일뿐 아니라 과거에 벌어졌던 일까지 모두 볼 수 있다고 주장했다. 요셉은 더 나아가 진보된 기도 상태에선 미래를 내다볼 수 있다고 강조했다.[39]

이러한 메타인지의 순간에 짜릿함을 맛보는 이유는, 온 세상을 한눈에 바라보며 예상치 못한 명료함을 느꼈기 때문이다. 모든 게 시야에 들어오는데도 마음은 한없이 차분했다. 동시리아 수도자들은 특히 단일성과 다양성 사이의 놀라운 대조를 강조했다. 요한에 따르면, 한 수도자는 자신의 고요한 마음을 통해 창조의 광대한 환상에 가닿았다. 방대한 우주가 자아 안에 자리 잡았다. (지금의 이라크 북부에 있는) 콰르드Qardu산의 독거 수도실에서 마르 샴리Mar Shamli는 한 제자에게 편지를 보냈다. 자신의 마음이 너무나 평온하고 심장이 너무나 확장되어 하늘과 땅이 자기 안에 들어온 것 같다는 내용이었다.

이 정도로 집중한 상태에선 아무리 사소한 부분을 통해서도 전체에 접근할 수 있었다. 물리적 세계의 어느 부분이든 하나님이 세심하게 설계한 거대 시스템과 통하는 인지적 열쇠로 작용했다. 이는 동시리아 수도자들이 서쪽의 기독교인들과 공유했던 생각이었다. 7세기 초에 아일랜드의 콜롬바누스 수도원장은 밀라노에서 "지상의 현상을 전혀 모르는 사람이 어떻게 천상의 현상을 탐구하겠는가?"라고 설교하며, 두 세계를 분리해 보는 것은 신뢰할 수 없는 태도라고 주장했다. 다만 니네베의 이삭이 말했듯이, 수도자들은 다양한 토끼굴을 모험하며 길을 잃기보단 이러한 "개별 현실", 또는 "세부 사항"을 "집합적으로" 고려해 "단일한 환상"으로 통합해야 했다. 8세기에 이삭의 수많은 열성 독자 중 한 명인 베히쇼 카물라야Behisho' Kamulaya는 수도자가 어떻게 그러한 인지적 연결을 완성할 수 있는지 설명했다.

"그가 피조물의 본성을 관찰하려 애쓸 때, 그의 이해력 *mad'a*[또는 마음]은 즉시 하나님의 피조물로 뻗어나갔다가 번개처럼 빠르게 되돌아온다."[40]

베히쇼는 아담이 타락하기 전까진 모든 인간이 사물을 이런 식으로 볼 수 있었다고 생각했다. 그레고리우스도 같은 생각이었다. 수도자들은 피해를 바로잡으려 노력했을 뿐이다. 우주가 그들의 마음속에서 분열되었으니, 다시 온전히 복구해야 했다. 역설적이게도 수도자들은 초점을 좁힐수록 시야가 넓어졌다.[41]

생각이 존재하지 않는 곳

하지만 이렇게 어지러운 활동은 집중을 향한 여정의 끝이 아니었다. 한 가지가 더 남아 있었다. 큰 것과 작은 것 사이의 개념적 도약과 우주의 파편 간 점진적 통합은 움직임이라곤 없는 훨씬 더 매혹적인 경험으로 이어져야 했다. 즉 순수한 기도 상태에 도달해야 했다. 이 상태에선 어떤 것도 "보지" 않아야 했다. "육체와 세상의 다양성"을 먼저 생각하지 않을 수 없지만, 그래도 "대상과 관련된 모든 정신적 표현을 초월하지 않는 한" 마음은 순수한 기도 상태에 도달할 수 없다고 에바그리우스는 강조했다. 또한 요셉 하자야가 말했듯이, 정신의 시야가 너무 높이 고양되면 "육체가 있는 것들의 응시"를 초월하게 되어 모든 피조물을 구별할 수 없게 되었다.[42]

이 상태에선 육체라는 개념 자체가 사라지므로 수도자 자신의 제한된 자아감sense of self도 사라졌다. 즉 인간을 제약하는 한계가 모두 사라졌다. 바르사누피우스는 이러한 절정 상태에 도달한 수도자를 "대단히 지적이고 집중적이고 생기 넘치고 총명하고 완벽하고 신적인 존재"로 묘사했다. 그런 상태를 실제로 경험한 수도자들은 자신을 잊었다고 증언했다. 그리고 6세기 초에 마부그의 필록세누스Philoxenus of Mabbug가 묘사했듯 이러한 망각으로 그들은 "[하나님에게] 완전히 감싸이게 되었고, 하나님과 혼연일체가 되었다." 요셉은 기도의 마지막 단계에선 자아가 완전히 지워져 마음이 신성한 빛이나 진리와 구별되지 않는다고 보았다. 달야타의 요한도 그 순간엔 영혼과 하나님이 너무나 영롱하게 빛나 영혼과 신성한 빛이 하나로 합쳐진다고 설명했다. 니네베의 이삭이 지적했듯 그 경험은 누구나 만족할 만큼 정확하게 포착할 수 없기에 똑같이 설명할 수 없었다. "정확한 용어는 오로지 세속적인 문제에 대해서만 확립될 수 있다."[43]

이는 또 집중력이 산만함과 **닮아** 보이는 지점이기도 했다. 정신적으로 취한 상태에서 비롯된 행동은 서로 비슷했다. 그것을 경험한 수도자들은 당황했을 뿐 아니라 마비된 듯한 기분에 일과와 예배를 제대로 수행할 수 없었다. 이 단계에선 간혹 정기적인 성경 암송과 고정된 일과를 억지로 수행하지 않아도 되었다. 그들이 평소 수도공동체에서 훈련받을 때 배운 내용과 어긋났지만, 수도자가 순결한 기도에 가까워질수록 일상적인 수도 생활도 방해가 된다고 여겼기 때문이다. 적어도 요한과 요셉은 이렇게 제안했지만, 모두가 그들에게 동의하지는 않았다. 이번에도 무엇이 최선인지 명확하지 않았다.[44]

하지만 판단하거나 결정하는 문제는 어쨌든 중요하지 않았다. 생각에 대해 깊이 사유한 수도자들은 가장 높은 단계의 기도 상태에 도달하면, 실은 더는 기도하는 게 아니라고 강조했다. 순수한 기도 상태에선 어떠한 행위도 존재하지 않았다. 이삭은 "생각이 존재하지 않는 곳에서 어떻게 기도나 다른 무언가를 말할 수 있겠는가?"라고 물었다. 마음이 꼼짝하지 않으니 생각 자체가 멈춰버렸다. 오늘날 우리가 '몰입flow'이라고 부르는 수준을 넘어섰다. 몰입은 의식하지 않은 채 정신적으로 흡수하는 행위와 관련되지만, 몰입 상태의 마음은 여전히 움직인다. 이와 대조적으로 순수한 기도는 완전히 고요한 상태였다.

이때는 메타인지조차 불가능했다. 수도원의 정신 훈련에서 매우 중요한 자기 감시 행위가 중단되었다. 자아가 해체되면서 반사적으로 생각하는 능력까지 사라졌기 때문이다. 베히쇼 카물라야의 설명에 따르면, 몸과 마음이 도전자들을 물리친 후 마음은 마침내 작은 문을 통과해 심장의 가장 내밀한 곳으로 들어가는데, 그곳에서 수도자는 자신과 영혼의 이미지를 마주한다. 하지만 그것은 중간 단계에 불과하다. 순수한 기도라는 궁극적 상태에선 성찰을 반영하는 2차 관찰을 할 수 없다. 8세기에 요셉은 이렇게 말했다. "이 상태의 지성은 자기에게 작용하는 행동과 섞여 하나가 된다. 실제로 지성의 빛은 그 빛이 헤엄치는 바다와 분리되지 않는다." 마음은 그 생각의 대상과 완전히 합쳐진다.[45]

안타깝게도 순수한 기도는 일시적이었다. 사도 바울이 수 세기 전에 카시아누스와 게르마누스에게 말했듯이, 하나님을 계속해서 볼 수 있는 사람은 어디에도 없었다. 수도자들의 마음은 언제나 비틀거리고 넘어지고 미끄러지고 무너지고 휩쓸리다가 결국 본래대로 돌아갔다. 이는 인간이 지닌 핸디캡 가운데 하나였다. 아울러 그런 황홀한 순간을 경험하려면 그들이 은총이라고 부르는 신성한 자극이 필요하다는 신호이기도 했다. 이삭은 하나님에게 "주님의 은총을 받지 못하면 나는 내 안에 들어갈 수 없고 내 흠결을 인식할 수도 없습니다. 그래서 어쩌다 마주치면 엄청난 혼란에 빠지게 됩니다"라고 대놓고 고백했다.[46]

다른 수도자들에게 순수한 기도의 과정을 조언한 이들은 자신의 좌절감을 공유하며 부드럽게 격려했다. 숭고한 기도의 순간을 맛본 후 찾아오는 산만함에 다들 압도당했기 때문이다. 요셉은 마음이 고요한 상태를 경험한 후엔 특히 "산만함의 악마"에 취약하다고 경고하면서, 아무리 능숙한 수도자라도 급격한 정신적 변화를 경험한다고 상기해주었다. (요셉의 제자로 추정되는) 은수자 마르 샤리는 순수한 기도의 순간에 경험했던 하나님의 환상을 그의 제자에게 편지로 전했다. 그러면서 일상으로 돌아가는 과정에서 느꼈던 충격을 덧붙였다. 방문자들이 그의 독거 수도실에 찾아왔을 때, 샤리는 "사랑하는 남편과 헤어진 과부"와 같은 느낌을 받았다고 했다. 셰몬 디에부타는 수도자의 기분 변화를 날씨에 빗대어, 때로는 태양이 심장을 비추었고 때로는 슬픔이 거대한 구름처럼 영혼에 그림자를 드리웠다고 설명했다. 이런 감정은 지극히 정상적이고 일시적이었다. 그렇다고 쉽게 털어낼 만큼 가볍지는 않았다. 그래서 셰몬은 수도원 영웅들의 경험담을 읽으라고 권했다. 실제로 셰몬 자신도 원로들의 앞선 경험에서 위로받았는데, 날씨에 대한 비유도 안토니우스의 가장 유명한 제자 중 한 명인 마카리우스 사부에게 빌린 것이었다.[47]

집중이라는 창조적 파괴 행위

이러한 경험은 얼핏 초월적으로 보이지만, 순수한 기도라는 주제를 깊이 탐구한 동시리아 수도자들은 의견이 분분했다. 그들 중 일부는 순수한 기도가 다른 형태의 권위와 사색에 방해된다고 주장했다. 물론 수도자들 자신은 그런 평가에 동의하지 않았을 테지만, 적어도 다른 기독교인들이 하나님을 이런 식으로 인식하거나 경험할 수 없다고 생각한다는 것을 알고 있었다. 그리고 인간의 언어로 경험을 묘사하려는 시도가 애당초 무한한 대상에게 제한을 두는 일이라는 것도 알고 있었다. 니네베의 이삭은 "그 일의 정확성을 명시하기엔 책 속의 잉크와 글자의 힘이 얼마나 미약한가!"라고 탄식했다. 어쩌면 그런 이유로 그가 그렇게나 많은 글을 썼는지 모른다.

수도공동체들은 동시리아 수도자들의 작품을 흥미롭게 읽었지만, 그들에 관한 판단에선 오락가락했다. 가령 셰몬의 글을 옮긴 어떤 이는 자신의 필사본에 순수한 기도에 이를 수 있는 자격 요건을 적음으로써, 신성에 대한 더 실험적인 개념을 완화하려 애썼다. 더 나아가 동방교회 총대주교는 786년이나 787년에 달야타의 요한과 요셉 하자야의 글을 대놓고 비난했다. (그 총대주교는 티모시 1세였는데, 오리게네스의 《헥사플라》를 시리아어로 번역하면서 눈의 피로를 호소했던 바로 그 인물이다.) 하지만 티모시 1세의 후임자 중 한 명은 반세기 후에 그러한 비난을 철회했다. 그 이전에도 요한의 글은 서시리아 수도자 사이에서 인기가 많았다. 서로 상대를 이단자로 취급해야 했는데도, 그들은 요한을 성스러운 원로라는 뜻의 "사바Saba"라는 별명으로 불렀다.[48]

요한과 요셉의 작품이 퍼져나간 과정을 살펴보면, 고대 후기와 중세 초기의 기독교 문화가 이질적이고 논쟁적이었다는 사실을 알 수 있다. 아울러 표면상의 종파적 경계 뒤로 동맹과 공감이 끊임없이 교차했다는 사실도 알 수 있다. 기도 상태에 대한 면밀한 검토가 시리아어권에서 활발했고 가장 능숙한 수도자들만을 위해 고안되긴 했지만, 그러한 시도는 어쨌든 마음을 규율과 보상의 궁극적 영역으로 여기는 더 폭넓은 수도 문화의 일부였다.

아울러 우주에 대한 거시적 시각과 미시적 시각 사이를 빠르게 오가는 시도는 수도자들뿐 아니라 평신도들에게도 흥미로웠다. 아우구스티누스는 북아프리카의 신도들에게 죽음의 "모의실험"에 관해 설교하면서, 그들이 시공간의 다른 순간에 있는 자신을 다른 관점에서 재빨리 돌아볼 수 있게 했다. 물리적 세계의 경이로움을 설교한 바실리우스는 창조의 가장 작은 부분에서 하나님의 전체 계획을 인식하라고 촉구했다. 이때 바실리우스가 "창조의 가장 작은 부분"들을 나열하며 실수로 새를 건너뛰자, 일부 신도는 손짓으로 날개를 퍼덕이는 모습을 흉내 내며 이 사랑스러운 대상을 빠트리지 말라고 알려주었다. 훨씬 더 작은 것으로는 머리핀을 예로 들 수 있다. 지구본 위에 작은 수도원이 정교하게 조각된 이 머리핀은 알렉산드리아의 재벌 가문이 소장한 네들러컬렉션Nadler collection 중 하나로, 고대 후기 이집트에서 만들어졌다. 이는 '도상학적 속기술'로, 가느다란 상아 핀 위에 균형을 잡은 채 머리카락 사이로 미끄러져 들어가는, 축소된 기독교적 우주였다.[49]

수도자들의 우주적 사색은 신성에 대한 완전한 집중을 목표로 하는 인지 훈련의 핵심이었다. 그리고 수도원 제도의 여러 훈련 단계를 통과할 때 가장 노련한 수도자들조차 격려가 필요했다. 수필가이자 소설가인 조슈아 코헨Joshua Cohen이 말했듯 "집중을 의식하려면 집중을 창조해야 할 뿐 아니라 파괴해야 한다"라는 이유 때문만은 아니었다. 집중의 과업이 그만큼 정의하기 어려울 정도로 역설적이었기 때문이다. 더 구체적으로 말해 집중은 우주의 **일**

부가 된 동시에 우주에서 **분리된** 결과였다. 하나님에게 집중하려는 노력은 자아를 예리하게 단련하는 동시에 지워 없앴다. 수도자들은 자기 자신을 제대로 알고 다스리고자 정교하게 조정된 작업을 수행해 자신을 벗어남으로써, 본질적으로 분리되지 않았던 신성과 다시 연결될 수 있었다.[50] 하지만 힘들게 얻어낸, 하나님이 허락한 일심단결의 순간은 일시적일 뿐이었다. 다른 피조물 속의 피조물인 마음은 다시 분열될 수밖에 없었다.

· 에필로그 ·

또다시 산만해진 사람들을 위해

파리 떼, 불한당, 폭풍우 같은 산만함이 사라질 수 있을까. 수도자들은 별로 낙관적이지 않았다. 심지어 죽은 후에도 산만함이 주변에서 얼쩡거렸다. 적어도 시리아의 한 시인은 그렇게 상상했다.

영혼은 육체를 떠나
엄청난 고통을 느끼네
한없는 슬픔도 느끼네
그리고 갈팡질팡하네
자신의 목적지를
이쪽으로 할지, 저쪽으로 할지.
악령들은 자기네와 함께
지옥의 한가운데로 가자고 하네
그리고 천사들도
자기네와 함께 가자고 하네
빛의 영역으로.[1]

영혼은 악마와 천사의 지시 사이에서만 갈팡질팡하는 게 아니다. 이 찬가는 영혼의 산만함이 자신의 상반된 감정에서도 비롯된다고 암시한다. 영혼은 자신을 사랑하는 육체와 이별해 슬퍼한다. 그리고 자기가 떠난 뒤에도 남아 있을 사람들을 여전히 사랑한다. 그러면서도 세상을 거부하고, 그간에 지은 죄로 처벌받을까 봐 두려워한다. 그런 이유로 자신의 목적지를 이쪽으로 할지, 저쪽으로 할지 결정할 수 없다.

인류의 영원한 문제, 산만함

초기 수도원 시대의 인지 문화에선 하나님에게 귀의해야만 산만함의 문제를 영원히 끝낼 수 있다고 보았다. 변화와 움직임, 즉 선택과 차이와 변화로 특징지어지는 우주에서 영혼이 분리된 자아로 남아 있는 한, 영혼의 집중력은 불안정할 수밖에 없었다.

그래서 우리는 산만함과 씨름하는 문제가 현대 세계에서 오는 압박과 유혹의 징후라고 여길지 모르지만, 고대 후기와 중세 초기의 수도자들은 산만함이 인간 경험의 고유한 특징이라고 여겼다. 산만함의 본질이 문화적으로 특수할 때조차 그러했다. 그들은 같은 시기에 도교와 불교의 승려들도 비슷한 어려움을 겪었다는 사실을 알더라도 놀라지 않았을 것이다. 중국과 중앙아시아의 승려들도 기도와 법회 중에 주의가 흐트러졌고, 때로는 술이나 성욕에 굴복했으며, 육체적·정신적 수행에 따른 부작용을 걱정했다.

(그리고 중국의 수많은 불교 경전과 주석서와 명상 문학이 증명하듯이, 고대 후기의 사찰 문화는 그들의 고유한 사회 문제를 해결하려는 실험에 활용되었다.)[2]

물론 전근대 수도자들의 삶은 우리와 무척 달랐다. 게다가 그들은 산만함의 원인을 우리와 다른 데서 찾았다. 오늘날 연구자들은 수면 부족, 지루함, 부실하게 설계된 직장 문화, 각종 전자 기기 때문에 산만해진다고 보지만, 수도자들은 궁극적으로 악마, 온갖 결점, 의지, 신성에 대한 인간의 원초적 분리 때문에 산만해진다고 보았다. 하지만 (산만함을 처음부터 도덕적 위기로 치부한 수도자들 덕분에) 그들과 우리 모두 산만함을 해소하고자 골몰한다는 점과 전임자들이 더 잘 대처했다고 생각한다는 점이 닮았다. 7세기에 유대에서 가장 유명한 수도원 중 한 곳의 지도자는 "우리 아버지들 시대엔 산만함을 피하는 게 무척 중요했다. 이젠 냄비와 수공예가 우리를 지배한다"라고 한탄했다.[3] 이런 식의 퇴보에 관한 이야기는 적어도 수도원 제도만큼이나 오래되었다. 파코미우스가 악마를 무시하고, 시메온이 병든 발로 영원히 서 있고, 사라가 강물에 눈길 한 번 주지 않으며, 엘피디우스가 암송을 멈추지 않은 채 전갈을 짓누르는 모습을 기념하는 이야기들 사이에서 어김없이 등장했다. 이런 모범적 사례와 비교했을 때, 교회당에 열성적으로 달려가지 않거나 독서 중에 잠들거나 서로에게 나쁜 인상을 심어준 사례는 너무나 많았다. 이는 평범한 수도자들만의 일도 아니었다. 심지어 노련한 수도자들도 자신의 성과가 부족하다고 동료들에게 토로했다. 달리타의 요한은 자신의 태만을 유감으로 생각했고, 마르 샴리는 순수한 기도의 한계를 한탄했다.

집중의 천년 고수들조차

수도자들은 과거의 본보기를 따라가기 벅찼지만 어쨌든 최대한 참고하기로 다짐했다. 이전 세대의 업적을 신중히 연구하면 집중력을 포함해 온갖 문제를 해결하는 데 도움이 되리라고 판단했기 때문이다. 그 덕에 수도자들은 열렬한 독서가로 거듭날 수 있었고, 그들만큼이나 다양하고 논쟁적인 세상에서 공통된 경험의 실마리를 찾아낼 수 있었다. 수도자들은 공유된 이야기들로 느슨하게나마 묶여 있었다. 《아포프테그마타 파트룸》을 비롯해 초기 수도원 시대의 여러 서사적 금언집에 등장하는 사막 원로들은 수 세기가 흐른 뒤에도 지중해, 중동, 유럽 전역의 수도자들에게 친숙하고 사랑받는 멘토가 되었다. 후대의 인용문과 암시, 심지어 단편적인 필사본 조각이 증명하듯이, 이 책에 등장하는 여러 수도 규칙도 널리 읽혔다. 가령 캅카스에서 쓴 안토니우스의 편지, 스페인의 기독교 전초기지에서 쓴 에바그리우스의 논문, 투르판에서 소그드어로 번역된 동시리아 신비주의자들의 경구 등은 종류에 상관없이 후대 수도자들을 격려했다.[4]

어쨌거나 집중의 과업은 결코 배타적이어서는 안 되었다. 수도자들은 산만함을 정신적·신체적·사회적·문화적·우주적 관점에서 폭넓게 바라봤고, 집중에 이르는 과정도 다양했다. 그들은 우주를 관통하는 윤리적 경로를 모색하고 따르는 동안 집중된 마음이 자아를 신성과 더 잘 연결하리라고 확신했다. 수도자들의 분투는 개인적 성장으로 그치지 않고 그들을 지지하고 신뢰하는 공동체도 이롭게 했다. 가령 집중하고자 투쟁하는 와중에 지역 교도소의 억울한 사람들을 변호하고, 경주마를 홀린 마법을 풀어주며, 기도로 다른 영혼들의 죄를 탄원했다. 수도자들은 자신의 성취에 절대 만족하지 않았지만, 집중에 관한 한 다른 사람들에게 본보기가 되었다. 그대로 따라 하지는 못하지만, 적어도 그러한 인지 상태가 도덕적으로 중요하다는 증거로 삼기엔 충분했다.

1000년경엔 더 많은 사람이 수도자들의 사고방식을 받아들였다는 징후가 있다. 가령 생갈수도원을 후원하던 황제들은 그곳 수도자들의 주의를 흩트릴 수 없다는 사실에 크게 흥분했다. 파라오 무덤에서 홀로 수행하는 오라버니 프랑주를 물심양면으로 지원한 치도 비슷한 흥분을 느꼈다. 손님의 가혹한 처사에도 평정심을 유지해 사막 원로들에게 깊은 인상을 남겼던 알렉산드리아의 과부도 비슷한 경우였다. 그렇다고 왕실의 후원자나 가족이나 부유한 과부만 수도자들의 인지 문화에서 영감을 받았던 것은 아니다. 사산왕조 페르시아의 랍비들은 산만함에 대한 우려를 《탈무드》에 반영했고, 관련해 읽은 수도원 문헌의 내용을 페르시아만 서부의 유대인 공동체를 위해 재구성했다. 또 다른 예를 들자면, 7세기에 한 평신도가 아나스타시오스에게 속세에서 자식들을 키우며 사는 사람은 어떻게 쉬지 않고 기도할 수 있냐고 물었다. 인지 윤리ethics of cognition가 수도자들의 마음에만 있는 게 아니고, 관련 기술이 수도자들의 전유물도 아니기에, 아나스타시오스는 쉬지 않고 기도하기 위해 반드시 수도자가 될 필요는 없다고 설명했다. 일상생활에서 주의 깊은 마음으로 행동하면 비슷한 효과를 볼 수 있다고 격려했다.[5]

그러니 함께 맞서라

인지 수행의 세세한 부분에 더 관심을 보인 수도자들은 관련한 명상법부터 일과와 담요까지 거의 모든 사항의 실용적·윤리적 차원에 대해 논쟁을 벌였다. 그 결과 엄청나게 많은 전략이 쏟아졌다. 그중 일부는 표준으로 자리 잡았지만, 상당수는 개별 수도자의 사정에 맞춰 변경되었다. 가령 한 익명의 수도자는 좋거나 나쁜 생각에 따라 돌을 바구니에 나눠 담았고, 마르 요난은 부모의 시야에서 벗어나 현장 실습 중에 귀의했으며, 기슬리디스는 필사하던 원고에 주석을 남겼고, 테오필로스는 수도실의 사방 벽을 코덱스 페이지처럼 장식했다.

우리도 이러한 전략들을 직접 시도해볼 수 있다. 그중 상당수는 오히려 주의를 흩트릴 위험이 있다고 수도자들이 경고하긴 했지만, 손 놓고 있느니 일단 시도해보는 것도 좋을 것이다. 가령 언제 산만해졌는지 판단하고자 하루를 돌아볼 수도 있고, 시간을 쏟을 가치가 있는지 판단하고자 생각이 떠오르는 순간을 관찰할 수도 있다. 죽음을 염두에 두고 중요한 일에 초점을 맞추거나,

적어도 우리 자신에게 방향을 제시하는 목표를 세울 수도 있다. 기억 속에 중요한 틀을 구축하거나, 기존의 틀에 새로운 의미를 덧붙이거나, 개념을 연결하고 겹쳐서 더 폭넓고 멋지게 명상할 수도 있다. 집중에 도움이 되는 방식으로 중요한 자료들을 읽을 수도 있다. 새로운 습관을 형성할 수도 있고, 마음을 더 잘 지원하도록 몸을 훈련할 수도 있다. 그 과정에서 수면이나 샤워 횟수를 줄이진 않겠지만, 절제에 대한 수도자들의 분투를 체감할 수 있을 것이다. 변화와 일관성 사이에서 균형을 맞추는 일과를 수립하거나, 우리가 존경하는 사람에게 산만함의 문제를 정기적으로 보고할 수도 있다. 우리 자신에 관한 생각을 줄일 수도 있고, 심지어 바구니 두 개에 생각의 돌을 넣을 수도 있다!

수도자들은 우리가 상황을 좀 더 구조적으로 본다면 이러한 전략들이 먹힐 수 있다고 설명했을 것이다. 즉 그들은 산만함이 개인의 탓도 있지만, 주변 환경의 탓도 있다는 사실을 알고 있었다. 산만함에 맞선다는 말은 가족과 직장, 정부와 대중의 요구에 맞선다는 뜻이었다. 그런 이유로 많은 수도자가 세상을 등지고 신성에 전념하는 대안적 네트워크와 공동체를 만들었다.

끊임없이 시도하는 태도

결국 오늘날 가장 유용하게 고려할 점은 산만함에 대한 수도자들의 체계적 관점일 것이다. 그들은 몇 가지 일반적 원칙에 대략적으로나마 동의했다. 가장 기본적으로 산만함을 해결하려면 완전히 집중하기 위해 악전고투할 가치가 있는 대상을 반드시 찾아야 했다. 애당초 신성한 질서에 초점을 맞추지 않았다면, 집중력은 도덕적으로 필요하지도 않았을 것이고, 갈등과 통제 문화의 목표가 되지도 않았을 것이다. 아울러 수도자들이 윤리적 인지를 자아와 체계(또는 그들의 표현대로 영혼과 하나님) 사이의 관계로 이해했기 때문에, 그들은 집중력을 상태와 척도의 역설로 보았다. 즉 집중력은 움직임을 통해 안정성을 추구했고, 초점을 좁힘으로써 시야를 넓혔다.

집중력은 또 사적 영역과 주변 환경을 융합했다. 그러므로 인지 윤리라는 좀 더 기술적 특징과 관련해 수도자들의 마음은 환경, 사회 집단, 신체적 구현, 매체, 기억, 감정, 메타인지 등의 맥락에서 평가되어야 한다. 바꿔 말해 집중하기 위해서는 한 가지의 완벽한 해결책이 아니라 여러 가지의 중복된 전략이 필요했다. 세상을 등지고 광야로 떠난 일은 감탄할 만했다. 하지만 '세상'은 단지 하나님에게서 멀어지게 하는 신체적·정신적 방해물에 대한 수도자들의 완곡한 표현에 불과했다. 그래서 7세기에 어느 수도자가 다른 수도자에게 말했듯이, 수도자를 만드는 것은 토포스*topos*가 아니라 트로포스*tropos*였다. 다시 말해 **어디서** 사느냐보다 **어떻게** 사느냐가 중요했다. 아나스타시오스가 곤경에 처한 부모에게 해준 조언은 이러한 사고방식과 일맥상통했다.[6]

마지막으로 마음은 항상 움직이고 그 마음과 연결된 우주는 유동적이었기 때문에 집중은 끊임없이 이어져야 했다. 도전 과제가 계속 생기면서 수도자들은 매번 새로운 난관에 봉착했다. 그렇기에 전문가들조차 격려가 필요했다. 이 말은 곧 자그마한 성과라도 축하해야 하고, 성인으로 추앙받는 이들도 때로는 괴로워한다는 점과 문제가 계속된다는 점을 인정해야 한다는 뜻이다. 페르시아의 전기 작가 아부 누아임Abu Nu'aym이 11세기에 기록한 이야기의 핵심도 바로 그러했다. 어느 날 금욕 생활을 하던 한 이슬람교도가 기독교 수도자에게 가르침을 청했다. 그 만남이 딱히 특별하진 않았지만, 그 이슬람교도는 수도자의 답변을 널리 알릴 가치가 있다고 생각했다. 수도자의 답변은 이러했다. "세상과 그 안에 사는 육체가 끊임없이 변하기 때문에, 우리가 온갖 교훈을 따르더라도 당신과 우리를 위한 교훈은 여전히 많이 남아 있습니다."[7] 수도자들의 여러 가르침과 마찬가지로 이 또한 직설적인 동시에 우회적이다. 수도자들은 투쟁 과정에서 서로 지켜주는 법을 알고 있었다. 아울러 마음의 변화에 매우 낙관적이라 온갖 교훈을 따를 때도, 심지어 산만함이 결코 사라질 것 같지 않은 상황에서도 계속해서 교훈을 찾았다.

• 감사의 말 •

내 친구 가운데 두 명은 나를 일에 집중하지 못하게 하면서도 내가 일에 계속 관심을 쏟게 한다. 내가 이 책을 쓴 이유도 헨리 콜스와 클라우디오 손트가 자꾸 뭔가 다른 일을 해보라고 권했기 때문이다. 심지어 헨리는 원고도 다 읽었다. 그리고 내가 이 책을 출판할 수 있었던 이유는 편집자인 댄 거슬과 에이전트인 리사 애덤스가 전全 근대사를 진지하게 받아들였기 때문이다. 조지아대학교의 '중세 마인드 게임Medieval Mind Games'에 소속된 학생들은 이 책에 소개된 복잡한 인지 기술 중 일부를 직접 시연했다. 아울러 동 대학교의 온라인 도서관 담당자는 내 생명줄이나 마찬가지였다. 크리스새넌은 수도자들에 얽힌 이야기를 무척 재미있어했다. 피터 브라운은 원고를 읽고 따뜻한 조언을 아끼지 않았다. 팬데믹 기간에 그들과 한 번도 만나지 못했지만 늘 가까이 있는 것 같았다. 여러 역사학자와 고고학자에게 도움을 많이 받았다. 특히 이미지 확보에 도움을 준 베시 볼먼, 이나 아이히너, 다르 헤드스트롬, 앤드레이어스 코스토폴로스, 미셸 로어스, 에티엔 루이, 마리아 모사코프스

카구베르, 요세프 파트리흐에게 감사드린다. 마지막으로 콜로라도대학교 볼더캠퍼스에서 4년간 나한테 클라리넷을 가르쳐준 댄 실버 교수에게 감사드린다. 당시 학업에 매진하느라 연습실에 갈 시간이 생각만큼 많지 않았다. 실버는 내게 훈련만 잘 받으면 두 시간만 집중적으로 연습해도 큰 효과를 거둘 수 있다고 알려주었다. 그 말이 나를 완전히 바꿔놨다. 물론 내 인생도 바꿔놨다.

• 주 •

약어

AP《아포프테그마타 파트룸(*Apophthegmata patrum*)》

필사본

AP/G《알파벳순 문집(Alphabetical Collection)》

AP/GN《익명 문집(Anonymous Collection)》

AP/GS《체계적 문집(Systematic Collection)》

AP/PJ《펠라기우스와 요한의 라틴어 문집(Pelagius and John"s Latin Collection)》

AP/S《에나니쇼의 시리아어 문집('Enanisho''s Syriac Collection)》

CCCM '중세 수사학 문헌 전집(Corpus Christianorum Continuatio Mediaevalis)'

CCSL '라틴어 문헌 전집(Corpus Christianorum Series Latina)'

CSCO '동방교회 문헌 전집(Corpus Scriptorum Christianorum Orientalium)'

CSEL '라틴어 교회 문헌 전집(Corpus Scriptorum Ecclesiasticorum Latinorum)'

MGH '독일의 중세 사료집(Monumenta Germaniae Historica)'

PL '라틴어 교부 총서(Patrologia Latina)'

PO '동양의 교부 총서(Patrologia Orientalis)'

RB《베네딕트 수도 규칙(*Regula Benedicti*)》

RM《사부의 수도 규칙(*Regula magistri*)》

SC '기독교 자료 출처(Sources Chrétiennes)'

머리말

1 Philipp-Lorenz Spreen, Bjarke Mørch Mønsted, Philipp Hövel, and Sune Lehmann, "Accelerating Dynamics of Collective Attention," *Nature Communications* 10 (2019); Johann Hari, *Stolen Focus: Why You Can't Pay Attention—and How to Think Deeply Again* (New York: Crown, 2022), 171-172. 19세기: Caleb Smith, "Disciplines of Attention in a Secular Age," *Critical Inquiry* 45 (2019): 884–909.

2 산만함의 결과는 다음을 참고하라: Adam Gazzaley and Larry D. Rosen, *The Distracted Mind: Ancient Brains in a High-Tech World* (Cambridge, MA: MIT Press, 2016), 123–41; Cal Newport, *A World without Email: Reimagining Work in an Age of Communication*

Overload (New York: Portfolio/Penguin, 2021); James Danckert and John D. Eastwood, *Out of My Skull: The Psychology of Boredom* (Cambridge, MA: Harvard University Press, 2020), 42–43, 148–57; James M. Lang, *Distracted: Why Students Can't Focus and What You Can Do about It* (New York: Basic, 2020); Joshua Cohen, *Attention: Dispatches from a Land of Distraction* (New York: Random House, 2018), 5–8; Hari, *Stolen Focus*, esp. 13–14.

3 관련 사례: Hari, *Stolen Focus*, 10; 더 예리한 사례: Danièle Cybulski, *How to Live Like a Monk: Medieval Wisdom for Modern Life* (New York: Abbeville, 2021), 73.

프롤로그

1 멀리 뻗어나감: Isaac of Nineveh, *Discourses* 1.22, in Brock, *Syriac Fathers*, p. 261. 타오르는 불꽃: Cassian, *Collationes* 9.18. 맑은 호수: Cassian, *Collationes* 9.2. 건물: Cassian, *Collationes* 9.2–3; 5장도 참고하라. 좋아하는 것들과 시간을 보냄: Hildemar, *Expositio* 52. 물고기: Ephrem the Syrian, *Hymns on Faith* 20.5, in Brock, *Syriac Fathers*, p. 34; John of Dalyatha, *Letters* 15.7. 조타수: Cassian, *Collationes* 10.8; Shem'on d-Ṭaybutheh, *On the Consecration of the Cell* 19. 도공: Rufinus, Regula Basilii 58.3. 고양이: John Climacus, *Klimax* 27. 암탉: Shem'on d-Ṭaybutheh, *On the Consecration of the Cell* 4.

2 *AP/S* 1.8.254 (호); *AP/G* Sarah 3; Gregory the Great, *Dialogi* 3.16.4 (마틴); Gregory of Tours, *Liber vitae patrum* 11.1 (칼루파); *Vita Landiberti* 6; Theodoret, *Historia religiosa* 21.13 (야고보); *Bohairic Life of Pachomius* 21, in *Pachomian Koinonia* 1:44–45. 파코미우스: *AP/G* Anoub 1 (또한, Isaiah, *Asketikon* 6.2); Gerontius, *Vita Melaniae* 44; Theodoret, *Historia religiosa* 5.6.

3 John of Dalyatha, *Letters* 10.1, trans. Hansbury, p. 46.

4 *AP/PJ* 11.14 (요한); *AP/GS* 11.39 (요한 콜로보스).

5 Gregory, *Dialogi* prol. 5 ("in naui mentis tempestatis ualidae procellis inlidor").

6 Anthony of Choziba, *Bios Georgiou* 8.35, trans. Vivian and Athanassakis, p. 65.

7 Basil, *Great Asketikon*, LR 5.1.74, trans. Silvas, p. 174; ibid., SR 295 (산만함에 대한 바실리우스의 정의).

8 뱀 허물: Isaac of Nineveh, *Discourses* 2.8.16. 파리: Leander, *De institutione virginum*, lines 6–7. 정육 시장: John Climacus, *Klimax* 1. 먼지구름: Athanasius, *Vita Antonii* 5, trans. Gregg, p. 33. 머리카락: John Climacus, *Klimax* 27. 쥐: *AP/GN*, N 535. 숲: Pseudo-Macarius, *Logoi* 6.3 (collection 2); *RM* 7.12; Eugippius, *Regula* 18.12. 늪:

PseudoMacarius, *Logoi* 4.2–4 (collection 2). 수로: Isaac of Nineveh, *Discourses*. 37.288. 무법자: Barsanuphius and John, *Letters* 448. 폭풍: Philoxenus of Mabbug, *Excerpt on Prayer*, in Brock, *Sryiac Fathers,* p. 128. 배: *AP/G* Syncletica 24. 강탈자: Isaiah, *Asketikon* 7.11. 말: Cassian, *Collationes* 24.5. 도둑: John of Apamea, *Letter to Hesychius* 7, in Brock, *Syriac Fathers*; Babai, *Letter to Cyriacus* 40, in ibid.; Dadisho', *Commentaire* 3.12; Shem'on d-Ṭaybutheh, *Book of Medicine* 181a. 물고기: John of Dalyatha, *Memre* 1.7. 유산: Isaac of Nineveh, *Discourses* 1.18, trans. Brock, *Syriac Fathers*, p. 250; Shem'on d-Ṭaybutheh, *Book of Medicine* 194a.

9 *AP/S* 1.8.370, trans. Budge, p. 108 (그 밖에 아라비아어와 그루지야어로도 번역되었다; plus *AP/GS* 2.24; *AP/PJ* 2.12, 이는 포이멘보다는 파스토르Pastor의 말로 여겨진다); *AP/G* Poemen 14 (경호원), 20 (옷), 21 (병), 111 (불). 이 책은 *AP* 이야기의 중복되고 가변적인 버전만 선택적으로 인용하므로, 종합적인 그림을 보고 싶으면 룬드대학교에서 운영하는 모나스티카(Monastica) 데이터베이스를 참고하라: https://monastica.ht.lu.se/

10 스포츠와 전쟁에 관한 은유도 두루 나타났다. Kate Cooper, *The Fall of the Roman Household* (Cambridge: Cambridge University Press, 2007), 17–19, 30–37; Michel Foucault, *Les aveux de la chair,* ed. Frédéric Gros, vol. 4 of *Histoire de la sexualité* (Paris: Gallimard, 2018), 224–30. 전직 레슬링 선수: Anthony of Choziba, *Bios Georgiou* 4.15–19. 전직 군인: Sulpicius Severus, *Vita Martini* 4. 다른 사례: Daniel Caner, *The Rich and the Pure: Philanthropy and the Making of Christian Society in Early Byzantium* (Oakland: University of California Press, 2021), 17, 246 n. 25. 하지만 370년대에 발렌스(Valens) 황제는 그러한 은유를 사용하지 않았고, 수도자들을 군대와 광산으로 강제로 내몰았다는 점도 주목하라. Noel Lenski, "Valens and the Monks: Cudgeling and Conscription as a Means of Social Control," *Dumbarton Oaks Papers* 58 (2004): 93–117.

11 은유: Matthew Cobb, *The Idea of the Brain: The Past and Future of Neuroscience* (New York: Basic Books, 2020), esp. 207–365; Henry Cowles, "Peak Brain: The Metaphors of Neuroscience," *Los Angeles Review of Books*, November 30, 2020. 마음에 대한 승려들의 접근 방식과 신경가소성에 관한 현대적 연구를 살피고 싶다면 다음 책을 참고하라. Inbar Graiver, *Asceticism of the Mind: Forms of Attention and Self-Transformation in Late Antique Monasticism* (Toronto: Pontifical Institute of Mediaeval Studies, 2018), 177–83.

12 Gazzaley and Rosen, *The Distracted Mind,* esp. 1–98. Yogic, Daoist, and Buddhist comparators: Halvor Eifring, "Spontaneous Thoughts in Meditative Traditions," in *Meditation and Culture: The Interplay of Practice and Context*, ed. Eifring (London: Bloomsbury, 2017), 200–215; Livia Kohn, "Guarding the One: Concentrative

Meditation in Taoism," in *Taoist Meditation and Longevity Techniques*, ed. Kohn with Yoshinobu Sakade (Ann Arbor: Center for Chinese Studies at the University of Michigan, 1989), 125–58; Nobuyoshi Yamabe, "An Examination of the Mural Paintings of Visualizing Monks in Toyok Cave 42: In Conjunction with the Origin of Some Chinese Texts on Meditation," in *Turfan Revisited: The First Century of Research into the Arts and Cultures of the Silk Road*, ed. Desmond Durkin-Meisterernst et al. (Berlin: Reimer, 2004), 401–7; Yamabe, "Practice of Visualization and the *Visualization Sūtra*: An Examination of the Mural Paintings at Toyok, Turfan," *Pacific World: Journal of the Institute of Buddhist Studies*, 3rd ser., vol. 4 (2002): 123–43, at 130–34; 또한, Eric M. Greene, *Chan before Chan: Meditation, Repentance, and Visionary Experience in Chinese Buddhism* (Honolulu: Kuroda Institute and University of Hawai'i Press, 2021), 181–82 (*Great Vaiputya Dahāranī Scripture*에 나온 악마의 방해). 투르판에서 동시리아 기독교에 관해 살펴보려면, Scott Fitzgerald Johnson, "The Languages of Christianity on the Silk Roads and the Transmission of Mediterranean Culture into Central Asia," in *Empires and Exchanges in Eurasian Late Antiquity: Rome, China, Iran, and the Steppe, ca. 250–750*, ed. Nicola Di Cosmo and Michael Maas (Cambridge: Cambridge University Press, 2018), 206–19. 중세와 근대 초기에 기독교적 집중 윤리의 발달 과정을 살펴보려면, Daniel Jütte, "Sleeping in Church: Preaching, Boredom, and the Struggle for Attention in Medieval and Early Modern Europe," *American Historical Review* 125 (2020): 1147–74; David Marno, *Death Be Not Proud: The Art of Holy Attention* (Chicago: University of Chicago Press, 2016); Smith, "Disciplines of Attention in a Secular Age."

13 특히 Richard Sorabji, *Emotion and Peace of Mind: From Stoic Agitation to Christian Temptation* (Oxford: Oxford University Press, 2000); 그뿐 아니라, Brad Inwood, *Ethics and Human Action in Early Stoicism* (Oxford: Clarendon, 1985), 42–101, 127–81; Foucault, *Les aveux de la chair*, 106–45; Pierre Hadot, "Exercices spirituels," *Exercices spirituels et philosophie antique,* 2nd ed. (Paris: Études Augustiniennes, 1987), 13–58; Graiver, *Asceticism of the Mind,* 52–57, 83–89; 그리고 산만해지지 않는 것, 즉 아페리스파스토스(*aperispastos*)에 관한 스토아학파의 주장을 살펴보려면, David L. Balch, "1 Cor. 7:32–35 and Stoic Debates about Marriage, Anxiety, and Distraction," *Journal of Biblical Literature* 102 (1983): 429–39.

14 Plutarch, *Peri polypragmosynes* 11, 12, 15; Lieve Van Hoof, *Plutarch's Practical Ethics: The Social Dynamics of Philosophy* (Oxford: Oxford University Press, 2010), esp. 176–210.

15 Cassian, *De institutis coenobiorum* 10.6–16. 아케디아에 대한 카시아누스의 개념은 폰토스의 에바그리우스(Evagrius of Pontos)에게 영향받았다. Gabriel Bunge, *Akedia: Die geistliche Lehre des Evagrios Pontikos vom Überdruß* (Cologne: Luthe, 1989). 이러한 상태가 지루함과 비슷하다는 연구 자료: *Out of My Skull: The Psychology of Boredom*, 7–8. 아케디아와 관련된 다양한 진단: Andrew Crislip, "The Sin of Sloth or the Illness of the Demons? The Demon of Acedia in Early Christian Monasticism," *Harvard Theological Review* 98 (2005): 143–69. 내적 갈등을 무시한 스토아학파에 대한 비판: Inwood, *Ethics and Human Action in Early Stoicism*, 132–39.

16 Cassian, *Collationes* 7.7–15; 또한, Evagrius, *Peri logismon* 37; Shenoute, "A Beloved Asked Me Years Ago," in *Discourses*, p. 181; 인용은 Evagrius, *On Thoughts* 33, trans. Sinkewicz, p. 176; David Brakke, *Demons and the Making of the Monk: Spiritual Combat in Early Christianity* (Cambridge, MA: Harvard University Press, 2006); Graiver, *Asceticism of the Mind*; Columba Stewart, "Evagrius Ponticus and the 'Eight Generic *Logismoi*,'" in *In the Garden of Evil: The Vices and Culture in the Middle Ages*, ed. Richard Newhauser (Toronto: Pontifical Institute of Mediaeval Studies, 2005), 3–34.

17 Cassian, *De institutis coenobiorum* 7.3–4 (*carnis motus, detorquere*). 여전히 에바그리우스에게 빚을 지고 있다: Columba Stewart, "Evagrius Ponticus and the Eastern Monastic Tradition on the Intellect and Passions," *Modern Theology* 27 (2011): 263–75, at 269–71; 더욱 일반적으로는, Stewart, *Cassian the Monk* (New York: Oxford University Press, 1998). 에바그리우스의 끈끈한 인맥: Elizabeth A. Clark, *The Origenist Controversy: The Cultural Construction of an Early Christian Debate* (Princeton: Princeton University Press, 1992), 20–38, 60–61, 188–91. 계몽하는 자(Illuminator): Isaac of Nineveh, *Discourses* 2.3.3.92 (=*Centuries on Knowledge* 3.92). 점검하는 자(Examiner): Brouria Bitton-Ashkelony, "Pure Prayer and Ignorance: Dadisho' Qaṭraya and the Greek Ascetic Legacy," *Studi e materiali di storia delle religioni* 78, 1 (2012): 200–26. 202쪽에서 다디쇼(Dadisho')의 편지를 인용한다. 외견상 전통적인 수도원 문헌이 그 영향에서 완전히 벗어날 방법을 세밀하게 분석한 자료를 보려면, Albrecht Diem, *The Pursuit of Salvation: Community, Space, and Discipline in Early Medieval Monasticism* (Turnhout, Belgium: Brepols, 2021), esp. 243–345.

18 Dadisho', *Shelya* 32a–34a; Barsanuphius and John, *Letters* 250 (다른 많은 것 중에서); Peter Brown, *The Body and Society: Men, Women, and Sexual Renunciation in Early Christianity* (New York: Columbia University Press, 1988), 224–35; Brouria Bitton-Ashkelony and Aryeh Kofsky, *The Monastic School of Gaza* (Leiden: Brill, 2006),

152–53; Jonathan L. Zecher, *The Role of Death in* The Ladder of Divine Ascent *and the Greek Ascetic Tradition* (Oxford: Oxford University Press, 2015), 167–72.

19 Pseudo-Macarius, *Logoi* 15.25 (collection 2), trans. Maloney, p. 118; Brakke, *Demons*, esp. 21–22; Graiver, *Asceticism of the Mind*, 45–47. 정확하게 어떤 이기적 충동 때문에 에덴동산에서 추방되었는지에 대한 다양한 해석: Brown, *Body and Society,* 220, 326–27, 408–27; Shaw, *Burden of the Flesh*, 175–76. 이러한 견해는 에바그리우스의 논쟁적 입장에서 출발했는데, 물질적 창조 이전에 지력이 하나님에게서 분리되었을 때 이미 에덴동산에서 추방되었다는 것이다: Clark, *Origenist Controversy*, 71–74.

20 Patricia Cox Miller, *The Corporeal Imagination: Signifying the Holy in Late Ancient Christianity* (Philadelphia: University of Pennsylvania Press, 2009), 19, 24–27, 31; Luke Dysinger, *Psalmody and Prayer in the Writings of Evagrius Ponticus* (Oxford: Oxford University Press, 2005), 27–31, 172–95; Columba Stewart, "Imageless Prayer and the Theological Vision of Evagrius Ponticus," *JECS* 9 (2001): 173–204, at 176.

21 *AP/GS* 16.25; *AP/PJ* 16.16; *AP/S* 1.6.185. 이 버전에선 첫 번째 수도자의 복장이 언급되지 않는다. 그리스어와 시리아어 버전에선 두 번째 수도자가 로마제국 밖에서 태어난 리비아인으로 묘사된다. 라틴어 버전에선 '시골 소년(*rusticis genere*)'이라는 용어가 사용된다; 고전적 자기 수양과 금욕적 자기 수양 간의 연관성을 살펴보려면, Zachary B. Smith, *Philosopher-Monks, Episcopal Authority, and the Care of the Self: The Apophthegmata Patrum in Fifth-Century Palestine* (Turnhout, Belgium: Brepols, 2017), 171–280.

22 *Consultationes Zacchei* 3.4. 다양성: *Cambridge History of Medieval Monasticism in the Latin West*, ed. Alison I. Beach and Isabelle Cochelin (Cambridge: Cambridge University Press, 2020), esp. Claudio Rapp and Albrecht Diem, "The Monastic Laboratory: Perspectives of Research in Late Antique and Early Medieval Monasticism," 1:19–39.

23 시리아어 *iḥidaya*의 변화 과정을 보려면, Sidney H. Griffith, "Monks, 'Singles,' and the 'Sons of the Covenant': Reflections on Syriac Ascetic Terminology," in *Eulogema: Studies in Honor of Robert Taft, S.J.,* ed. E. Carr et al. (Rome: Centro Studi S. Anselmo, 1993), 141–60. 고대 영어 용어는 10세기에 처음 확인된다: Sarah Foot, *Veiled Women,* vol. 1, *The Disappearance of Nuns from Anglo-Saxon England* (Aldershot, England: Ashgate, 2000), xiii, 26–30.

24 다음의 개요를 보라. *Cambridge History of Medieval Monasticism in the Latin West,* ed. Beach and Cochelin, vol. 1; *La vie quotidienne des moines en Orient et en Occident (IVe–Xe siècle)*, vol. 1, *L'état des sources*, ed. Olivier Delouis and Maria Mossakowska-Gaubert

(Cairo and Athens: Institut Français d'Archéologie Orientale and École Française d'Athènes, 2015); *Monachismes d'Orient: Images, échanges, influences. Hommage à Antoine Guillaumont,* ed. Florence Jullien and Marie-Joseph Pierre (Turnhout, Belgium: Brepols, 2011).

25 수도공동체의 역할: Edward J. Watts, *Riot in Alexandria: Tradition and Group Dynamics in Late Antique Pagan and Christian Communities* (Berkeley: University of California Press, 2010), 95-130. 자선, 예배, 기부: 1장을 참고하라. 부동산과 금융: Michel Kaplan, "Aumônes, artisanat, domaines fonciers: Les monastères byzantins et la logique économique (Ve-Xe siècle)," in *La vie quotidienne des moines en Orient et en Occident (IVe–Xe siècle)*, vol. 2, *Questions transversales,* ed. Olivier Delouis and Maria Mossakowska-Gaubert (Cairo and Athens: Institut Français d'Archéologie Orientale and École Française d'Athènes, 2019), 2:359-71; *Monastic Estates in Late Antique and Early Islamic Egypt: Ostraca, Papyri, and Essays in Memory of Sarah Clackson*, ed. Anne Boud'hors et al. (Cincinnati: American Society of Papryologists, 2009); Jean-Pierre Devroey, "Monastic Economics in the Carolingian Age," trans. Michael Webb, in *Cambridge History of Medieval Monasticism in the Latin West*, ed. Beach and Cochelin, 1:466-84. 비기독교인 기부자들: Jack Tannous, *The Making of the Medieval Middle East: Religion, Society, and Simple Believers* (Princeton: Princeton University Press, 2018), 381. 지식 센터: 4장과 5장을 참고하라. 이슬람교 방문자들: Elizabeth Campbell, "A Heaven of Wine: Muslim-Christian Encounters at Monasteries" (PhD diss., University of Washington, 2009); Suleiman A. Mourad, "Christian Monks in Islamic Literature: A Preliminary Report on Some Arabic Apophthegmata Patrum," *Bulletin of the Royal Institute for Inter-Faith Studies* 6 (2004): 81-98; Sabino Chialà, "Les mystiques musulmans lecteurs des écrits chrétiens: Quelques échos d'Apophtegmes," *Proche-Orient Chrétien* 60 (2010): 352-67. 폭력: Brent D. Shaw, *Sacred Violence: African Christians and Sectarian Hatred in the Age of Augustine* (Cambridge: Cambridge University Press, 2011), esp. 247, 472, 780; Watts, *Riot in Alexandria*, 19 (특공대); Lenski, "Valens and the Monks," 114. 중재자: Pablo C. Díaz, "Social Plurality and Monastic Diversity in Late Antique Hispania (Sixth to Eighth Century)," trans. Susan González Knowles, in *Cambridge History of Medieval Monasticism in the Latin West,* ed. Beach and Cochelin, 1:195-212, at 197.

1장 세상

1 아담: Asterius, *Liber ad Renatum* 3–4. 모세: Claudia Rapp, *Holy Bishops in Late Antiquity: The Nature of Christian Leadership in an Age of Transition* (Berkeley: University of California Press, 2005), 112–14, 128–38; Bitton-Ashkelony and Kofsky, *The Monastic School of Gaza*, 62–81. 〈사도행전〉: Peter Brown, *Through the Eye of a Needle: Wealth, the Fall of Rome, and the Making of Christianity in the West, 350–550 AD* (Princeton: Princeton University Press, 2012), 167–72; Conrad Leyser, *Authority and Asceticism from Augustine to Gregory the Great* (Oxford: Clarendon, 2000), 8–12, 45–47; Christian C. Sahner, "Islamic Legends about the Birth of Monasticism: A Case Study in the Late Antique Milieu of the Qur'ān and Tafsīr," in *The Late Antique World of Early Islam*, ed. Robert G. Hoyland (Princeton: Darwin Press, 2015), 393–435. 복수 기원설: James E. Goehring, *Ascetics, Society, and the Desert: Studies in Early Egyptian Monasticism* (Harrisburg, PA: Trinity Press International, 1999), esp. 13–35, 137–61; Samuel Rubenson, *The Letters of St. Antony: Monasticism and the Making of a Saint* (Minneapolis: Fortress Press, 1995).

2 모세: Palladius, *Historia Lausiaca* 19. 아폴로: *AP/G* Apollo 2. 바르사데: Isho'denaḥ of Basra, *Ktaba d-nakputa* 77. 바울: *Historia monachorum in Aegypto* 24.1; Palladius, *Historia Lausiaca* 22.7.

3 이러한 규칙에 예외가 있었으니, 세베리누스(Severinus)라는 수도자는 자신의 출생지와 배경을 철저히 숨겼다. 그래서 그의 성인전을 집필한 작가는 그 부분이 빠진 이유를 장황하게 설명해야 한다고 느꼈다: Eugippius to Paschascius, in *Vita Severini*, pp. 2–3.

4 창조의 좋은 점: Basil, *Great Asketikon*, SR 92 그리고 이 점에 대한 〈창세기〉 논평을 살펴보려면, Basil, *Hexaemeron* 4.6–7, 5.4; Ambrose of Milan, *Exameron* 2.5, 3.9; Augustine of Hippo, *De Genesi ad litteram* 2.6, 8.6, 8.13–16; Eucherius, *Instructiones* 1.11; *Intexuimus*, lines 249–51; Bede, *In principium Genesis* 1.18, 2.9, 2.16–17. 얽히고설킨 관계의 예: Basil, *Great Asketikon*, LR 8 (가족, 친구, 소유물, 일, 습관); *AP/GN*, N. 739 (친구, 법적 분쟁, 재산, 농사, 가축); Babai, *Rules* 16 (소문stories/*ahādīth*과 소식news/*akhbār*), in Vööbus, *Syriac and Arabic Documents*, p. 181.

5 Basil of Caesarea, *Great Asketikon*, LR 6 (6.1.99 인용), trans. Silvas pp. 178–79; Hildemar, *Expositio,* prologue ("in uno homine duas intentiones esse non posse"); similarly Isaiah, *Asketikon* 11.82. 멀티태스킹의 불가능성: Adam Gazzaley and Larry D. Rosen, *The Distracted Mind: Ancient Brains in a High-Tech World* (Cambridge, MA: MIT

Press, 2016), 60–62, 72–73, 76–79.

6 관련 사례는, Éric Rebillard, *Christians and Their Many Identities in Late Antiquity, North Africa, 200–450 CE* (Ithaca and London: Cornell University Press, 2012); Seth Schwartz, *Were the Jews a Mediterranean Society? Reciprocity and Solidarity in Ancient Judaism* (Princeton: Princeton University Press, 2012); Alan Cameron, *The Last Pagans of Rome* (Oxford: Oxford University Press, 2011); Richard E. Payne, *A State of Mixture: Christians, Zoroastrians, and Iranian Political Culture in Late Antiquity* (Berkeley: University of California Press, 2015); Jason BeDuhn, *Augustine's Manichaean Dilemma, vol. 1, Conversion and Apostasy, 373–388 C.E.* (Philadelphia: University of Pennsylvania Press, 2010); Jack Tannous, *The Making of the Medieval Middle East: Religion, Society, and Simple Believers* (Princeton: Princeton University Press, 2018).

7 *History of Mar Yawnan* 3; *Vita Wandregiseli* 4, 7. 각자의 사정: Richard Payne, "Monks, Dinars and Date Palms: Hagiographical Production and the Expansion of Monastic Institutions in the Persian Gulf," *Arabian Archaeology and Epigraphy* 22 (2011): 97–111; Kreiner, *The Social Life of Merovingian Hagiography in the Merovingian Kingdom* (Cambridge: Cambridge University Press, 2014), 67–69, 208–9. 기독교식 윤리적 헌신으로서 결혼의 발전: Kate Cooper, *The Fall of the Roman Household* (Cambridge: Cambridge University Press, 2007); Michel Foucault, *Les aveux de la chair, ed. Frédéric Gros*, vol. 4 of *Histoire de la sexualité* (Paris: Gallimard, 2018), esp. 268–80. 결혼한 성직 지망자에 관한 정책: Basil, *Great Asketikon*, LR 12; Cassian *Collationes* 21.1–10; Fulgentius of Ruspe, *Letters* 1.14 (기혼자는 성생활을 포기할 때도 배우자의 허락을 받아야 했다); *So-Called Canons of Maruta* 54.30, 54.32, in Vööbus, *Syriac and Arabic Documents*; Isho' Bar Nūn, Canons 16–17, 19, in ibid.; Barsanuphius and John, *Letters* 662. 베네딕타(Benedicta)의 경우 약혼을 깼다는 이유로 약혼자에게 소송당했지만 재판에서 결국 이겼다: *Vita Fructuosi* 15.

8 John Moschos, *Pratum spirituale* 60; Leslie Dossey, "The Social Space of North African Asceticism," in *Western Monasticism ante litteram: Spaces of Monastic Observation in Late Antiquity and the Early Middle Ages*, ed. Hendrik Dey and Elizabeth Fentress (Turnhout, Belgium: Brepols, 2011), 137–57, at 140–46 (아우구스티누스의 *Ep*. 15* at 141 인용); Susanna Elm, *Virgins of God: The Making of Asceticism in Late Antiquity* (Oxford: Clarendon, 1994), 50–51, 158; Albrecht Diem, "The Gender of the Religious: Wo/Men and the Invention of Monasticism," in *The Oxford Handbook of Women and Gender in Medieval Europe*, ed. Judith Bennett and Ruth Karras (Oxford:

Oxford University Press, 2013), 432–46, esp. 437–39; Ville Vuolanto, *Children and Asceticism in Late Antiquity: Continuity, Family Dynamics and the Rise of Christianity* (London: Routledge, 2015), demographics at 95–129; 그뿐 아니라 남녀 간의 진정한 영적 동반자 관계에 관하여: Peter Brown, *The Body and Society: Men, Women, and Sexual Renunciation in Early Christianity* (New York: Columbia University Press, 1988), 266–68; 시간과 헌신의 특권에 관하여: Samuel Rubenson, "Early Monasticism and the Concept of a 'School,'" in *Monastic Education in Late Antiquity: The Transformation of Classical* Paideia, ed. Lillian I. Larsen and Samuel Rubenson (Cambridge: Cambridge University Press, 2018), 13–32, at 16–20.

9 가정: Shenoute, *Rules* 37–41, 73, 258, 587; *Regula sanctorum patrum* 2.35; *Leander, De institutione virginum* 22; *RB* 69; *Regula monasterii Tarnatensis* 1.14–15, 12.9–11; *Vita Fructuosi* 3; Jonas of Bobbio, *Regula cuiusdam ad virgines* 23; Pablo C. Díaz, "*Regula communis*: Monastic Space and Social Context," in *Western Monasticism ante litteram*, ed. Dey and Fentress, 117–35; Vuolanto, *Children and Asceticism*, 147–76. 아이들: Mayke de Jong, *In Samuel's Image: Child Oblation in the Early Medieval West* (Leiden: Brill, 1996); Arietta Papaconstantinou, "Notes sur les actes de donation d'enfant au monastère thébain de Saint-Phoibammon," *Journal of Juristic Papyrology* 32 (2002): 83–105; Maria Chiara Giorda, "Children in Monastic Families in Egypt at the End of Antiquity," in *Children in Everyday Life in the Roman and Late Antique World*, ed. Christian Laes and Ville Vuolanto (London: Routledge, 2017), 232–46; Carrie Schroeder, "Children and Egyptian Monasticism," in *Children in Late Ancient Christianity*, ed. Cornelia B. Horn and Robert R. Phenix (Tübingen, Germany: Morh Siebeck, 2009), 317–38. 친구들: Claudia Rapp, *Brother-Making in Late Antiquity and Byzantium: Monks, Laymen, and Christian Ritual* (Oxford: Oxford University Press, 2016), 88–179. 디그데: *Aithbe damsa bés mara*; Maeve Callan, "Líadain's Lament, Darerca's Life, and Íte's Ísucán: Evidence for Nuns' Literacies in Early Ireland," in *Nuns' Literacies in Medieval Europe: The Kansas City Dialogue*, ed. Virginia Blanton, Veronica O'Mara, and Patricia Stoop (Turnhout, Belgium: Brepols, 2015), 209–227, at 209–13.

10 Boud'hors and Heurtel, *Les ostraca coptes de la TT 29*. 파라오 무덤에 대한 수도자들의 관심을 살펴보려면, Elisabeth R. O'Connell, "Transforming Monumental Landscapes in Late Antique Egypt: Monastic Dwellings in Legal Documents from Western Thebes," *Journal of Early Christian Studies* 15 (2007): 239–73; Darlene L. Brooks Hedstrom, *The Monastic Landscape of Late Antique Egypt: An Archaeological Reconstruction*

(Cambridge: Cambridge University Press, 2017), 115–16, 237–45, 284–89.

11 John Climacus, *Klimax* 1, trans. Luibheid and Russell, p. 79.

12 복음서: Jerome, *Vita Hilarionis* 25; *AP/G* Theodore of Pherme 1; *AP/GN*, N. 392, 566; *AP/PJ* 6.5. 아우구스티누스: Brown, *Through the Eye of a Needle*, 177–83; Przemysław Nehring, "Disposal of Private Property: Theory and Practice in the Earliest Augustinian Monastic Communities," in *La vie quotidienne des moines en Orient et en Occident (IVe–Xe siècle)*, vol. 2, *Questions transversales*, ed. Olivier Delouis and Maria Mossakowska-Gaubert (Cairo and Athens: Institut Français d'Archéologie Orientale and École Française d'Athènes, 2019), 393–411; similar concerns in Barsanuphius and John, *Letters* 571–72. 노후 대비용 재산: Avshalom Laniado, "The Early Byzantine State and the Christian Ideal of Voluntary Poverty," in *Charity and Giving in Monotheistic Religions*, ed. Mariam Frankel and Yaacov Lev (Berlin: De Gruyter, 2009), 15–43. 헌장에 의한 위임: Shenoute, *Rules* 243, 593, 595; Caesarius of Arles, *Regula ad virgines* 6; Caesarius, *Regula ad monachos* 1; Aurelian of Arles, *Regula ad virgines* 2; Aurelian, *Regula ad monachos* 3–4, 47; Donatus, *Regula* 7; cf. the Galician *Consensoria monachorum* 9, 수도자는 수도원의 소유권 정책이 담긴 책에 서명해야 한다!

13 사유재산: Martin Krause, "Die koptischen Kaufurkunden von Klosterzellen des Apollo-Klosters von Bawit aus abbasidischer Zeit," in *Monastic Estates in Late Antique and Early Islamic Egypt: Ostraca, Papyri, and Essays in Memory of Sarah Clackson*, ed. Anne Boud'hors et al. (Cincinnati: American Society of Papyrologists, 2009), 159–69; Ewa Wipszycka, "Les ressources économiques des communautés monastiques en Égypte aux IVe–VIIIe siècles," in *La vie quotidienne des moines*, ed. Delouis and Mossakowska-Gaubert, 2:347–58, at 348–49; Hedstrom, *Monastic Landscape of Late Antique Egypt*, 133–37. 부업: Cassian, *De institutis coenobiorum* 7.7, 7.14; 또한, Shenoute, *Rules* 14, 17, 88, 288–89, 294, 376, 592; *Rule of Naqlun* 32; Donatus, *Regula* 9; Typikon of Pantelleria 16, in Thomas and Hero, *Byzantine Monastic Foundation Documents*.

14 Pseudo-Macarius, *Logoi* 14.3, trans. Maloney, p. 106 (나의 강조). 비슷하게는, *Logoi* 45.1 and Cassian, *Collationes* 10.11.1 ("생각들의 풍요롭고 광대한 자원"에 대한 마음의 포기). Sebastian P. Brock, "Radical Renunciation: The Ideal of Msarrqûtâ," in *To Train His Soul in Books: Syriac Asceticism in Early Christianity,* ed. Robin Darling Young and Monica J. Blanchard (Washington, DC: Catholic University of America Press, 2011), 122–33.

15 소유대명사: Cassian, *De institutis coenobiorum* 4.13; Shenoute, *Rules* 472; Aurelian

of Arles, *Regula ad monachos* 25; *RB* 33; Fructuosus of Braga, *Regula* 11. Clothes: Augustine, *Praeceptum* 5.1 (공유 옷장); Eugippius, *Regula* 1.99 (교대로 배정된 의복); *RB* 55.1–12 (배정된 의복); *Regula Pauli et Stephani* 27 (배정된 의복); *So-Called Canons of Maruta* 54.22, in Vööbus, *Syriac and Arabic Documents* (의복에 이름 쓰기); Babai, *Rules* 14, in ibid. (빌려 입는 의복). 오길드의 음료수 잔: Étienne Louis, "Espaces monastiques sacrés et profanes à Hamage (Nord), VIIe–IXe siècles," in *Monastères et espace social: Genèse et transformation d'un système de lieux dans l'occident médiéval* (Turnhout, Belgium: Brepols, 2014), 435–72, at 462.

16 자물쇠: *Precepts* 107, in *Pachomian Koinonia* 2:162; Cassian, De *institutis coenobiorum* 4.15.1; Caesarius of Arles, *Regula ad virgines* 9, 51; Caesarius, *Regula ad monachos* 3; Aurelian of Arles, *Regula ad virgines* 6; Aurelian, *Regula ad monachos* 6; *Regula monasterii Tarnatensis* 2.1; Donatus, *Regula* 11.1; Isidore, *Regula* 19; Francesca Sogliani, "Proposte di ricostruzione dell'arredo di alcuni ambienti monastici fra IX e XI secolo sulla base dei nuovi risulatati di scavo nel monastero volturnense," in *Monasteri in Europa occidentale (secoli VIII–XI): topografia e strutture*, ed. Flavia de Rubeis and Federico Marazzi (Rome: Viella, 2008), 523–50, at 335–38 (산빈센초알볼투르노San Vincenzo al Volturno수도원의 자물쇠와 열쇠들). 매트리스 밑에 물건 숨기기: *RB* 55.16–19. 침대 소유: 3장을 참고하라.

17 Vuolanto, *Children and Asceticism*, 45–80. 부모의 집에 관한 생각: Evagrius, *Antirrhetikos* 3.22. 친구들에 관한 생각: Hildemar, *Expositio* 19.7. 악몽: John Climacus, *Klimax* 3. 같은 수도원에 머무는 친척: e.g., Gregory, *Life of Theodora of Thessalonike* 25–30, in Talbot, *Holy Women in Byzantium*.

18 Cassian, *De institutis coenobiorum* 4.16.2; Shenoute, *Rules* 597; Caesarius of Arles, *Regula ad virgines* 25; Caesarius, *Regula ad monachos* 15; Aurelian of Arles, *Regula ad virgines* 3–4; Aurelian, *Regula ad monachos* 6; *RB* 54; *Regula monasterii Tarnatensis* 19.1–4; Donatus, *Regula* 53; *Rules for Nuns* 9, in Vööbus, *Syriac and Arabic Documents*.

19 축제: *Canons which are necessary for the monks* 8, in Vööbus, *Syriac and Arabic Documents; Rules attributed to Rabbula* 28, in ibid.; *Rule of Naqlun* 30; Donatus, *Regula* 53.3; Jacob of Edessa to Joḥannan the Stylite 49.14, in Vööbus, *Synodicon* 1:231. Weddings: *Regula monasterii Tarnatensis* 13.1–3. 세례식과 대부모 역할: Caesarius of Arles, *Regula ad virgines* 11; Caesarius, *Regula ad monachos* 10; Aurelian of Arles, *Regula ad virgines* 16; Aurelian, *Regula ad monachos* 20; Ferreolus of Uzès, *Regula* 15; Donatus, *Regula* 54.1; *Rules for Nuns* 8, in Vööbus, *Syriac and Arabic Documents; Canons which are necessary for the*

monks 6; *Rules attributed to Rabbula* 28; Jacob of Edessa to Johannan the Stylite 49.14; Theodore Studites, *Testament* 8, in Thomas and Hero, *Byzantine Monastic Foundation Documents*. 하지만, John Moschos, *Pratum spirituale* 3 (칼케돈Chalcedon파 수도원에서 세례받기). 성인을 기리는 축제: *Rules for the Nuns* 2; Jacob of Edessa to Johannan the Stylite 49.14; Jacob of Edessa, *Canons* 8, in Vööbus, *Syriac and Arabic Documents*.

20 방문 금지: Rabbula, *Admonitions for the Monks* 13, in Vööbus, *Syriac and Arabic Documents*; *Rule of Naqlun* 9, 11. 방문: Boud'hors and Heurtel, *Les ostraca coptes*, no. 252 (프랑주); Gregory the Great, *Dialogi* 2.33–34 (베네딕트); Palladius, *Historia Lausiaca* 39.1–2 (피오르); 요나스, *Vita Columbani* 2.5.

21 여행 등 수도원에서 벗어나는 일에 관한 우려와 제한: Rabbula of Edessa, *Admonitions for the Monks* 2–3, in Vööbus, *Syriac and Arabic Documents*; Evagrius, *Ad monachos* 55; Cassian, *De institutis coenobiorum* 10.3, 10.6, 10.17–25; Cassian, *Collationes* 1.20.5; *AP/G* Arsenius 11; Isaiah, *Asketikon* 10.4, 10.75–80; Canons of Mar Mattai 1, in Vööbus, *History of Asceticism in the Syrian Orient* 3:173; Shenoute, *Rules* 215, 290; *RM* 57.7–12 (여행용 서책); *RB* 67.7; *Regula monasterii Tarnatensis* 2.2, 3.1; Ferreolus of Uzès, *Regula* 20; Columbanus, *Regula coenobialis,* 219B; Donatus, *Regula* 31.4; John of Dalyatha, *Memre* 5. 수도원 지도자들: e.g., Christina Harrington, *Women in a Celtic Church: Ireland 450–1150* (Oxford: Oxford University Press, 2002), 54–63; Albrecht Diem, "Gregory's Chess Board: Monastic Conflict and Competition in Early Medieval Gaul," in *Compétition et sacré au haut Moyen Âge: Entre médiation et exclusion*, ed. Philippe Depreux, François Bougard, and Régine Le Jan (Turnhout, Belgium: Brepols, 2015), 165–91, at 169. 여행용 필사본: *Lebenswelten des frühen Mittelalters in 36 Kapiteln*, ed. Peter Erhart (St. Gallen, Switzerland: Stiftsarchiv, 2019), 37. 외출에 관한 담소: *Statuta patrum* 15–16; *RB* 67.5. 왕래하는 사람들을 훔쳐보기: *AP/GN*, N. 161; Augustine, *Praeceptum* 4 (이성을 엿보기); Hildemar, *Expositio* 67 (부적절한 대화 엿듣기). 성관계와 시장: *AP/GN*, N. 179 (= *AP/GS* 5.31; *AP/PJ* 5.27).

22 천국: *Regula sancti Macharii* 6. 눈을 내리깔기: e.g., John of Ephesus, *Lives of the Eastern Saints* 21, at 2:563; Sabino Chialà, "Les mystiques musulmans lecteurs des écrits chrétiens: Quelques échos d'Apophtegmes," *Proche-Orient Chrétien* 60 (2010): 352–67, at 365. 집에서도 시선을 조심하라는 수도자들의 의무에 관해선 3장을 참고하라. 목표에만 몰두하라는 은유: Cassian, *Collationes* 1.5.1.

23 마크리나: Elm, *Virgins of God*, 39–47, 78–91. 언약(또는 부활)의 아들과 딸: Rabbula of Edessa, *Commands and Admonitions to the Priests and the Benai Qeiāmā*, in Vööbus, *Syriac*

and Arabic Documents; Arthur Vööbus, "The Institution of the Benai Qeiama and Benet Qeiama in the Ancient Syrian Church," *Church History* 3 (1961): 19–27; Brown, *Body and Society*, 101–2, 204, 329; Sidney H. Griffith, "Monks, 'Singles,' and the 'Sons of the Covenant': Reflections on Syriac Ascetic Terminology," in *Eulogema: Studies in Honor of Robert Taft, S.J.*, ed. E. Carr et al. (Rome: Centro Studi S. Anselmo, 1993), 141–60. 이집트의 법률 문서: Caroline T. Schroeder, "Women in Anchoritic and Semi-Anchoritic Monasticism in Egypt: Rethinking the Landscape," *Church History* 83 (2014): 1–17.

24 *RM* 1, 7.22–45; *RB* 1; Leander of Seville, *De institutione virginum* 26. ("*Pro lege eis est desideriorum uoluntas, cum quicquid putauerint vel elegerint*"은 *RM* 1.8–9 and *RB* 1.8–9에 나온다). *Apotaktikoi*: James E. Goehring, *Ascetics, Society, and the Desert: Studies in Early Egyptian Monasticism* (Harrisburg, PA: Trinity Press International, 1999), 53–72; Wipszycka, *Moines et communautés monastiques*, 308–16. 널루스: Daniel Folger Caner, *Wandering, Begging Monks: Spiritual Authority and the Promotion of Monasticism in Late Antiquity* (Berkeley: University of California Press, 2002), 177–90. *RM*과 *RB*에서 쓰인 '사라바이테(Sarabaite)'라는 용어는 집이나 도시 인근에서 생활하는 수도자를 가리키는 말로, '뭐든 제멋대로 하는' 수도자를 뜻한다. 라틴어로는 렘누오스(*Remnuoth*)라고 부른다.: Béatrice Caseau, "L'image du mauvais moine: Les remnuoths et les sarabaïtes de Jérôme et de Cassien," *Zbornik Radova Vizantološkog Instituta/Receuil des Travaux de l'Institut d'Études Byzantines* 46 (2009): 11–25. 진정한 수도자: David Brakke, "Heterodoxy and Monasticism around the Mediterranean Sea," in *The Cambridge History of Medieval Monasticism in the Latin West*, ed. Alison I. Beach and Isabelle Cochelin (Cambridge: Cambridge University Press, 2020), 1:128–43, at 132.

25 떠돌이 수도자들: Caner, *Wandering, Begging Monks*, esp. 199–205. 가정에서 금욕적인 삶을 사는 여성들: Goehring, *Ascetics, Society, and the Desert*, 53–72; Schroeder, "Women in Anchoritic and Semi-Anchoritic Monasticism"; Elm, *Virgins of God*; Brown, *Body and Society*, 259–84; Eliana Magnani, "Female House Ascetics from the Fourth to the Twelfth Century," trans. Lochin Brouillard, in *Cambridge History of Medieval Monasticism in the Latin West*, ed. Beach and Cochelin, 1:213–31; Kim Bowes, *Private Worship, Public Values, and Religious Change in Late Antiquity* (Cambridge: Cambridge University Press, 2008), 71–99, 152–57; Lisa Kaaren Bailey, *The Religious Worlds of the Laity in Late Antique Gaul* (London: Bloomsbury, 2016), 38–42; Harrington, *Women in a Celtic Church*, 35–36, 112–18. 히에로니무스: Andrew Cain, "The Letter Collections of Jerome of Stridon," in *Late Antique Letter Collections: A Critical*

Introduction and Reference Guide, ed. Cristiana Sogno, Bradley K. Storin, and Edward J. Watts (Oakland: University of California Press, 2017), 221–38; Caseau, "L'image du mauvais moine." 후대의 수도자들도 이러한 남녀 차별적 비판을 이어갔다: e.g., Lynda L. Coon, *Dark Age Bodies: Gender and Monastic Practice in the Early Medieval West* (Philadelphia: University of Pennsylvania Press, 2010), 77–79, 111–12.

26 John Rufus, *Vita Petri* 11, trans. Horn and Phenix, p. 13; John of Ephesus, *Lives* 31; Cassian, *Collationes* 18.14 (피아문).

27 Caseau, "L'image du mauvais moine." 대안적 형태의 수도자들을 비판하는 행태를 살펴보려면, Diem, "Gregory's Chess Board," esp. 165–69. 완전한 고립에 대한 환상을 살펴보려면, e.g., *Historia monachorum* 1.36, 1.44. 비평을 살펴보려면, Cassian, *Collationes* 24 (이 또한 가정 내 금욕 생활을 반대한다).

28 Darlene L. Brooks Hedstrom and Hendrik Dey, "The Archaeology of the Earliest Monasteries," in *Cambridge History of Medieval Monasticism in the Latin West,* ed. Beach and Cochelin, 1:73–96; Brooks Hedstrom, *The Monastic Landscape of Late Antique Egypt*, 198–273; Western Monasticism ante litteram, ed. Dey and Fentress; *Monasteri in Europa occidentale*, ed. De Rubeis and Marazzi; Luis Caballero Zoreda, "El conjunto monástico de Santa María de Melque (Toledo). Siglos VII–IX (Criterios seguidos para identificar monasterios hispánicos tardo antiguos)," in *Monjes y monasterios hispanos an la Alta Edad Media,* ed. José Angel García de Cortázar and Ramón Teja (Aguilar de Campoo: Fundación Santa María le Real—Centro de Estudios del Románico, 2006), 99–144; Eleonora Destefanis, "Archeologia dei monasteri altomedievali tra acquisizioni raggiunte e nuove prospettive di ricerca," *Post-Classical Archaeologies* 1 (2011): 349–82; Slobodan Ćurčić, *Architecture in the Balkans: From Diocletian to Süleyman the Magnificent* (New Haven: Yale University Press, 2010), 142–46; Joseph Patrich, "Recent Archaeological Research on Monasteries in Palæstina Byzantina: An Update on Distribution," in *La vie quotidienne des moines*, ed. Delouis and Mossakowska-Gaubert, 2:77–106, cisterns with graffiti at 83–84; O'Connell, "Transforming Monumental Landscapes in Late Antique Egypt," wall paint at p. 251. 마케도니우스: Theodoret, *Historia religiosa* 13.2.

29 성사바스: Joseph Patrich, "Monastic Landscapes," in *Recent Research in the Late Antique Countryside*, ed. William Boden, Luke Lavan, and Carlos Machado (Leiden: Brill, 2003), 413–45, at 428. 하르그섬: Marie-Joseph Steve, *L'Île de Khārg: Une page de l'histoire du Golfe Persique et du monachisme oriental* (Neuchâtel: Recherches et

Publications, 2003), 85–153. 하마게수도원: Louis, "Espaces monastiques sacrés et profanes." 푼타데릴라(Punta de l'illa)수도원: epitaph of Justinian in *Inscriptiones Hispaniae Christianae*, ed. Emil Hübner, Supplement (Berlin: Reimer, 1900), no. 409 ("Hic miro maris insolam munimine saepsit / In qua maris circumfluentibus undis").

30 Patrich, "Monastic Landscapes," 428–33; Goehring, *Ascetics, Society, and the Desert*, 89–109; Brooks Hedstrom, *The Monastic Landscape of Late Antique Egypt*, 157–64; Jakob Ashkenazi, "Holy Man versus Monk—Village and Monastery in the Late Antique Levant: Between Hagiography and Archaeology," *Journal of the Economic and Social History of the Orient* 57 (2014): 745–65; Olivier Delouis, "Portée et limites de l'archéologie monastique dans les Balkans et en Asie Mineure jusqu'au Xe siècle," in *Vie quotidienne des moines,* vol. 1, *L'état des sources*, ed. Olivier Delouis and Maria Mossakowska-Gaubert (Cairo and Athens: Institut Français d'Archéologie Orientale and École Française d'Athènes, 2015), 251–74, at 257 (목욕 시설).

31 Richard E. Payne, *A State of Mixture: Christians, Zoroastrians, and Iranian Political Culture in Late Antiquity* (Berkeley: University of California Press, 2015), 59–92 (야즈딘과 페티온); Mateu Riera Rullan, "El monasterio de la isla de Cabrera (Islas aleares, siglos V–VIII D.C.). Testimonios arqueológicos de los monjes reprobados por el pap Gregorio Magno," *Hortus Artium Medievalium* 19 (2013): 47–61; Miquel Rosselló, "El conjunto monástico de la Punta de l'Illa de Cullera," in *Los orígenes del cristianismo en Valencia y su entorno,* ed. Albert Ribera i Lacomba (Valencia: Ajuntamenta de València, 2000), 143–50.

32 Palladius, *Historia Lausiaca* 34.4, trans. Wortley, p. 79; *AP/G* Syncletica 19, trans. Ward, p. 234; Darlene L. Brooks Hedstrom, "The Geography of the Monastic Cell in Early Egyptian Monastic Literature," *Church History* 78 (2009): 756–91, esp. 762–63, 779–91 (마음속 수도실).

33 *So-Called Canons of Maruta* 47, in Vööbus, *Syriac and Arabic Documents*.

34 Jerome, *Vita Hilarionis* 11.

35 관련한 선구적인 연구로는, Peter Brown, "The Rise and Function of the Holy Man in Late Antiquity," *Journal of Roman Studies* 61 (1971): 80–101; 또한, *Treasure in Heaven: The Holy Poor in Early Christianity* (Charlottesville: University of Virginia Press, 2016), 51–70 (51 인용); John of Ephesus, *Lives of the Eastern Saints* 4; *Syriac Life of Saint Simeon Stylites* 59. 하지만 7세기에 에데사의 야곱(Jacob of Edessa)이 했던 말도 주목해야 한다. "주상 고행자는 기도에 방해받지 않도록 말을 줄여야 한다. 사람들의 삶에 관여

하고 싶다면 그들은 기둥에서 내려와야 마땅하다!" (49.5 in Vööbus, *The Synodicon in the West Syrian Tradition*.)

36 Dossey, "The Social Space of North African Asceticism," 148–52; Brown, *Treasure in Heaven*, 71–108. 여성 방문자들: *Historia monachorum* 1.4–9, 1.12; *AP/G* Arsenius 28. 탁월한 수도원장으로 손꼽히는 셰누테는 시리아인 동료들과 마찬가지로 훨씬 더 적극적으로 노동과 토지 소유를 강조했다: Ariel G. López, *Shenoute of Atripe and the Uses of Poverty: Rural Patronage, Religious Conflict, and Monasticism in Late Antique Egypt* (Berkeley: University of California Press, 2013), esp. 37–66, 96–127.

37 Cassian, *Collationes* 9.2–3 (이삭 사부); Vööbus, *History of Asceticism in the Syrian Orient*, 3:39, 에프렘의 메모 〈은수자와 애도자에 관하여(On Solitaries and Mourners)〉에서 인용.

38 Daniel Caner, *The Rich and the Pure: Philanthropy and the Making of Christian Society in Early Byzantium* (Oakland: University of California Press, 2021), 24 (유스티니아누스 황제) and 180 (시메온); Ferreolus, *Regula*, prologue; Ferrandus, *Vita Fulgentii* 10 ("산만해지지distracted" trans. Eno, p. 26). 영혼을 위한(*pro anima*) 기부와 기도 전문가들: Brown, *Ransom of the Soul*, 149–211 ('보호'라는 뜻의 레미디움*remedium* 관련 내용은 166페이지); Caner, *The Rich and the Pure*, 192–228; AnneMarie Helvétius, "Le sexe des anges," in *De la différence des sexes: Le genre en histoire*, ed. Michèle Riot-Sarcey (Paris: Larousse, 2010), esp. 110–21; Albrecht Diem, *Das monastische Experiment: Die Rolle der Keuschheit bei der Entstehung des westlichen Klosterwesens* (Münster: LIT, 2004), 173–85, 200–202, 208–14, 310–21; Gisela Muschiol, Famula dei: Zur Liturgie in merowingischen Frauenklöstern (Münster: Aschendorff, 1994), esp. 178–91; Philippe Jobert, *La notion de donation: Convergences*, 630–750 (Paris: Belles Lettres, 1977), 205–25.

39 대중의 출입을 금지한 수도원들: Barbara Rosenwein, *Negotiating Space: Power, Restraint, and the Privileges of Immunity* (Ithaca, NY: Cornell University Press, 1997), 59–73; Mayke de Jong, "Monastic Prisoners or Opting Out? Political Coercion and Honour in the Frankish Kingdoms," in *Topographies of Power in the Early Middle Ages*, ed. Jong and Franz Theuws (Leiden: Brill, 2001), 291–328; Diem, *Das monastische Experiment*, esp. 191–93, 255–57, 314–16; Kreiner, *Social Life*, 220–22; Albrecht Diem, *The Pursuit of Salvation: Community, Space, and Discipline in Early Medieval Monasticism* (Turnhout, Belgium: Brepols, 2021), 265–331, 376–77. 카스르 엘바나트 공동체: Beat Brenk, "La progettazione dei monasteri nel Vicino Oriente, ovvero quello che i testi non dicono," in *Monasteri in Europa occidentale*, ed. de Rubeis and Marazzi, 21–37, at

25–26. 낙서: Silviu Anghel, "Early Rock-Carved Monasteries in the Northwestern Balkans," in *Western Monasticism ante litteram,* ed. Dey and Fentress, 239–72. 의료 및 사회적 서비스: Brown, *Treasure in Heaven*, 89–108; López, *Shenoute*; Andrew T. Crislip, *From Monastery to Hospital: Christian Monasticism and the Transformation of Health Care in Late Antiquity* (Ann Arbor: University of Michigan Press, 2005), 100–42; Heidi Marx-Wolf, "Religion, Medicine, and Health," in *A Companion to Religion in Late Antiquity*, ed. Josef Lössl and Nicholas J. Baker-Brian (Hoboken: Wiley, 2018), 511–28; Daniel Caner, *The Rich and the Pure*, 35–70. 참회: Guy Geltner, "*Detrusio*, Penal Cloistering in the Middle Ages," *Révue Bénédictine* 118 (2008): 89–108.

40 손님들의 가방: *So-Called Canons of Maruta* 51.10, in Vööbus, *Syriac and Arabic Documents*. 과시하기: John Climacus, *Klimax* 4, 22. 질문과 대화: Isaiah, *Asketikon* 12.9; Barsanuphius and John, *Letters* 309–12. 카롤링거왕조 시대의 향수: Coon, *Dark Age Bodies*, 128. 카롤링거왕조 시대의 의무: e.g., Janneke Raaijmakers, *The Making of the Monastic Community of Fulda, c. 744–c. 900* (Cambridge: Cambridge University Press, 2012), 53. 나쁜 생각과 여행자: Sims-Williams, *An Ascetic Miscellany*, E28/66, p. 169.

41 Elizabeth S. Bolman, "'The Possessions of Our Poverty': Beauty, Wealth, and Asceticism in the Shenoutean Federation," in *The Red Monastery Church: Beauty and Asceticism in Upper Egypt*, ed. Bolman (New Haven: Yale University Press, 2016), 17–25; López, *Shenoute*, 67–95.

42 Gregory, *Dialogi* 3.14.2–5; Brown, *Treasure in Heaven*, 72, 조시모스에 관한 언급, *Historia nova* 5.23; 더욱 일반적으로는, Brown, *Through the Eye of a Needle; Ian Wood, The Transformation of the Roman West* (Leeds: ARC Humanities Press, 2018), 91–108; Lukas Amadeus Schachner, "Economic Production in the Monasteries of Egypt and *Oriens*, AD 320–800" (PhD diss., Oxford University, 2005–6), 84–99; Charanis, "The Monks as an Element in Byzantine Society," 83, V. G. 바실리엡스키(V. G. Vasilievsky)의 작업과 함께 볼 것; 그리고 이러한 부의 최소한의 재순환에 대해서는, Brent Shaw, "Charity and the Poor in Roman Imperial Society," *Religion in the Roman Empire* 6 (2020): 229–67, at 257–63. 기부는 항상 지역적으로 이루어졌기 때문에(전체 '교회'를 위해 일원화된 기부는 없었다), 일부 수도원은 기부를 얼마 받지 못해 오래 버티지 못했다: e.g., Michel Kaplan, "Aumônes, artisanat, domaines fonciers: Les monastères byzantins et la logique économique (Ve–Xe siècle)," in *La vie quotidienne des moines*, ed. Delouis and Mossakowska-Gaubert, 2:359–71.

43 Shenoute, *Rules* 247, 250, 267, 316–17, 323, 378, 404 (522 인용), trans. Layton at

p. 315. 또한, Rabbula, *Admonitions for the Monks* 25, in Vööbus, *Syriac and Arabic Documents*; Augustine, *Ordo monasterii* 8; Isaiah, *Asketikon* 11.52–53. 세누테가 자신을 어떻게 소개했는지 살펴보려면, López, *Shenoute*, 37–66.

44 Ekkehard IV, *Casus sancti Galli* 14 (콘라트 1세Konrad I는 사과를 미끼로 어린 수도자들의 머리를 돌리려고 했다), 146 (오토 1세Otto I는 조용한 교회에서 일부러 자신의 지팡이를 떨어뜨렸다); *So-Called Canons of Maruta* 50.6, in Vööbus, *Syriac and Arabic Documents*, p. 131.

45 주교들: Claudia Rapp, *Holy Bishops in Late Antiquity: The Nature of Christian Leadership in an Age of Transition* (Berkeley: University of California Press, 2005), 100–152; Brown, *Through the Eye of a Needle*, 423–28. 추방: Judith Herrin, "Changing Functions of Monasteries for Women during Byzantine Iconoclasm," in *Byzantine Women: Varieties of Experience, 800–1200,* ed. Lynda Carland (Aldershot, England: Ashgate, 2006), 1–15; Jong, "Monastic Prisoners"; 좀 더 넓은 맥락은, Julia Hillner, *Prison, Punishment and Penance in Late Antiquity* (Cambridge: Cambridge University Press, 2015), 194–274.

46 *Vita patrum Iurensium* 1.10–12; 또한, Gregory of Tours, *Liber vitae patrum* 1.3 (로마누스 Romanus 수도원장은 이 책에서도 비슷한 우려를 표명한다).

2장 공동체

1 Fortunatus, *Vita Paterni*, esp. 9.29.

2 John Climacus, *Klimax* 8. 다른 능력: Basil, *Great Asketikon*, LR 7; Cassian, De *institutis coenobiorum* 5.4; Columbanus, *Regula Columbani* 10; John Moschos, preface to *Pratum spirituale*. 집단행동을 요하는 근대의 주목경제: Johann Hari, *Stolen Focus: Why You Can't Pay Attention—and How to Think Deeply Again* (New York: Crown, 2022), esp. 143–70.

3 Basil, *Great Asketikon*, LR 7. 야생동물: e.g., *AP/GN*, N. 516. 에프렘: Arthur Vööbus, *History of Asceticism in the Syrian Orient: A Contribution to the History of Culture in the Near East* (Leuven: CSCO, 1960), 2:94–95.

4 John Climacus, *Klimax* 25, trans. Luibheid and Russell, p. 222; Joseph Ḥazzaya, *Lettre sur les trois étapes de la vie monastique* 3.66. 고립된 상태에서 진전된 기도: Brouria Bitton-Ashkelony, *The Ladder of Prayer and the Ship of Stirrings: The Praying Self in Late Antique East Syrian Christianity* (Leuven: Peeters, 2019), 168–69 (돌고래에 대한 비유는 에바그리우스와 달야타의 요한을 참고하라); Shem'on d-Ṭaybutheh, *Book of Medicine*

186b, trans. Mingana, p. 46 ("바다가 맑고 잔잔해야 돌고래가 날아오른다"). 관심받기: Cassian, *De institutis coenobiorum* 1.2.1, 1.2.3–4; *Regula monasterii Tarnatensis* 1.25; Isidore, Regula 19.

5 Cassian, *Collationes* 19.4–6. 사막 관광과 순례 문헌: David Brakke, *Demons and the Making of the Monk: Spiritual Combat in Early Christianity* (Cambridge, MA: Harvard University Press, 2006), 127–56; Georgia Frank, *The Memory of the Eyes: Pilgrimages to Living Saints in Christian Late Antiquity* (Berkeley: University of California Press, 2000).

6 Joseph Patrich, "Monastic Landscapes," in *Recent Research in the Late Antique Countryside,* ed. William Boden, Luke Lavan, and Carlos Machado (Leiden: Brill, 2003), 413–45; Rosemary Cramp, "Monastic Settlements in Britain in the 7th–11th Centuries," in *Monasteri in Europe occidentale (secoli VIII–XI): Topografia e strutture*, ed. Flavia de Rubeis and Federico Marazzi (Rome: Viella, 2008), 113–33, Lindisfarne at 117; Kathryn M. Ringrose, "Monks and Society in Iconoclastic Byzantium," *Byzantine Studies / Études Byzantines* 6 (1979): 130–51. 이즐라수도원: Dadisho', *Canons* 13, in Vööbus, *Syriac and Arabic Documents*; Babai, *Rules* 7, in ibid. 켈리아: Nessim Henry Henein and Michel Wuttmann, *Kellia: L'ermitage copte QR 195, vol. 1, Archéologie et architecture* (Cairo: Institute Français d'Archéologie Orientale, 2000); Rodolphe Kasser, *Le site monastique des Kellia (BasseÉgypte): Recherches des années 1981–1983* (Louvain: Peeters, 1984).

7 외부인들이 받는 인상: Cassian, *De institutis coenobiorum* 7.13; *RM* 24.20–25. 라틴어 사본에 나타난 규칙의 다양성을 살펴보려면, Albrecht Diem's Monastic Manuscript Project, earlymedievalmonasticism.org. 초기 수도원 시대의 다양한 규범을 다룬 문헌: Roberto Alciati, "The Invention of Western Monastic Literature: Texts and Communities," in *The Cambridge History of Medieval Monasticism in the Latin West*, ed. Alison I. Beach and Isabelle Cochelin (Cambridge: Cambridge University Press, 2020), 1:144–62; Albrecht Diem and Philip Rousseau, "Monastic Rules (Fourth to Ninth Century)," in ibid., 162–94; Anne Boud'hors, "Production, Diffusion et usage de la norme monastique: Les sources coptes," in *La vie quotidienne des moines en Orient et en Occident (IVe–Xe siècle),* vol. 1, *L'état des sources,* ed. Olivier Delouis and Maria Mossakowska-Gaubert (Cairo and Athens: Institut Français d'Archéologie Orientale and École Française d'Athènes, 2015), 69–79; Diem, "Monastic Rules"; Diem, "Inventing the Holy Rule: Observations on the History of Monastic Observance in the Early

Medieval West," in *Western Monasticism ante litteram: Spaces of Monastic Observation in Late Antiquity and the Early Middle Ages*, ed. Hendrik Dey and Elizabeth Fentress (Turnhout, Belgium: Brepols, 2011), 53–84.

8 *Vita Ceolfridi* 5–6; Bede, *Vita abbatum* 11; Bede, *Vita Cuthberti* 16 (익명으로 쓰인 커스버트의 삶은 플러머Plummer 판본, 또는 웹Webb의 번역본과 비교하라); Ferreolus, *Regula*, preface ("mentium cervices" p. 126).

9 Zacharias Scholasticus, *History of Severus*, p. 52 (자카리아스Zacharias는 다른 학생이었다); Hildemar, *Expositio* 48; Augustine, *De opere monachorum* 14.15; 자세한 내용은, Sabine MacCormack, "The Virtue of Work: An Augustinian Transformation," *Antiquité Tardive* 9 (2001): 219–37. *Rule of Benedict*: Albrecht Diem, "Inventing the Holy Rule," 72–76; Diem, *The Pursuit of Salvation: Community, Space, and Discipline in Early Medieval Monasticism* (Turnhout, Belgium: Brepols, 2021), 331–45.

10 Palladius, *Historia Lausiaca* 5.3 (알렉산드라), 또한, 'Enanisho', *The Book of Paradise*, p. 139; Theodoret, *Historia religiosa* 2.5; Cassian, *De institutis coenobiorum* 3, 자세한 내용은, Peter Jeffery, "Psalmody and Prayer in Early Monasticism," in *Cambridge History of Medieval Monasticism in the Latin West*, ed. Beach and Cochelin, 1:112–27.

11 *AP/G* Antony 1; *Pseudo-Matthei Evangelium* 6.2 (마리아의 《수도 규칙》), 9.1 ("in mente tua deo habitaculum praeparasti"). 현대의 비슷한 시도: Julian Lucas, "Focus Mode: Can 'Distraction-Free' Writing Devices Reconcile Writers and Computers?" *New Yorker*, December 20, 2021.

12 Caesarius, *Regula ad virgines* 19; Caesarius, *Regula ad monachos* 14; Eugippius, *Regula* 1.10–11; Isidore, *Regula* 5.

13 John Climacus, *Klimax* 20. 닻: Cassian, *De intitutis coenobiorum* 2.14. 몸과 마음: *Rules of Abraham of Kaškar* 1, in Vööbus, *Syriac and Arabic Documents*. 기도를 돕는 일: Caesarius, *Regula ad virgines* 15; Aurelian of Arles, *Regula ad monachos* 29; *Regula monasterii Tarnatensis* 6.5, 또한, 10.1–3. 일을 돕는 기도: Isidore, *Regula* 5. 생각 없애기: *RM* 50.3–5, 50.38; *Regula Pauli et Stephani* 34. 수도원의 육체노동 전반을 살펴보려면, Caner, *Wandering, Begging Monks*, 38–47.

14 Peter Brown, *Treasure in Heaven: The Holy Poor in Early Christianity* (Charlottesville: University of Virginia Press, 2016), esp. 51–108; 일부 기준에 관해서는, Daniel Caner, *The Rich and the Pure: Philanthropy and the Making of Christian Society in Early Byzantium* (Oakland: University of California Press, 2021), 167–71.

15 Ferreolus, *Regula* 28 (할당된 업무), 34 (개). 바실리우스도 비슷한 변명을 예상했다:

Basil, *Great Asketikon,* SR 69.

16 *Regulations of Horsiesios* 15, in *Pachomian Koinonia* 2:202; Shenoute, *Rules* 52, 554; *AP/GN,* N. 118 (산불); Isaiah, *Asketikon* 8.18–19, 8.24; *Statuta patrum* 11–16 (파괴); *Regula orientalis* 5, 22 (파괴하기/*destruere*의 은유도 살펴보라); *Regula sanctorum patrum* (두 판본) 5.4; *RM* 9.42; Caesarius, *Regula ad virgines* 10; *Regula monasterii Tarnatensis* 8.6–7, 9.4, 13.4, 24 (미숙함), 29; *Canons which are necessary for the monks* 15, in Vööbus, *Syriac and Arabic Documents*; Columbanus, *Regula coenobialis*, 217D; John Climacus, *Klimax* 12, 28; Jonas, *Regula cuiusdam ad virgines* 9 (마음의 굴레를 벗기기); Fructuosus, *Regula* 5, 6; Donatus, *Regula* 28; Isaac of Nineveh, *Discourses* 1.16 (늦서리와 산불). 또한, Albrecht Diem, "On Opening and Closing the Body: Techniques of Discipline in Early Monasticism," in *Körper er-fassen,* ed. Kordula Schnegg and Elisabeth Grabner-Niel (Innsbruck: StudienVerlag, 2010), 89–112, esp. 96–103; Conrad Leyser, *Authority and Asceticism from Augustine to Gregory the Great* (Oxford: Clarendon, 2000), esp. 95–128; 아울러 수도원에서 소리의 효과 전반에 대해 살펴보려면, Kim Haines-Eitzen, *Sonorous Desert: What Deep Listening Taught Early Christian Monks—and What It Can Teach Us* (Princeton: Princeton University Press, 2022).

17 타베네시: *The Story of Anastasia* 3, in Brock and Harvey, *Holy Women of the Syrian Orient*, 144. 사달베르가: *Vita Sadalbergae* 25 ("alacris in colloquio"). 클뤼니수도원: Scott G. Bruce, *Silence and Sign Language in Medieval Monasticism: The Clunaic Tradition, c. 900–1200* (Cambridge: Cambridge University Press, 2007), 특히 '수다스러운' 수신호 사용 가능성을 제한하는 부분은 71–72페이지를 참고하라.

18 Rabbula of Edessa, *Admonitions for the Monks* 16, in Vööbus, *Syriac and Arabic Documents*; Isidore, *Regula* 5 ("Nihilque operis aput fratrem remaneat, ne sollicitudinis eius cura mentem ab intentione contemplationis auertat"). 일을 즉시 중단하기: Cassian, *De institutis coenobiorum* 4.12; *Statuta patrum* 31; *Regula sancti Macharii abbatis* 14; *Regula orientalis* 12; *Regula et instituta patrum* 6; *RM* 7, 55.1–4; *RB* 43.1–3; Aurelian, *Regula ad virgines* 24; Aurelian, *Regula ad monachos* 30; Donatus, *Regula* 12.1–3; Hildemar, *Expositio* 43 (예외 사례 포함). 전환기에 주의가 흐트러지는 학생들: James M. Lang, *Distracted: Why Students Can't Focus and What You Can Do about It* (New York: Basic, 2020), 228–31.

19 John Climacus, *Klimax* 19, trans. Luibheid and Russell, p. 195; Palladius, *Historia Lausiaca* 48.2.

20 *Tota mentis intentione: Regula communis* 10. 예배 중에 넋 놓고 있기(*vacare*): Isidore, *Regula*

17. 멍하니 쳐다보기: Pachomian *Precepts* 7 and *Regulations of Horsiesios* 11, 20, both in *Pachomian Koinonia* 2:146, 200, 204; Columbanus, *Regula coenobialis*, 217C; Sahdona, *Book of Perfection* 2.8.27, in Brock, *Syriac Fathers*. Racing: *RM* 55.9–14; Eugippius, *Regula* 20. 잡담하기: *Canons which are necessary for the monks* 9, in Vööbus, *Syriac and Arabic Documents*; *Precepts* 8, in *Pachomian Koinonia* 2:146; *Rules attributed to Rabbula* 25, in Vööbus, *Syriac and Arabic Documents*; John of Apamea, *Letter to Hesychius* 35, in Brock, *Syriac Fathers*; Caesarius, *Regula ad virgines* 10; *Regula monasterii Tarnatensis* 6.3; *Regula Pauli et Stephani* 9; Columbanus, *Regula coenobialis*, 222B; Sahdona, *Book of Perfection* 2.8.31; *Rule of Naqlun* 25; Donatus, *Regula* 17.8. 낄낄거리기: *Precepts* 8, in *Pachomian Koinonia* 2:146; Columbanus, *Regula coenobialis*, 217C; Isidore, *Regula* 17; Donatus, *Regula* 17.10. 소음: *RM* 47.21–24, 48.6–9; Columbanus, *Regula coenobialis*, 217C, 222B; Sahdona, *Book of Perfection* 2.8.32. 큰 소리로 기도하기: Cassian, *Collationes* 9.35.3; *RB* 52.4; Caesarius, Letter to Caesaria 7.5; Donatus, *Regula* 16.4. 경솔하게 절하기: Typikon of Pantelleria 12, in Thomas and Hero, *Byzantine Monastic Foundation Documents*. 서두르기: Cassian, *De institutis coenobiorum* 2.7.1, 2.11.1, 3.5.1; Sahdona, *Book of Perfection* 2.8.29–35. 꼼지락거리기, 앉기, 먼저 자리를 뜨기: Shenoute, *Rules* 447; *Statuta patrum* 32; *Vita patrum Iurensium* 3.6 (기도식에서 일찍 떠나지 않은 수도자에 대한 칭찬); *Regula monasterii Tarnatensis* 6.1–2; *Regula Pauli et Stephani* 4; Gregory, *Dialogi* 2.4; Sahdona, *Book of Perfection* 2.8.29, 32–34. 꾸물거리기: Cassian, *De institutis coenobiorum* 4.16; Shenoute, *Rules* 328; Eugippius, *Regula* 1.25, 37.11. 시끄럽게 나가기: *RB* 52.2–3; Donatus, *Regula* 16.2–3.

21 지각한 사람을 들여보내지 않기: Cassian, *De institutis coenobiorum* 3.7.1; *Statuta patrum* 31; *Regula sancti Macharii abbatis* 14; *Regula monasterii Tarnatensis* 5.1; Typikon of Pantelleria 8, in Thomas and Hero, *Byzantine Monastic Foundation Documents*. 지각한 사람을 들여보내기: *RB* 43.4–6; Donatus, *Regula* 13.4–6; Jonas, *Regula* 8. 동시에 입장하기: Ferreolus, *Regula* 13. 예배 도중에 졸기: *So-Called Canons of Maruta* 51.16, in Vööbus, *Syriac and Arabic Documents*; *Statuta patrum* 37; *Regula Pauli et Stephani* 8; Sahdona, *Book of Perfection* 2.8.31, 33; Aurelian of Arles, *Regula ad monachos* 29; Aurelian of Arles, *Regula ad virgines* 23. 지각에 관한 다른 문헌: Caesarius, *Regula ad virgines* 12; Caesarius, *Regula ad monachos* 11.2; Columbanus, *Regula coenobialis*, 222B; John Climacus, *Klimax* 19. 새벽녘에 잠들기(또는 잠을 아예 안 자기): *Bohairic Life of Pachomius* 59, in *Pachomian Koinonia* 1:79 (어떻게 자야 하는지를 둘러싼 분열); *RM* 33.15–26 (복잡한 정신의학적 근거에 따라 잠을 자게 하기); Aurelian, *Regula ad monachos* 28 (잠을 못 자게 하기). 짧은 기

도식: Cassian, *De institutis coenobiorum* 2 (2.2.1의 다양성을 포함); Jonas of Bobbio, *De accedendo ad Deum* 26. 취침 시간: *Regula monasterii Tarnatensis* 4.7–8. 옷 입고 자기: *RM* 11.120; similar are *RB* 22.5; Donatus, *Regula* 65.5. Cf. *Vita Landiberti vetustissima* 6, 스타벨롯말메디(Stavelot-Malmedy)수도원의 수도원장은 오밤중에 발소리가 나자 대로했다고 한다.

22 Cassian, *Collationes* 2.11–15 (상담); Cassian, *De institutis coenobiorum* 4.8 ("죽이는 *mortificare*"). 복종과 잘라내기: Zechner, *The Role of Death*, 128–35, 167–72.

23 Novatus, *Sententia* 64–81 (72: "non cogitas unde uiuas, quia nec debes cogitare"); *AP/G* Mark 2; Cassian, *Collationes* 4.24 (리코폴리스의 요한).

24 업무 할당: Basil, *Great Asketikon*, LR 38, 41 and SR 117; Shenoute, *Rules* 287, 389–90, 399, 465–66, 547–48; *Regula sanctorum patrum* 3.16–17; Caesarius, *Regula ad virgines* 8; Caesarius, *Regula ad monachos* 8; Aurelian, *Regula ad virgines* 19; Aurelian, *Regula ad monachos* 23; *Regula monasterii Tarnatensis* 9.4, 10.4–5, 12.7–8; *The Canons of the Persians* 2, in Vööbus, *Syriac and Arabic Documents*; Dadisho', *Canons* 19, in ibid.; Babai, *Rules* 25, in ibid.; Columbanus, *Regula Columbani* 10; Fructuosus, *Regula* 5. 명령에 따르기: Basil, *Great Asketikon*, LR 52; *Statuta patrum* 40–45; *RM* 7; Caesarius, *Regula ad monachos* 11.2; Aurelian, *Regula ad virgines* 28; Aurelian, *Regula ad monachos* 38; *Regula monasterii Tarnatensis* 5.2–3; Ferreolus, Regula 7; *The Canons of the Persians* 15, in Vööbus, *Syriac and Arabic Documents*; Columbanus, *Regula Columbani* 1; Columbanus, *Paenitentiale* A9; *Regula communis* 5.

25 Paul C. Dilley, *Monasteries and the Care of Souls in Late Antique Christianity: Cognition and Discipline* (Cambridge: Cambridge University Press, 2017), 98–105 (파코미우스에 관하여); Columbanus, *Regula Columbani* 6 (*cogitationes*); Columbanus, *Paenitentiale* A2 (*per cogitationem peccaverit*); Columbanus, *Paenitentiale* B30 (*commotiones animi*); John Climacus, *Klimax* 4. 즉시 털어놓기: Cassian, *De institutis coenobiorum* 4.9, 4.37; *RM* 15, 61–65; *RB* 4.50, 7.44–48. 주기적으로 털어놓기: Gerontius, *Life of Melania the Younger* 23; Isidore, *Regula* 7; Fructuosus, *Regula* 2, 12; Donatus, *Regula* 23.1–3; *Regula communis* 5; Jonas, *Regula* 6.20–22 (하루 세 번 털어놓기!). 덜 구조화된 환경에서 원로들과 생각 공유하기: Isaiah, *Asketikon* 5.11, 8.27, 11.63, 15.76.

26 Eugippius, *Regula* 18.49–52, 18.55 (순교), 25, 32—아울러 에우기피우스의 수도자들이 의복에 대해 품었던 명백한 우려는 3장에서 살펴보라; *RB* 2.6–7, 2.26–35; Valerius, *De genere monachorum* 8–9; 또한, *RM* 2.6–9, 2.32–40. 유사하지만 더 절제된 책임 개념을 살펴보려면, Caesarius, *Regula ad virgines* 35.10; Ferreolus, *Regula* 2; Donatus, *Regula*

4.4; Jonas, *Regula* 1.18–19. 멘토링과 공개: Brown, *Body and Society*, 224–35; Foucault, *Les aveux de la chair*, 106–45.

27 이전의 사회적 지위를 무시하기: *RM* 2.16–22; *RB* 2.16–22; Donatus, *Regula* 1.15–18. 개인 맞춤형 처방: Ferreolus, *Regula* 37; 또한, John Climacus, *Klimax* 26. 공동체에 미치는 영향력: *Regula monasterii Tarnatensis* 8.1–4; John Climacus, *Klimax* 4.

28 Gregory, *Dialogi* 2.3.4, 2.3.10.

29 *RM* 11.40–68, 11.75–84. 사랑: Albrecht Diem, "Disimpassioned Monks and Flying Nuns: Emotion Management in Early Medieval Rules," in *Funktionsräume, Wahrnehmungsräume, Gefühlsräume: Mittelalterliche Lebensformen zwischen Kloster und Hof*, ed. Christina Lutter (Vienna: Böhlau, 2011), 17–39; Diem, *The Pursuit of Salvation*, 399–406, 538–54. 파코미아수도연맹의 위계 체계: Edward J. Watts, *Riot in Alexandria: Tradition and Group Dynamics in Late Antique Pagan and Christian Communities* (Berkeley: University of California Press, 2010), 100–103. 하얀 수도원: Rebecca Krawiec, *Shenoute and the Women of the White Monastery: Egyptian Monasticism in Late Antiquity* (Oxford: Oxford University Press, 2002).

30 동료 수도자를 고발하기: Basil, *Great Asketikon*, LR 46; Shenoute, *Rules* 108, 116, 134–36, 139–40, 142–45, 147, 455; Columbanus, *Regula coenobialis*, 218B–C; Donatus, *Regula* 29.2. 동료 수도자의 실수를 직접 지적하기: Novatus, *Sententia* 82–90 ("debetis et uos uobis abbates esse"); Shenoute, *Rules* 552; *AP/GN*, N. 478; Eugippius, *Regula* 1.84–90; Columbanus, *Regula coenobialis*, 222D; *Consensoria monachorum* 6. 변호하기: *Testament of Horseisios* 24, in *Pachomian Koinonia* 3:188–89; Shenoute, *Rules* 405; *RB* 69; Donatus, *Regula* 74; Jonas, *Regula* 23. 규칙에 대한 강조의 차이 대(對) 수도원장의 권위 대 상호 지원: Diem, "Disimpassioned Monks and Flying Nuns."

31 Barsanuphius and John, *Letters* 301, 331–33—아울러 도로테우스가 훗날 수도원장으로서 수도자들에게 했던, 사회적으로 더 민감한 조언과 비교해보라 (*Didaskalia* 4.54, 9.97–100); Augustine, *Praeceptum* 4.8 (또한, Leyser, *Authority and Asceticism*, 26–32), echoed in Caesarius, *Regula ad virgines* 24.5–6 and Donatus, *Regula* 51.4–7; Columbanus, *Regula coenobialis*, 218A.

32 콜롬바누스의 수도원에서 벌어진 갈등: Yaniv Fox, *Power and Religion in Merovingian Gaul: Columbanian Monasticism and the Frankish Elites* (Cambridge: Cambridge University Press, 2014), esp. 219–51. 동료 수도자들의 지적에 대한 분노: Basil, *Great Asketikon*, SR 43–44. 식사: 3장을 참고하라. 경쟁: Palladius, *Historia Lausiaca* 18.12–16; Theodoret of Cyrrhus, *Saint Simeon Stylites* 5; Antonius, *The Life and Daily Mode of*

Living of the Blessed Simeon the Stylite 6–8; *The Syriac Life of Saint Simeon Stylites* 17–22, 25; Cyril of Scythopolis, *Life of Euthymius* 9, in Bioi. 허락받지 않은 체벌: Shenoute, *Rules* 400, 582; *RB* 80; Aurelian of Arles, *Regula ad virgines* 11; Aurelian of Arles, *Regula ad monachos* 13; Ferreolus, *Regula* 21; John Climacus, *Klimax* 8. 동료의 지적을 금지하기: Mark the Monk, *Peri ton oiomenon ex ergon dikaiousthai* 166, in *Traités* (= 4.166 in Vivian and Casiday's translation); *The Canons of the Persians* 15, in Vööbus, *Syriac and Arabic Documents; Rules of Abraham of Kaškar* 12, in ibid.; Babai, *Rules* 17, in ibid.; Isaac of Nineveh, *Discourses* 2.3.2.39 (= *Centuries on Knowledge* 2.39).

33 Evagrius, *Antirrhetikos* 5.6 (욕하기), 5.10 (의심하기), 5.11 (비방하기), 5.14, 5.35 (분개하기), 8.37 (엘리트 의식); Shenoute, *Rules* 141 (악마), 276 (멍청한 종), 403 (인상); *Rules for Nuns* 12, in Vööbus, *Syriac and Arabic Documents* (욕하기); *Rules attributed to Rabbula* 10, in ibid. (수도자를 조롱하기); *Rule of Naqlun* 23 (모욕하기); *Regula cuiusdam patris ad monachos* 10 (뒤에서 험담하기); Cassian, *Collationes* 16.18 (수동적 공격).

34 Basil, *Great Asketikon*, LR 7.4.30; Evagrius, *Ad monachos* 13–15; Cassian, *Collationes* 16.15–19. 〈에베소서〉 4장 26절: Theodoret, *Historia religiosa* 4.11; Aurelian, *Regula ad virgines* 10; Aurelian, *Regula ad monachos* 12; Ferreolus, *Regula* 39.34–47.

35 E.g., *Regula sanctorum patrum* 5.2–3; *RB* 23–30, 44; Aurelian, *Regula ad monachos* 34; *Regula monasterii Tarnatensis* 5.4; Isidore, *Regula* 18; *Regula communis* 14. 동료애 문화에 대해 살펴보려면, Derek Krueger, "Between Monks: Tales of Monastic Companionship in Early Byzantium," *Journal of the History of Sexuality* 20 (2011): 28–61; Claudia Rapp, *Brother-Making in Late Antiquity and Byzantium: Monks, Laymen, and Christian Ritual* (Oxford: Oxford University Press, 2016), 88–179.

36 Shenoute, *Rules* 340, similar is 364. 교회권: Basil, *Great Asketikon*, LR 36; Isho' Bar Nun, *Canons* 74, in Vööbus, *Syriac and Arabic Documents*. 음식과 의복: Aurelian, *Regula ad virgines* 29; Aurelian, *Regula ad monachos* 54; *So-Called Canons of Maruta* 48.3, in Vööbus, *Syriac and Arabic Documents*. 나쁜 음식의 역효과에 대해서는 중국의 대약진운동 사례를 참고하라: James L. Watson, "Feeding the Revolution: Public Mess Halls and Coercive Commensality in Maoist China," in *Handbook of Food and Anthropology*, ed. Jakob A. Klein and Watson (London: Bloomsbury, 2016), 308–20.

37 Palladius, *Historia Lausiaca* 33, *AP/S*에도 나온다, *The Book of Paradise*, pp. 218–19; 파코미아수도연맹에 대한 다른 비판적인 이야기를 살펴보려면, Palladius, *Historia Lausiaca* 18.12–16 (마카리우스Macarius를 향한 분노), 32 (돼지 키우기). Dadisho', *Canons* 26 and preface, in Vööbus, *Syriac and Arabic Documents* (167페이지 인용); 다디쇼의 규칙과

관련해서는, Sabino Chialà, "Les règles monastiques syro-orientales et leurs caractère spécifique," in *Le monachisme syriaque*, ed. Florence Jullien (Paris: Geuthner, 2010), 107–22, at 118–19. Ishodenah of Basra, *Book of Chastity* 22, 27–29, 32 설립자가 사망한 후 이즐라수도원에서 벌어진 갈등과 탈퇴.

38 중세 초기 기준으로 볼 때 라데군트의 생애는 이례적으로 잘 기록되어 있다: 카이사리아가 리차일드(Rechild)와 라데군트에게 보낸 편지를 참고하라; Gregory of Tours, *Historiae* 3.4, 3.7, 6.34, 9.2, 9.39–40, 9.42 (라데군트의 한 편지 전문이 인용되어 있다); Fortunatus, *Carmina* 8.5–10; Fortunatus, *Vita Radegundis*; Gregory of Tours, *Liber in gloria confessorum* 104; Baudonivia, *Vita Radegundis*. 크로디엘드(Chrodield)와 바시나(Basina)는 라데군트의 남편인 클로타르 1세(Clothar I)의 손녀딸들이었다. 그들의 두 어머니는 자매였고, 라데군트와 사촌지간이었다: 클로타르 1세는 세 여성 모두와 결혼했다(Gregory, *Historiae* 3.4, 4.3).

39 Gregory of Tours, *Historiae* 9.39–43 (9.39 인용), 10.15–17, 10.20. 엄격한 봉쇄 정책에 대한 뤼보베라 수녀원장의 위반에 무관심했던 주교들: E. T. Dailey, *Queens, Consorts, Concubines: Gregory of Tours and Women of the Merovingian Elite* (Leiden: Brill, 2015), 64–79. 봉쇄 정책에 대한 카이사리우스의 뚜렷한 개념을 살펴보려면, Diem, *Das monastische Experiment,* 173–85. (엘리트 수도자들의 특권 의식을 포함해) 라틴 세계에서 수도원 반란의 주요 원인에 대한 개요: Steffen Patzold, "Les révolts dans la vie monastique médiévale," in *Revolte und Sozialstatus von der Spätantike bis zur Frühen Neuzeit*, ed. Philippe Depreux (Munich: Oldenbourg, 2008), 75–92.

40 Gregory of Tours, *Historiae* 10.16. Caesarius, *Regula ad virgines* 23 (남자의 출입을 규제하지 않기), 36–37 (남자의 출입을 규제하기). 안전하지 않은 공간: Diem, *The Pursuit of Salvation*, 297–303 (요나스가 카이사리우스의 모델을 비판한 내용).

41 Baudonivia, *Vita Radegundis* 2, 5, 8, 9, 13, 16, 19.

3장 몸

1 관련한 예로는, Jonas of Bobbio, *Vita Columbani abbatis discipulorumque eius* 2.13, 2.14, 2.16, 2.17, 2.20. 천사 같은 생각: Kreiner, *Legions of Pigs in the Early Medieval West* (New Haven: Yale, 2020), 69–76.

2 Anastasios of Sinai, *Eratopokriseis* 19, trans. Munitiz, p. 89.

3 Leslie Lockett, *Anglo-Saxon Psychologies in the Vernacular and Latin Traditions* (Toronto: University of Toronto Press, 2011), 54–109, 179–227; Vittorio Berti, *L'Au-delà l'âme*

et l'en-deça du corps: Approches d'anthropologie chrétienne de la mort dans l'Église syro-orientale (Fribourg: Academic Press Fribourg, 2015), 47–109; Winfried Büttner, *"Gottheit in uns": Die monastische und psychologische Grundlegung der Mystik nach einer überlieferten Textkollektion aus Werk des Šem'on d-Ṭaibuteh* (Wiesbaden: Harrassowitz, 2017), 234–54, 277–98; Christoph Markschies, *God's Body: Jewish, Christian, and Pagan Images of God,* trans. Alexander Johannes Edmonds (Waco: Baylor University Press, 2019), 100–126 (Faustus's *Epistula* 3 at p. 108 인용).

4 Gregory, *Dialogi* 4.38.5 (*nebula, obscurat*); *Rules of Abraham of Kaškar* 1 (그 표현을 마르코라는 수도자에게 들었다고 한다), trans. Vööbus, in *Syriac and Arabic Documents*, p. 155.

5 Palladius, *Historia Lausiaca* 2.2 (도로테오스), trans. Wortley, p. 10. 자기 고문에 대한 논쟁: Theodoret of Chyrrhus, *Historia religiosa* 26.5; Antonius, *Bios Symeon* 4–8; *Syriac Life of Saint Simeon Stylites* 21 (밧줄); Fortunatus, *Vita Radegundis* 25 (족쇄와 체인), 26 (낙인찍기); 이러한 관행을 간접적으로만 언급한 보도니비아의 *Vita Radegundis* 8과 비교해보라; Susan Ashbrook Harvey, *Asceticism and Society in Crisis: John of Ephesus and* The Lives of the Eastern Saints (Berkeley: University of California Press, 1990), 16–17, 45–46; Arthur Vööbus, *History of Asceticism in the Syrian Orient: A Contribution to the History of Culture in the Near East*, vol. 2 (Louvain: CSCO, 1960), 97–100, 277–78 (줄에 매단 우리를 포함한다), 292–300.

6 John Climacus, *Klimax* 14, trans. Luibheid and Russell, p. 169. 심신 훈련: Peter Brown, *The Body and Society: Men, Women, and Sexual Renunciation in Early Christianity* (New York: Columbia University Press, 1988), 213–40; Michel Foucault, *Les aveux de la chair*, ed. Frédéric Gros, vol. 4 of *Histoire de la sexualité* (Paris: Gallimard, 2018), 106–45, 206–45; Niki Kasumi Clements, *Sites of the Ascetic Self: John Cassian and Christian Ethical Formation* (Notre Dame: University of Notre Dame Press, 2020).

7 Teresa M. Shaw, *The Burden of the Flesh: Fasting and Sexuality in Early Christianity* (Minneapolis: Fortress, 1998), 27–78; Brown, *Body and Society*; Pierre Hadot, "Exercices spirituels antiques et 'philosophie chrétienne,'" *Exercices spirituels et philosophie antique,* 2nd ed. (Paris: Études Augustiniennes, 1987), 59–74; Daniele Pevarello, *The Sentences of Sextus and the Origins of Christian Asceticism* (Tübingen: Mohr Siebeck, 2013), esp. 192–200; Yvan Koenig, "Place et rôle de l'Écriture dans la prière individuelle des moines d'Égypte (IVe–Ve siècle)," in *La vie quotidienne des moines en Orient et en Occident (IVe–Xe siècle)*, vol. 2, *Questions transversales*, ed. Olivier Delouis and Maria Mossakowska-Gaubert (Cairo and Athens: Institut Français d'Archéologie

Orientale and École Française d'Athènes, 2019), 239–52, esp. 239–40. '고행(asceticism)'이 단일한 윤리나 관행이 아니라는 점: Albrecht Diem, "The Limitations of Asceticism," *Medieval Worlds* 9 (2019): 112–38.

8 Gregory, *Dialogi* 1.5.4 (콘스탄티우스), 2.1.8 (베네딕트), 3.6 (카시우스).

9 Shaw, *Burden of the Flesh*, 39–40 (스토아학파); Miller, *Corporeal Imagination*, 32–35 (Proclus's *Eclogae de Philosophia Chaldaica* 5.10–11 인용) (나는 프로클로스의 인용문에서, 라페Rappe의 에이코네스*eikones* 번역을 "이미지image"로 수정했다); Maud W. Gleason, *Making Men: Sophists and Self-Presentation in Ancient Rome* (Princeton: Princeton University Press, 1995), 55–102 (몸짓언어와 목소리); Brown, *Through the Eye of a Needle*, 197–99 (목욕).

10 Palladius, *Historia Lausiaca* 55.2 (실바니아), trans. Wortley, p. 122; Vööbus, *History of Asceticism in the Syrian Orient,* 2:275–76 (에프렘과 세베루스, 275페이지에 인용); Ferrandus, *Vita Fulgentii* 2, 28. 그 밖의 목욕 제한 사항: Shenoute, *Rules* 70–71.

11 Chrysostom, *Adversus oppugnatores vitae monasticae* 2.6, trans. Hunter, p. 108. "바짝 메마른": John of Ephesus, *Lives of the Eastern Saints* 42, trans. Brooks, 2:656; 또한 학창 시절 과로한 몸을 회복하기 위한 수단으로서 목욕하기를 살펴보려면, Dorotheus, *Didaskalia* 10.10.

12 젊은 수도자 대 성숙한 수도자: Isaiah, *Asketikon* 10.63–65; *RB* 36.8. 향수: Ferreolus of Uzès, *Regula* 32. 건강상의 이유로 하는 목욕: Eugippius, *Regula* 1.114–16; *RB* 36.8; Leander, *De institutione virginum* 20; Donatus, *Regula* 12.12.

13 의복을 기부하려는 시도: Eugippius, *Regula* 8. 의복과 침구 세탁에 대한 제약: Augustine, *Praeceptum* 5.4; *Regula Pauli et Stephani* 28; Eugippius, *Regula* 1.113. 외부의 습관(*habitus*): Eugippius, *Regula* 1.105 ("hinc uos probate quantum uobis desit in illo interiore sancto habitu cordis ornatus, qui pro habitu corporis litigatis"). 세탁의 필요성은 실제로 영적 관리를 위한 은유로 작용했다: Susan Ashbrook Harvey, "Housekeeping: An Ascetic Theme in Late Antiquity," in *To Train His Soul in Books: Syriac Asceticism in Early Christianity*, ed. Robin Darling Young and Monica J. Blanchard (Washington, DC: Catholic University of America Press, 2011), 134–54, at 143–45.

14 Livia Kohn, *Monastic Life in Medieval Daoism: A Cross-Cultural Perspective* (Honolulu: University of Hawai'i Press, 2003), 189–90; Ann Heirman and Mathieu Torck, *A Pure Mind in a Clean Body: Bodily Care in Buddhist Monasteries of Ancient India and China* (Ghent: Academia Press, 2012), 137–64; Eric M. Greene, *Chan before Chan:*

Meditation, Repentance, and Visionary Experience in Chinese Buddhism (Honolulu: Kuroda Institute and University of Hawai'i Press, 2021), 198–99; Maria E. Doerfler, "'Hair!': Remnants of Ascetic Exegesis in Augustine's *De opere monachorum*," *Journal of Early Christian Studies* 22, no. 1 (2014): 79–111; Daniel Oltean, "Les origines de la tonsure monastique: Les sources grecques," *Byzantion* 82 (2017): 259–97, at 267–81; Susanna Elm, *Virgins of God: The Making of Asceticism in Late Antiquity* (Oxford: Clarendon, 1994), 108–10, 219; *AP/GN*, N. 418 (머리를 한 번도 자르지 않은 수도자).

15 Philipp von Rummel, *Habitus barbarus: Kleidung und Repräsentation spätantiker Eliten im 4. und 5. Jahrhundert* (Berlin: De Gruyter, 2007), 160–63, 215–25; 로마 군대에서 '야만인' 스타일의 유행에 관해서는, Guy Halsall, *Barbarian Migrations and the Roman West*, 376–568 (Cambridge: Cambridge University Press, 2007), 101–10.

16 은수자를 제외하고 긴 머리 금지: Rabbula, *Admonitions for the Monks* 5, in Vööbus, *Syriac and Arabic Documents*. 빡빡 깎은 머리: *So-Called Canons of Maruta* 59.5, in ibid. 삭발: Aurelian, *Regula ad monachos* 4. 허락 없이는 어디도 깎지 못함: Shenoute, *Rules* 91, 452, 509. 정기적인 이발과 수염 다듬기: Gregory of Tours, *Liber vitae patrum* 20.3; Canons of Q yriaqos 52.26, in Vööbus, *The Synodicon in the West Syrian Tradition*, 2:27 (여성을 위한 짧은 머리). Prohibited beard trimming: *Regula monasterii Tarnatensis* 4.6. 위로 묶은 머리: Caesarius, *Regula ad virgines* 56 (정확한 모양은 원고마다 다름), repeated in Donatus, *Regula* 64. 또한, Isidore, *Regula* 12: 누구나 같은 헤어스타일을 해야 한다! 체발에 대한 논쟁: Edward James, "Bede and the Tonsure Question," *Peritia* 3 (1984): 85–98; Florence Jullien, *Monachisme en Perse: La réforme d'Abraham le Grand, père des moines de l'Orient* (Louvain: Peeters, 2008), 119–24; Maria Mossakowska-Gaubert, "Official Garb of Egyptian Monks and Nuns (4th–8th Century AD): Appearance, Production and Role as a Social Marker," *Orientalia Christiana Periodica* 87 (2021): 71–128, at 98–101; Daniel McCarthy, "Representations of Tonsure in the Book of Kells," *Studia Celtica* 51 (2017): 89–103, 정수리 삭발 초상화에 관한 논의는 100–102페이지를 참고하라.

17 *AP/G* Poemen 184, trans. Ward, p. 193.

18 더욱 일반적으로는, Charles J. Metteer, "Distraction or Spiritual Discipline: The Role of Sleep in Early Egyptian Monasticism," *St Vladimir's Theological Quarterly* 51 (2008): 5–43; Leslie Dossey, "Watchful Greeks and Lazy Romans: Disciplining Sleep in Late Antiquity," *Journal of Early Christian Studies* 21 (2013): 209–39; Albrecht Diem, *The Pursuit of Salvation: Community, Space, and Discipline in Early Medieval Monasticism*

(Turnhout, Belgium: Brepols, 2021), 478–98.

19 *Instructions of Horsiesios* 6.3, trans. Veilleux, in *Pachomian Koinonia* 3:144; Shenoute, "A Beloved Asked Me Years Ago," in *Discourses*, 180; *RB* 19.7, repeated in Donatus, *Regula* 17.7; *Syriac Life of Saint Simeon Stylites* 44, trans. Doran, p. 128; Theodoret of Cyrrhus, *Historia religiosa* 26.23; Jacob of Sarug, *Homily on Simeon the Stylite*, trans. Susan Ashbrook Harvey, in Wimbush, *Ascetic Behavior in Greco-Roman Antiquity*, 20–23. 또한, Shenoute, *Rules* 236–37; Isaac of Nineveh, *Discourses* 2.14.12–26; Dadisho', *Shelya*, 54a–55a; Dadisho', *Compendious Commentary* 46–49. 콜롬바누스의 무릎 꿇기에 관한 지침과 비교하려면, *Regula coenobialis*, 221A; Donatus, *Regula* 34; Shem'on d-Ṭaybutheh, *On the Consecration of the Cell* 11, 14. 두 팔을 뻗고 하는 기도에 관해서는, 7~8세기에 아스클라(Askla) 수녀원장을 그린 이집트 바윗(Bawit)수도원의 벽화를 참고하라: Jean Clédat, *Le monastère et la nécropole de Baouît*, ed. Dominique Bénazeth and Marie-Hélène Rutschowscaya (Cairo: Institut Français d'Archéologie Orientale du Caire, 1999).

20 *AP/G* Arsenius 15, 30 (trans. Ward, p. 11 인용); *AP/GS* 12.1; *AP/PJ* 12.1; *AP/S* 1.6.105; 그리고 다른 *AP* 버전은 모나스티카 데이터베이스를 참고하라; Cyril of Scythopolis, *Life of Euthymius* 21, in *Bioi*. 또한, Isaac of Nineveh, *Discourses* 1.80.562–63; Dadisho', Compendious Commentary 169.

21 파코미아수도연맹: *Greek Life of Pachomius* 14, in *Pachomian Koinonia* 1:307; *Precepts* 87, in *Pachomian Koinonia* 2:160. 아미다수도원: John of Ephesus, *Lives of the Eastern Saints* 35, 2:642. Qartamin: Vööbus, *History of Asceticism in the Syrian Orient*, 2:265. 시조에스: *AP/G* Sisoes 33.

22 마카리우스: Palladius, *Historia Lausiaca* 18.3, trans. Wortley, p. 39. 그 밖의 다른 비평: Meteer, "Distraction or Spiritual Discipline," 13–16. 온건한 방법: John of Apamea, *Letter to Hesychius* 61, in Brock, *Syriac Fathers*; Cassian, *Collationes* 14.10; Babai, *Letter to Syriacus* 39, in Brock, *Syriac Fathers*; Columbanus, *Regula Columbani* 10; Isidore, *Regula* 13; John Climacus, *Klimax* 20; Shem'on d-Ṭaybutheh, *On the Consecration of the Cell* 13.

23 *Rule* 37 of St. John Stoudios of Constantinople, no. 4 in Thomas and Hero, *Byzantine Monastic Foundation Documents*; Maria Mossakowska-Gaubert, "Alimentation, hygiène, vêtements et sommeil chez les moines égyptiens (IVe–VIIIe siècle): L'état des sources archéologiques et écrites," in *La vie quotidienne des moines en Orient et en Occident (IVe–Xe siècle)*, vol. 1, *L'état des sources*, ed. Olivier Delouis and Maria

Mossakowska-Gaubert (Cairo and Athens: Institut Français d'Archéologie Orientale and École Française d'Athènes, 2015), 23–55, at 32–33; Ina Eichner, "The Archaeological Evidence of Domestic Life in the Monasteries of Western Thebes: The Example of Deir el-Bakhit," in *La vie quotidienne des moines*, ed. Delouis and Mossakowska-Gaubert, 2:25–36, at 30–31.

24 잠자리 포기: e.g., Fortunatus, *Vita Paterni* 9.28; Antony of Choziba, *Bios Georgiou* 4.19. 셰누테: Ariel G. López, *Shenoute of Atripe and the Uses of Poverty: Rural Patronage, Religious Conflict, and Monasticism in Late Antique Egypt* (Berkeley: University of California Press, 2013), 97. 베개와 기타 고급 침구에 대한 금지 사항: *Precepts* 81, in *Pachomian Koinonia* 2:159; Caesarius of Arles, *Regula ad virgines* 44–45; Dorotheus of Gaza, *Didaskalia* 3.45; Aurelian of Arles, *Regula ad monachos* 27; Isidore, *Regula* 13; Fructuosus, *Regula* 11; Donatus, *Regula* 53.5. Augustine: *Praeceptum* 1.5–7, 3.3–4, echoed in *Regula Eugippii* 1.59–63; Peter Brown, *Through the Eye of a Needle,* 175–77.

25 Barsanuphius and John, *Letters* 452.

26 *Consultationes Zacchei* 3.10–16.

27 Anne-Marie Helvétius, "Le sexe des anges," in *De la différence des sexes: Le genre en histoire*, ed. Michèle Riot-Sarcey (Paris: Larousse, 2010), 101–30, 246–51; Roland Betancourt, *Byzantine Intersectionality: Sexuality, Gender, and Race in the Middle Ages* (Princeton: Princeton University Press, 2020), 96–106; Doerfler, "Hair!," 98–101; Albrecht Diem, "The Gender of the Religious: Wo/Men and the Invention of Monasticism," in *The Oxford Handbook of Women and Gender in Medieval Europe*, ed. Judith Bennett and Ruth Karras (Oxford: Oxford University Press, 2013), 432–46, esp. 437–40; Diem, *The Pursuit of Salvation,* 191–94; Rebecca Krawiec, *Shenoute and the Women of the White Monastery: Egyptian Monasticism in Late Antiquity* (Oxford: Oxford University Press, 2002), 92–119; Isabelle Réal, "Tâches et gestes quotidiens des moniales en Gaule franque (VIe–Xe siècle): Fragments de vie domestique," in *La vie quotidienne des moines*, ed. Delouis and Mossakowska-Gaubert, 2:203–36, esp. 224–26; Shaw, *Burden of the Flesh*, 235–46; Foucault, *Les aveux de la chair*, 188–89; Brown, *Body and Society*, 366–86.

28 Brown, *Body and Society*, 5–209; Foucault, *Les aveux de la chair*, 149–245.

29 Elm, *Virgins of God*, 184–223, 336, 373–83; Markschies, *God's Body*, 182–319; Foucault, *Les aveux de la chair*, 228–30; Clements, *Sites of the Ascetic Self*; David Brakke, "The Problematization of Nocturnal Emissions in Early Christian Syria, Egypt, and

Gaul," *Journal of Early Christian Studies* 3 (1995): 419–60, at 446–53; 간음하고픈 생각을 떨쳐내기 위한 휴식(*quies*)과 고독(*solitudo*)의 필요성을 살펴보려면, Cassian, *De institutis coenobiorum* 6.3, 더 일반적인 사항을 살펴보려면, *De institutis coenobiorum* 6 and *Collationes* 12. 일부 이론가는 여성이 몽정을 경험할 수 있다고 생각했다: Donatus, *Regula* 33.

30 Georges Sidéris, "Ascètes et moines eunuques en Égypte et Palestine byzantines (IVe–VIIe siècle)," in *La vie quotidienne des moines*, ed. Delouis and Mossakowska-Gaubert, 2:301–20; Daniel F. Caner, "The Problem and Practice of Self-Castration in Early Christianity," *Vigiliae Christianae* 51 (1997): 396–415; Pevarello, *The Sentences of Sextus*, 62–67 (에드워드Edward와 와일드Wild의 *Sentences* 13 번역에서 인용); Doerfler, "Hair!," 84–97; Felix Szabo, "Non-Standard Masculinity and Sainthood in Niketas David's *Life* of Patriarch Ignatios," in *Trans and Genderqueer Subjects in Medieval Hagiography*, ed. Alicia Spencer-Hall and Blake Gutt (Amsterdam: Amsterdam University Press, 2021), 109–29. 참고로 거세된 남자를 트랜스젠더, 즉 성전환자로 보는 롤런드 베튼코트(Roland Betancourt)의 좀 더 낙관적인 견해는 수도원뿐 아니라 황실에서도 트랜스 수도자와 기타 제3의 성(nonbinary)에 속하는 사람들을 다소 안심시켰다: *Byzantine Intersectionality*, 119.

31 John Moschos, *Pratum spirituale* 3; 매우 유사한 사건에 대한 팔라디우스의 긍정적 해석을 참고하라: *Historia Lausiaca* 29.

32 여성을 회피한 은수자들: Brown, *Body and Society*, 241–48. 이성 수도자 금지하기: Rabbula, *Admonitions for the Monks* 1, in Vööbus, *Syriac and Arabic Documents*; *Regula et instituta patrum* 4; Babai, *Letter to Cyriacus* 26, 52, in Brock, *Syriac Fathers*; Caesarius, *Regula ad monachos* 11.1; Aurelian, *Regula ad monachos* 15; Johannan Bar Qursos, *Canons* 11.6, in Vööbus, *Syriac and Arabic Documents*; *Rules for Nuns* 7, in ibid.; *Rules of Jacob of Edessa* 11, in ibid.; *Canons of the Persians* 26, in ibid. 예외 사항: Shenoute, *Rules* 425 (응급 상황); Caesarius, *Regula ad virgines* 36 (성직자와 도급업자); Ferreolus, *Regula* 4 (대화는 벽을 사이에 두고 목격자의 입회하에 이루어진다); *Regula monasterii Tarnatensis* 4.1 (친척), 20 (소예배당과 접대소); Aurelian, *Regula ad virgines* 14 (교회와 응접실), 15 (공급업자와 도급업자); Aurelian, *Regula ad monachos* 14 (응접실), 19 (공급업자); *Canons which are necessary for the monks* 4 (아픈 수도자의 어머니나 누이); Donatus, *Regula* 55 (성직자와 도급업자), 56–57 (출입구나 응접실에서 일반 손님을 선별한다). 더 일반적인 사항을 살펴보려면, Alice-Mary Talbot, "Women's Space in Byzantine Monasteries," *Dumbarton Oaks Papers* 52 (1998): 113–27; Gisela Muschiol, "Time and Space:

Liturgy and Rite in Female Monasteries of the Middle Ages," in *Crown and Veil: Female Monasticism from the Fifth to the Fifteenth Centuries*, ed. Jeffrey F. Hamburger and Susan Marti, trans. Dietlinde Hamburger (New York: Columbia University Press, 2008), 191–206; Betancourt, *Byzantine Intersectionality*, 91–96, 102–106; M. W. Bychowski, "The Authentic Lives of Transgender Saints: *Imago Dei and imitatio Christi* in the *Life* of St. Marinos the Monk," in *Trans and Genderqueer Subjects in Medieval Hagiography*, ed. Spencer-Hall and Gutt, 245–65.

33 인용문: *AP/GN*, N. 154, trans. Wortley, p. 105. 시선 조심하기: Augustine, *Praeceptum* 4; Isaiah, *Asketikon* 5.23, 10.14, 10.68; Caesarius of Arles, *Regula ad virgines* 23; Cyril of Scythopolis, *Life of Saba* 47, in *Bioi*; *Regula monasterii Tarnatensis* 18.13; *On the Order of the Novice-Brothers* 35, in Arthur Vööbus, *History of Asceticism in the Syrian Orient: A Contribution to the History of Culture in the Near East*, vol. 3 (Leuven: CSCO, 1988), 189; Donatus, *Regula* 50; John of Dalyatha, *Letters* 18.2, 18.17, 18.22, 18.28.

34 Gregory of Tours, *Liber vitae patrum* 1.2, 1.6. 같은 문헌에서 두 태도에 관한 사례를 보려면, e.g., *AP/G* Arsenius 28, Longinus 3; Theodoret, *Historia religiosa* 8.13, 11.4. Gregory, *Dialogi* 2.19, 3.16.5. 또한, Diem, *Das monastische Experiment*, 86–91.

35 Shenoute, *Rules* 47; 개인의 죄악으로 수도공동체 전체가 더럽혀질 우려를 살펴보려면, Caroline T. Schroeder, *Monastic Bodies: Discipline and Salvation in Shenoute of Atripe* (Philadelphia: University of Pennsylvania Press, 2007), 54–89. 아이들: Isaiah, *Asketikon* 5.2; Shenoute, *Rules* 4, 11, 59, 395–96, 504, 508, 513–16, 563, 566, 574; *Rule of Naqlun* 4, 5, 16; *On the Order of the Novice-Brothers* 39, in Vööbus, *History of Asceticism in the Syrian Orient*, 3:189. 침대: Isaiah, *Asketikon* 5.2 (개별 침대 사용에 관한 몇 가지 예외), 10.8 (예외 없음); Shenoute, *Rules* 1–2, 94; *RB* 22.1; Ferreolus, *Regula* 33; Isidore, *Regula* 17; Donatus, *Regula* 65.1; Jonas of Bobbio, *Regula cuiusdam ad virgines* 14 (침대 공동 사용); John of Dalyatha, *Letters* 18.11, 18.35. 동성에 대한 우려: Kyle Harper, *From Shame to Sin: The Christian Transformation of Sexual Morality in Late Antiquity* (Cambridge, MA: Harvard University Press, 2013), 22–30, 141–58; Carrie Schroeder, "Children and Egyptian Monasticism," in *Children in Late Ancient Christianity*, ed. Cornelia B. Horn and Robert R. Phenix (Tübingen: Morh Siebeck, 2009), 317–38, at 319–21, 336–37; Maria Chiara Giorda, "Children in Monastic Families in Egypt at the End of Antiquity," in *Children in Everyday Life in the Roman and Late Antique World*, ed. Christian Laes and Ville Vuolanto (London: Routledge, 2017), 232–46, at 237–38; Derek Krueger, "Between Monks: Tales of Monastic Companionship in Early Byzantium,"

Journal of the History of Sexuality 20 (2011): 28–61.

36 제도적 효력: Diem, *Das monastische Experiment*, 131–321; 디엠(Diem)의 주장에서 미묘한 차이를 확인하려면, *Pursuit of Salvation*, 265–327. 혼성 수도공동체: Alison I. Beach and Andra Juganaru, "The Double Monastery as a Historiographical Problem (Fourth to Twelfth Century)," in *Cambridge History of Medieval Monasticism in the Latin West*, ed. Beach and Cochelin, 1: 561–78; Jan Gerchow, Katrinette Bodarwé, Susan Marti, and Hedwig Röckelein, "Early Monasteries and Foundations (500–1200): An Introduction," in *Crown and Veil*, ed. Hamburger and Marti, 13–40, 메로빙거왕조 시대 갈리아의 115개 혼성 수도공동체와 관련해선 16페이지 그림을 참고하라.

37 Palladius, *Historica Lausiaca* 18.26.

38 Cassian, *De institutis coenobiorum* 5.6, 6.23; Shem'on d-Ṭaybutheh, *Book of Medicine* 179b, trans. Mingana, pp. 35–36; 더욱 일반적으로는, Shaw, *Burden of the Flesh*, 53–64.

39 Cassian, *De institutis coenobiorum* 5.11–20; Fragment 5.2, trans. Veilleux, in *Pachomian Koinonia* 3:88.

40 Athanasius, *Vita Antonii* 7; Florentius, *Vita Rusticulae* 7; Gregory of Tours, *Liber vitae patrum* 5.1 (포르티아누스); Antony of Choziba, *Bios Georgiou* 3.12; Anastasios of Sinai, *Diegeseis peri tou Sina* 1.18 (시나이에 사는 게오르기우스); Isho'denaḥ of Basra, *Ktaba d-nakputa* 65 (요셉); *AP/GN*, N. 152 (trans. Wortley, p. 152); Jerome, *Vita Hilarionis* 5.

41 간식: Augustine, *Praeceptum* 3.1; Cassian, *De institutis coenobiorum* 4.18; *Canons of Mar Mattai* 14, in Vööbus, *History of Asceticism in the Syrian Orient* 3:174; Eugippius, *Regula* 38; *Rules attributed to Rabbula* 17, in Vööbus, *Syriac and Arabic Documents*; Caesarius, *Regula ad virgines* 30.2–3; Ferreolus, *Regula* 35; Donatus, *Regula* 24. 남은 음식: Pachomius, *Precepts* 38, 78, in *Pachomian Koinonia* 2:151, 159; Shenoute, *Rules* 193, 195–97, 242. 포장 음식/길거리 음식: *Rules attributed to Ephrem* 2, in Vööbus, *Syriac and Arabic Documents*; Shenoute, *Rules* 526; Eugippius, *Regula* 1.20; *Regula Tarnatensis* 9.14. 기능적인 음식 대 맛있는 음식: Cassian, *De institutis coenobiorum* 5.8, 5.23; Columbanus, *Regula Columbani* 3. 배가 부르거나 물릴 정도로 먹지 않기: Basil, *Great Asketikon*, LR 19; Cassian, *De institutis coenobiorum* 5.6; Isaiah, *Asketikon* 11.44; *Rule of Naqlun* 52; *On the Order of the Novice-Brothers* 4, 15, in Vööbus, *History of Asceticism in the Syrian Orient*, 3:187–88; Columbanus, *Regula Columbani* 3; Columbanus, *Paenitentiale* A6, B12. 허기에 노예처럼 휘둘리기: *RM* 53.26–33. 포만감에 멍해지기: Smaragdus, *Expositio* 4.36. 포만감에 질식되기: Columbanus, *Regula Columbani* 3.

42 Maria Mossakowska-Gaubert, "Les moines égyptiens el leur nourriture terrestre

(IVe–VIIIe siècle)," in *La vie quotidienne des moines*, ed. Delouis and Mossakowska-Gaubert, 2:145–83, at 149–56; Alfredo Carannante, Salvatore Chilardi, Girolamo Fiorentino, Alessandra Pecci, and Francesco Solinas, "Le cucine di San Vincenzo al Volturno: Ricostruzione funzionale in base ai dati topografici, strutturali, bioarcheologici e chimici," in *Monasteri in Europa occidentale (secoli VIII–XI): Topografia e strutture*, ed. Flavia de Rubeis and Federico Marazzi (Rome: Viella, 2008), 498–507. 고기 금지: *Canons of the Persians* 23, in Vööbus, *Syriac and Arabic Documents*; *So-Called Canons of Maruta* 59.2, in ibid.; Isho' Bar Nun, *Canons* 16 (아라비아어 판본), in ibid.; *Rule of Naqlun* 20; Caesarius, *Regula ad monachos* 24 (아픈 사람은 예외); *RM* 53.31–33 (부활절과 성탄절 시기엔 예외); *RB* 39.11 (네발 동물의 살을 가리킨다. 환자는 예외); Caesarius, *Regula ad virgines* 71 (환자를 위한 닭고기는 예외); Aurelian, *Regula ad monachos* 51 (축제일에 어류와 환자를 위한 가금류는 예외); Aurelian, *Regula ad virgines* 34–35 (특별한 행사에 어류와 환자를 위한 가금류는 예외); Leander, *De institutione virginum* 24; Isidore, *Regula* 9 (축제일에 소량은 예외); Jonas, *Regula* 10.4; Fructuosus, *Regula* 3 (귀빈과 환자와 순례 수도자를 위한 어류나 가금류는 예외); Donatus, *Regula* 12.13–14 (환자는 예외); *Rule* 29 of Stoudios, in Thomas and Hero, *Byzantine Monastic Foundation Documents* (어류는 괜찮다). Cf. Basil, *Great Asketikon*, LR 18 (모든 음식은 하나님이 만들었으니 다 괜찮다!).

43 Emmanuelle Raga, "Partage alimentaire et ascétisme dans le monachisme occidental: Les normes alimentaires aristocratiques en toile de fond de la construction des normes cénobitiques (IVe–VIe siècle)," in *La vie quotidienne des moines,* ed. Delouis and Mossakowska-Gaubert, 2:185–202; Shaw, *Burden of the Flesh*, 161–219. 식사 중의 독서에 대해서는 4장을 참고하라.

44 Shenoute, *Rules* 186; *Regula Pauli et Stephani* 19; Krawiec, *Shenoute and the Women of the White Monastery*, esp. 43–46, 100–106.

45 Augustine, *Praeceptum* 3.3–4; 또한, *Regula monasterii Tarnatensis* 16. 나이: Shenoute, *Rules* 175. 고된 육체노동: Shenoute, *Rules* 178; *Regula monasterii Tarnatensis* 9.11; *Typikon* 4 of Pantelleria, in Thomas and Hero, *Byzantine Monastic Foundation Documents*. 아픈 수도자: Shenoute *Rules* 33, 156, 157, 158, 160–61, 176–77, 189 (꾀병을 부린다고 다른 수도자들을 의심하기); Eugippius, *Regula* 1.57–58 (분개); Andrew T. Crislip, *From Monastery to Hospital: Christian Monasticism and the Transformation of Health Care in Late Antiquity* (Ann Arbor: University of Michigan Press, 2005), 68–99.

46 갈리아의 수도자들: Sulpicius Severus, *Gallus* 1.8.4. 식사 모습을 관찰하기/판단하기:

Cassian, *De institutis coenobiorum* 4.17; Shenoute, *Rules* 500 (trans. Layton, p. 307 인용); Jonas, *Regula* 10.12; Isaac, *Life of Samuel* 42. 금식 중인 수도자에게 식사를 강요하는 것에 반대하는 셰누테의 정책도 참고하라: *Rules* 207 – 8, 331, 498, 501; 경쟁적 금식에 관한 내용은 2장을 참고하라.

47 Barsanuphius and John, *Letters* 151 – 63 (다른 형태의 절제에 관해서는 155); Evagrius, *Peri logismon* 35; Gregory, *Liber vitae patrum* 1.3.

48 *Vita patrum Iurensium* 2.4; John of Dalyatha, *Letters* 20.2; Cassian, *De institutis coenobiorum* 5.9 (*mentis labefacere constantiam*), similiar is *Collationes* 1.21; Johannan Bar Qursos, *Rules for the Monastery of Mār Zakkai* 48, trans. Vööbus, *Syriac and Arabic Documents*, p. 61. 과도한 금식에 따른 그 밖의 의학적 우려: Andrew Crislip, "'I have chosen sickness': The Controversial Function of Sickness in Early Christian Ascetic Practice," in *Asceticism and Its Critics: Historical Accounts and Comparative Perspectives*, ed. Oliver Freiberger (Oxford: Oxford University Press, 2006), 179 – 209; Shaw, *Burden of the Flesh*, 96 – 112.

49 *AP/GN*, N. 394 (간식의 유익한 점); Basil, *Great Asketikon*, SR 17 (정당한 배고픔 대 간식에 대한 산만한 생각); Cassian, *De institutis coenobiorum* 10.2.2 (주의를 흩트리는 간식 생각); Evagrius, *Antirrhetikos* 1.22 (간과 비장), 1.54 (수확기에 과일을 갈망하기), 1.59 (질병); *Vita patrum Iurensium* 1.13 (수확기에 너무 많이 먹기).

50 *On Hermits and Desert Dwellers*, lines 97 – 100, trans. Amar, p. 70. 신체를 건물로 바라본 점을 살펴보려면, Ashbrook Harvey, "Housekeeping." 기도를 제물(여기선 향과 연기의 신호)로 바라본 점을 살펴보려면, Lorenzo Perrone, *La preghiera secondo Origene: L'impossibilità donata* (Brescia: Morcelliana, 2011), 513 – 45, 571 – 72.

4장 책

1 Evagrius, *De octo spiritibus malitiae* 6.15, trans. Sinkewicz, p. 84. 에바그리우스의 뒷이야기는 팔라디우스의 《라우수스의 역사》를 통해 널리 알려졌는데(38.2 – 9), 이 책은 에바그리우스가 죽은 지 20년쯤 지난 420년경 이집트에서 유명했던 고행자들의 이야기와 여행기를 담고 있다.

2 Matthew D. C. Larsen and Mark Letteney, "Christians and the Codex: Generic Materiality and Early Gospel Traditions," *Journal of Early Christian Studies* 27 (2019): 383 – 413; Anthony Grafton and Megan Williams, *Christianity and the Transformation of the Book: Origen, Eusebius, and the Library of Caesarea* (Cambridge, MA: Belknap, 2006);

Caroline Humfress, "Judging by the Book: Christian Codices and Late Antique Legal Culture," in *The Early Christian Book*, ed. William Klingshirn and Linda Safran (Washington, DC: Catholic University of America Press, 2007), 141–58; Harry Y. Gamble, *Books and Readers in the Early Church: A History of Early Christian Texts* (New Haven: Yale University Press, 1995), esp. 42–81; Colin H. Roberts and T. C. Skeat, *The Birth of the Codex* (London: Oxford University Press, 1983).

3 Kim Haines-Eitzen, *Guardians of Letters: Literacy, Power, and the Transmitters of Early Christian Literature* (Oxford: Oxford University Press, 2000); Gamble, *Books and Readers*, 82–143; Hugo Lundhaug and Lance Jenott, "Production, Distribution and Ownership of Books in the Monasteries of Upper Egypt: The Evidence of the Nag Hammadi Colophons," in *Monastic Education in Late Antiquity: The Transformation of Classical Paideia*, ed. Lillian I. Larsen and Samuel Rubenson (Cambridge: Cambridge University Press, 2018), 306–25; Chrysi Kotsifou, "Books and Book Production in the Monastic Communities of Byzantine Egypt," in *The Early Christian Book*, ed. Klingshirn and Safran, 48–66; Arthur Vööbus, *History of Asceticism in the Syrian Orient: A Contribution to the History of Culture in the Near East*, vol. 2 (Leuven: CSCO, 1960), 389–93.

4 Jean-Pierre Mahé, "Les pères syriens et les origines du monachisme géorgien d'après le nouveau manuscrit sinaïtique," in *Monachismes d'Orient: Images, échanges, influences. Hommage à Antoine Guillaumont*, ed. Florence Jullien and Marie-Joseph Pierre (Turnhout, Belgium: Brepols, 2011), 51–64, Zedazadeni at 62 n. 68; Muriel Debié, "Livres et monastères en Syrie-Mésopotamie d'après les sources syriaques," in *Le monachisme syriaque*, ed. Florence Jullien (Paris: Geuthner, 2010), 123–68, Simeon at 155; Michael Lapidge, *The Anglo-Saxon Library* (Oxford: Oxford University Press, 2005), Bede at 36–37; Julia Becker, "Präsenz, Normierung und Transfer von Wissen: Lorsch als 'patristische Zentralbibliothek,'" in *Karolingische Klöster: Wissentransfer und kulturelle Innovation*, ed. Becker, Tino Licht, and Stefan Weinfurter (Berlin: De Gruyter, 2015), 71–87; Tito Orlandi, "The Library of the Monastery of Saint Shenute at Atripe," in *Perspectives on Panopolis: An Egyptian Town from Alexander the Great to the Arab Conquest,* ed. A. Egberts, B. P. Muhs, and J. van der Vliet (Leiden: Brill, 2002), 211–31; Hugo Lundhaug and Lance Jenott, *The Monastic Origins of the Nag Hammadi Codices* (Tübingen: Mohr Siebeck, 2015), 207–33; Joel T. Walker, "Ascetic Literacy: Books and Readers in East-Syrian Monastic Tradition," in *Commutatio et contentio:*

Studies in the Late Roman, Sasanian, and Early Islamic Near East, ed. Henning Börm and Josef Wiesehöfer (Düsseldorf: Wellem, 2010), 307–45; Jack Tannous, *The Making of the Medieval Middle East: Religion, Society, and Simple Believers* (Princeton: Princeton University Press, 2018), 181–98; Marlia Mundell Mango, "The Production of Syriac Manuscripts, 400–700 AD," in *Scritture, libri e testi nelle aree provinciali di Bisanzio*, ed. Guglielmo Cavallo, Giuseppe de Gregorio, and Marilena Maniaci (Spoleto: Centro Italiano di Studi sull'Alto Medioevo, 1991), 161–79; Slyvain Destephen, "Quatre études sur le monachisme asianique (IVe–VIIe siècle)," *Journal des Savants* (2010): 193–264, at 232–33; Garth Fowden, "Alexandria between Antiquity and Islam: Commerce and Concepts in First Millennium Afro-Eurasia," *Millennium-Jahrbuch* 16 (2019): 233–70, at 245–49; Susana Calvo Capilla, "The Reuse of Classical Antiquity in the Palace of Madinat al-Zahra' and Its Role in the Construction of Caliphal Legitimacy," *Muqarnas* 31 (2014): 1–33, at 12–15, 22–23.

5 Shem'on d-Ṭaybutheh, *On the Consecration of the Cell* 8.

6 Henrik Rydell Johnsén, "The Virtue of Being Uneducated: Attitudes towards Classical *Paideia* in Early Monasticism and Ancient Philosophy," in *Monastic Education in Late Antiquity*, ed. Larsen and Rubenson, 219–25.

주

7 낭독과 묵독의 차이: Heinrich Fichtenau, "Monastisches und scholastisches Lesen," in *Herrschaft, Kirche, Kultur: Beiträge zur Geschichte des Mittelalters. Festschrift für Friedrich Prinz zu seinem 65. Geburtstag*, ed. Georg Jenal (Stuttgart: Hiersemann, 1993), 317–37, at 318; Walker, "Ascetic Literacy," 311–15, 320; 그리고 책을 큰 소리로 읽고 명상해 산만함을 없애라는 바르사누피우스의 조언을 참고하라(*Letters* 431).

8 창조물로서 필체: Claudia Rapp, "Holy Texts, Holy Men, and Holy Scribes: Aspects of Scriptural Holiness in Late Antiquity," in *The Early Christian Book*, ed. Klingshirn and Safran, 194–222, at 215. 에바그리우스의 맥락 교육: Blossom Stefaniw, "The School of Didymus the Blind in Light of the Tura Find," in *Monastic Education in Late Antiquity*, ed. Larsen and Rubenson, 153–81. 아케디아: Gabriel Bunge, *Akedia: Die geistliche Lehre des Evagrios Pontikos vom Überdruß* (Cologne: Luthe, 1989), esp. 51–68.

9 *AP/GN*, N. 185, trans. Wortley, p. 131 ("쇠처럼 단단해서": 둘 다 제거하기 어렵다는 점에서 책과 성적인 생각, 즉 포르네이아*porneia* 사이의 유사성을 나타낸다). 교육 시스템: Stefaniw, "The School of Didymus the Blind"; Catherine M. Chin, *Grammar and Christianity in the Late Roman World* (Philadelphia: University of Pennsylvania Press, 2008); Jean Leclercq, *The Love of Learning and the Desire for God: A Study of Monastic*

Culture, trans. Catharine Misrahi (New York: Fordham University Press, 1961), 58–60, 139–84; Rita Copeland and Ineke Sluiter, eds., *Medieval Grammar and Rhetoric: Language Arts and Literary Theory, AD 300–1475* (Oxford: Oxford University Press, 2009).

10 Hugo Lundhaug, "The Dishna Papers and the Nag Hammadi Codices: The Remains of a Single Monastic Library?," in *The Nag Hammadi Codices and Late Antique Egypt*, ed. Lundhaug and Lance Jenott (Tübingen: Mohr Siebeck, 2018), 329–86; Tannous, *The Making of the Medieval Middle East*, 160–80, 187–97, 210–15; Giorgia Vocino, "A Peregrinus's Vade Mecum: MS Bern 363 and the 'Circle of Sedulius Scottus,'" in *The Annotated Book in the Early Middle Ages: Practices of Reading and Writing*, ed. Mariken Teeuwen and Irene van Renswoude (Turnhout, Belgium: Brepols, 2017), 87–123, at 97–100.

11 투르판에서 이삭의 업적: Sims-Williams, *An Ascetic Miscellany*, E28/12, p. 25, excerpted from Isaac, *Discourses* 2.1. 퐁티니: Leclercq, *The Love of Learning and the Desire for God*, 316 (Auxerre, Bibliothèque municipale 50, fol. 139v 인용); 또한, Walker, "Ascetic Literacy," 316–24.

12 Ferreolus, *Regula* 19. 행정적 포부: Roger Bagnall, "The Educational and Cultural Background of Egyptian Monks," in *Monastic Education in Late Antiquity*, ed. Larsen and Rubenson, 75–100. 읽히지 않는 책: *AP/GS* 10.191; *AP/PJ* 10.114; *AP/S* 1.8.250, Budge의 73페이지 번역문을 살짝 수정해서 인용; 아라비아어, 에티오피아어, 슬라브어로 쓰인 다른 *AP* 버전은 모나스티카 데이터베이스를 참고하라; 또한, Lundhaug and Jenott, *Monastic Origins of the Nag Hammadi Codices*, 166에서 인용된 the Pachomian *Prophecy of Apa Charour*.

13 의무적인 독서: *Precepts* 139–40, 142, in *Pachomian Koinonia* 2:166; *Regulations of Horsiesios* 16, in *Pachomian Koinonia* 2:202. 초보적인 독서 교수법에 관한 개요를 살펴보려면, Lillian I. Larsen, "'Excavating the Excavations' of Early Monastic Education," in *Monastic Education in Late Antiquity*, ed. Larsen and Rubenson, 101–24. 텍스트와 청각: Paul C. Dilley, *Monasteries and the Care of Souls in Late Antique Christianity: Cognition and Discipline* (Cambridge: Cambridge University Press, 2017), 110–47; John Wortley, "How the Desert Fathers 'Meditated,'" *Greek, Roman, and Byzantine Studies* 46 (2006): 315–28. 요나스: *Paralipomena* 29–30, in *Pachomian Koinonia* 2:53–55.

14 Dilley, *Monasteries and the Care of Souls*, 144–45; Yvan Koenig, "Place et rôle de l'Écriture dans la prière individuelle des moines d'Égypte (IVe–Ve siècle)," in *La vie*

quotidienne des moines en Orient et en Occident (IVe–Xe siècle), vol. 2, *Questions transversales*, ed. Olivier Delouis and Maria Mossakowska-Gaubert (Cairo and Athens: Institut Français d'Archéologie Orientale and École Française d'Athènes, 2019), 239–52.

15 파코미아수도연맹의 조직화: Brakke, *Demons and the Making of the Monk*, 92, following Armand Veilleux, *La liturgie dans le cénobitisme pachômien au quatrième siècle* (Rome: Herder, 1968), 262–75. 예배식의 대안: Peter Jeffery, "Psalmody and Prayer in Early Monasticism," in *The Cambridge History of Medieval Monasticism in the Latin West* ed. Alison I. Beach and Isabelle Cochelin (Cambridge: Cambridge University Press, 2020), 1:112–27. 부유한 부모의 집: Evagrius, *Antirrhetikos* 3.22 (Ps. 83:11/84:11). 경전을 통해 자아를 형성하려는 에바그리우스의 접근 방식: Luke Dysinger, *Psalmody and Prayer in the Writings of Evagrius Ponticus* (Oxford: Oxford University Press, 2005).

16 스토아학파의 사고 관리: Robert E. Sinkewicz, *Evagrius of Pontus: The Greek Ascetic Corpus* (Oxford: Oxford University Press, 2003), 145–46; Pierre Hadot, *Exercices spirituels et philosophie antique*, 2nd ed. (Paris: Études Augustiniennes, 1987), 20–27, 66–68. 에바그리우스의 악마 연구: David Brakke, *Demons and the Making of the Monk: Spiritual Combat in Early Christianity* (Cambridge, MA: Harvard University Press, 2006), 48–77. 전승된 원고: Brakke, introduction to *Antirrhetikos*, 1–6, 41–44; Hugo Gressmann and W. Lüdtke, "Euagrios Pontikos," *Zeitschrift für Kirchengeschichte* 35 (1914): 86–96; 더욱 일반적으로는, Paul Géhin, "D'Égypte en Mésopotamie: La réception d'Évagre le Pontique dans les communautés syriaques," in *Monachismes*, ed. Jullien and Pierre, 29–49. 유사하지만 더 긴 안내서가 〈이사야〉의 시리아어 전승본인 *Akestikon*을 통해 유통되었다: Logos 16 in Draguet's ed.

17 Barsanuphius, *Letters* 427; Inbar Graiver, "The Paradoxical Effects of Attentiveness," *Journal of Early Christian Studies* 24 (2016): 199–227.

18 Cassian, *Collationes* 1.17 (온갖 생각으로 어지러운 마음), 14.10 (알맞은 꼴로 형성). 카시아누스의 주장과 그 맥락: Conrad Leyser, "*Lectio divina, oratio pura*: Rhetoric and the Techniques of Asceticism in the *Conferences* of John Cassian," in *Modelli di santità e modelli di comportamento: Contrasti, intersezioni, complementarità*, ed. Giulia Barone, Marina Caffiero, and F. Scorza (Turin: Rosenberg & Sellier, 1994), 79–105; cf. Rebecca Krawiec, "Monastic Literacy in John Cassian: Toward a New Sublimity," *Church History* 81 (2012): 765–95.

19 Peter Jeffery, "Monastic Reading and the Emerging Roman Chant Repertory," in *Western Plainchant in the First Millennium: Studies in the Medieval Liturgy and Its Music,*

ed. Sean Gallagher, James Haar, John Nádas, and Timothy Striplin (Aldershot, England: Ashgate, 2003), 45–103, at 53–63; Michaela Puzicha, "*Lectio divina*—Ort der Gottesbegegnung," in *Erbe und Auftrage: Monastische Welt*, ed. Beuron Archabbey (Beuron, Germany: Beuroner Kunstverlag, 2011), 245–63; Ellen Muehlberger, *Moment of Reckoning: Imagined Death and Its Consequences in Late Ancient Christianity* (Oxford: Oxford University Press, 2019), 119–29; Niki Kasumi Clements, *Sites of the Ascetic Self: John Cassian and Christian Ethical Formation* (Notre Dame: University of Notre Dame Press, 2020), 118–22; *AP/GN*, N. 185 (책이 "쇠처럼 단단하다"라는 표현은 앞의 주석 9번에도 언급되어 있다). 마음과 입: *RM* 7.71; *RB* 5.17; Baudonivia, *Vita Radegundis* 8, 19 (여러 사례 중에서).

20 Fichtenau, "Monastisches und scholastisches Lesen," 325–29; MarieJoseph Steve, *L'Île de Khārg: Une page de l'histoire du Golfe Persique et du monachisme oriental* (Neuchâtel: Recherches et Publications, 2003), 106–8. 책 대출하기: Precepts 25, in *Pachomian Koinonia* 2:149; Shenoute, *Rules* 245–46; Augustine, *Praeceptum* 5.9–10; Eugippius, *Regula* 1.123–24; *RB* 48.15–16; *Regula monasterii Tarnatensis* 22.2–3; Isidore, *Regula* 8; monastery of St. John Stoudios, *Rule* 26, in Thomas and Hero, *Byzantine Monastic Foundation Documents*; and the hagiographic example of Bar-ʿIdta in his time at Izla: Abraham, *History of Rabban Bar-ʿIdta*, lines 146, 168–93, pp. 173–76. 책의 파손: Isidore, *Regula* 17. 책의 소유욕에 관해서: 또한, Cassian, *Collationes* 1.6.2, 4.21.

21 각기 다른 독서 일정: Augustine, *Ordo monasterii* 3; *Regula orientalis* 24; *Regula et instituta patrum* 5; *RM* 50; Eugippius, *Regula* 1.10; *So-Called Canons of Maruta* 54.23, in Vööbus, *Syriac and Arabic Documents*; Caesarius, *Regula ad virgines* 19; Caesarius, *Regula ad monachos* 14; Aurelian, *Regula ad monachos* 28; *Regula monasterii Tarnatensis* 9.5, 9.7; Ferreolus, *Regula* 19, 26; Isidore, *Regula* 5; Fructuosus, *Regula* 4; Donatus, *Regula* 20.1; *Regula communis* 10; Shemʿon d-Ṭaybutheh, *On the Consecration of the Cell* 11; Joseph Ḥazzaya, *Lettre sur les trois étapes de la vie monastique* 3.74–76, 3.83. 아침 예배 중에 독서: Hildemar, *Expositio* 10, 권장 시간은 피곤한 수도자들의 비율에 따라 달라진다! 독서와 일과/기도의 교대: Leander of Seville, *De institutione virginum* 15; Fructuosus, *Regula* 6. Sundays: *RM* 75; *RB* 48. 할당된 독서: *RM* 15.28–37. 잡담을 예방하기 위한 독서: *Rules of Abraham of Kaškar* 8, in Vööbus, *Syriac and Arabic Documents*. 육체노동을 대체할 일거리: Ferreolus, *Regula* 28. 육체노동 중에 독서: Caesarius of Arles, *Regula ad virgines* 20; Leander of Seville, *De institutione virginum* 15; Donatus, *Regula* 20.7. Meals: Augustine, *Ordo monasterii* 7; Augustine, *Praeceptum* 3.2; Cassian, *De institutis coenobiorum* 4.17; *RM*

24; Eugippius, *Regula* 1.16; *RB* 38; Caesarius, *Regula ad virgines* 18; Caesarius, *Regula ad monachos* 9; Aurelian, *Regula ad virgines* 32; Aurelian, *Regula ad monachos* 48–49; *Regula monasterii Tarnatensis* 8.10–12; *Regula Pauli et Stephani* 18; Isidore, *Regula* 9; Fructuosus, *Regula* 3; Donatus, *Regula* 33.1–5; Jonas of Bobbio, *Regula cuiusdam ad virgines* 9.13–14; *The Canons of the Persians* 13, in Vööbus, *Syriac and Arabic Documents*; Dadisho', *Canons* 4, in ibid.; Babai, *Rules* 6, in ibid.; monastery of St. John Stoudios, *Rule* 28, in Thomas and Hero, *Byzantine Monastic Foundation Documents*.

22 Isidore of Seville, *Regula* 5; similarly Columbanus, *Regula coenobialis,* 223D, 다른 업무를 해야 할 때는 책을 읽지 말아야 한다; Joseph Ḥazzaya, *Lettre sur les trois étapes de la vie monastique* 3.68.

23 *AP/G*, Epiphanius of Cyprus 8, trans. Ward, p. 58; Leander of Seville, *Regula* 15 (lines 542–45 in the Latin ed. of Campos Ruiz).

24 *Regula communis* 10 (lines 315–18 in the Latin ed. of Campos Ruiz). 관련된 맥락을 살펴보려면, Pablo C. Díaz, "*Regula communis*: Monastic Space and Social Context," in *Western Monasticism ante litteram: Spaces of Monastic Observation in Late Antiquity and the Early Middle Ages*, ed. Hendrik Dey and Elizabeth Fentress (Turnhout, Belgium: Brepols, 2011), 117–35.

25 주석 달기: Evina Steinová, *Notam superponere studui: The Use of Annotation Symbols in the Early Middle Ages* (Turnhout, Belgium: Brepols, 2019); Teeuwen and Renswoude, eds., *The Annotated Book in the Early Middle Ages*; Kallirroe Linardou, "An Exercise in Extravagance and Abundance: Some Thoughts on the *marginalia decorata* in the Codex Parasinus graecus 216," in *Graphic Devices and the Early Decorated Book*, ed. Michelle P. Brown, Ildar H. Garipzanov, and Benjamin C. Tilghman (Woodbridge, UK: Boydell, 2017), 218–42. 세둘리우스: Vocino, "A *Peregrinus*'s Vade Mecum," 94–97. 아우구스티누스의 설교 사본에 관하여: Charles Plummer, "On the Colophons and Marginalia of Irish Scribes," *Proceedings of the British Academy* 12 (1926): 11–44; Damian McManus, *A Guide to Ogam* (Maynooth, Ireland: An Sagart, 1997), 133 (숙취); Martin Hellmann, "Tironische Tituli: Die Verwendung stenographischer Marginalien zur inhaltichen Erschließung von Texten des frühen Mittelalters," in *The Annotated Book,* ed. Teeuwen and Renswoude, 263–83, at 271 (티로니안 Tironian 속기의 예).

26 사바: Mango, "The Production of Syriac Manuscripts," 178; William Wright, *Catalogue of Syriac Manuscripts in the British Museum Acquired since the Year 1838* (London: Gilbert

and Rivington, 1870), 1:15–17. 기슬리디스: Henry Mayr-Harting, "Augustinus von Hippo, Chelles und die karolingische Renaissance: Beobachtungen zu Cod. 63 der Kölner Dombibliothek," in *Mittelalterliche Handschriften der Kölner Dombibliothek: Drittes Symposion* (Cologne: Erzbischöfliche Diözesan-und Dombibliothek, 2010), 25–36; 또한, Bernhard Bischoff, "Die Kölner Nonnenhandschriften und das Skriptorium von Chelles," in *Mittelalterliche Studien: Ausgewählte Aufsätze zur Schriftkunde und Literaturegeschichte* (Stuttgart: Hiersemann, 1961), 1:16–34; Rosamond McKitterick, "Nuns' Scriptoria in England and Francia in the Eighth Century," *Francia* 19, no. 1 (1989): 1–35, at 2–4.

27 M. B. Parkes, *Pause and Effect: An Introduction to the History of Punctuation in the West* (Berkeley: University of California Press, 1993), esp. 9–29; Nicholas Everett, "Literacy from Late Antiquity to the Early Middle Ages, c. 300–800 AD," in *The Cambridge Handbook of Literacy*, ed. David Olson and Nancy Torrance (Cambridge: Cambridge University Press, 2008), 362–85; Gamble, *Books and Readers in the Early Church,* 48, 74, 203–4; George E. Kiraz, "Dots in the Writing Systems of the Middle East," in *Near and Middle Eastern Studies at the Institute for Advanced Study, Princeton: 1935–2018*, ed. Sabine Schmidtke (Princeton: Gorgias Press, 2018), 265–75, esp. 268–71. 폼페이우스: Parkes, *Pause and Effect*, 10.

28 Cassiodorus, *Institutiones* 1.15.12 ("quaedam viae sunt sensuum et lumina dictionum"). 중세 초기 서구의 언어 상황: Roger Wright, *A Sociophilological Study of Late Latin* (Turnhout, Belgium: Brepols, 2002); Julia M. H. Smith, *Europe after Rome: A New Cultural History, 500–1000* (Cambridge: Cambridge University Press, 2005), 13–50.

29 *AP/G*, trans. Ward, xxxvi.

30 빈칸, 붉은 제목, 두드러진 글자: Parkes, *Pause and Effect; Comparative Oriental Manuscript Studies: An Introduction*, ed. Alessandro Bausi et al. (Hamburg: Comparative Oriental Manuscript Studies, 2015), esp. 84–85, 148, 168–69, 202–5, 259–62. 필체 변경과 수사학: Kreiner, *The Social Life of Hagiography in the Merovingian Kingdom* (Cambridge: Cambridge University Press, 2014), 282–86. 오벨루스: Irene van Renswoude, "The Censor's Rod: Textual Criticism, Judgment, and Canon Formation in Late Antiquity in the Early Middle Ages," in *The Annotated Book*, ed. Teeuwen and Renswoude, 555–95. Crosses: Cynthia Hahn, "The Graphic Cross as Salvific Mark and Organizing Principle: Making, Marking, Shaping," in *Graphic Devices*, ed. Brown et al., 100–126. 초상화 활용: Éric Palazzo, "Graphic Visualization in Liturgical Manuscripts in the

Early Middle Ages: The Initial 'O' in the Sacramentary of Gellone," in ibid., 63–79.

31 너무 많은 읽을거리: Braulio of Saragossa, *Vita Aemiliani* 1; Bede, prefatory letter to Acca, *In principium Genesis*, lines 18–24 (p. 66 in Kendall's translation); Hrabanus Maurus, preface to *De rerum naturis*, cols. 11–12; 더욱 일반적으로는, Ann M. Blair, *Too Much to Know: Managing Scholarly Information before the Digital Age* (New Haven: Yale University Press, 2010), 11–61. Biblical compilations: Matthias M. Tischler, "Bibliotheca: Die Bibel als transkulturelle Bibliothek von Geschichte und Geschichten," in *Die Bibliothek—The Library—La Bibliothèque*, ed. Andreas Speer and Lars Reuke (Berlin: De Gruyter, 2020), 559–80. 오트프리드와 세로 3단으로 구성한 주해: Cinzia Grifoni, "Reading the Catholic Epistles: Glossing Practices in Early Medieval Wissembourg," in *The Annotated Book*, ed. Teeuwen and Renswoude, 705–42.

32 Grafton and Williams, *Christianity and the Transformation of the Book*, 22–132; Matthew R. Crawford, *The Eusebian Canon Tables: Ordering Textual Knowledge in Late Antiquity* (Oxford: Oxford University Press, 2019), 57–74.

33 Timothy M. Law, "La version syro-hexaplaire et la transmission textuelle de la Bible grecque," in *L'ancien Testament en syriaque*, ed. Fr. Briquel Chatonnet and P. Le Moigne (Paris: Geuthner, 2008), 101–20; Timothy's comments appear in Ep. 71*, trans. Brock, in *A Brief Outline of Syriac Literature*, 246.

34 Grafton and Williams, *Christianity and the Book*, 132–77; R. W. Burgess and Michael Kulikowski, *Mosaics of Time: The Latin Chronicle Traditions from the First Century BC to the Sixth Century AD*, vol. 1, *A Historical Introduction to the Chronicle Genre from Its Origins to the High Middle Ages* (Turnhout, Belgium: Brepols, 2013), 119–26.

35 Helmut Reimitz, *History, Frankish Identity and the Framing of Western Ethnicity, 550–850* (Cambridge: Cambridge University Press, 2015), 222–31.

36 Crawford, *Eusebian Canon Tables*; Carruthers, *The Book of Memory*, 174; Judith McKenzie and Francis Watson, *The Garima Gospels: Early Illuminated Gospel Books from Ethiopia* (Oxford: Mana al-Athar, 2016), 145–86.

37 Lawrence Nees, "Graphic Quire Marks and Qur'anic Verse Markers in Frankish and Islamic Manuscripts from the Seventh and Eighth Centuries," in *Graphic Devices*, ed. Brown et al., 80–99, at 91–99; Nees, "'Merovingian' Illuminated Manuscripts and Their Links with the Eastern Mediterranean World," in *East and West in the Early Middle Ages: The Merovingian Kingdoms in Mediterranean Perspective*, ed. Stefan Esders,

Yaniv Fox, Yitzhak Hen, and Laury Sarti (Cambridge: Cambridge University Press, 2019), 297–317; Claude Gilliot, "Creation of a Fixed Text," in *The Cambridge Companion to the Qur'ān*, ed. Jane Dammen McAuliffe (Cambridge: Cambridge University Press, 2006), 41–57, at 47–48.

38 인기가 없었던 기술 혁신: Renswoude, "The Censor's Rod," 578; Mango, "The Production of Syriac Mansucripts," 172. 결합: Reimitz, *History, Frankish Identity and the Framing of Western Ethnicity*, 226.

39 텔레비전 프로그램: Johann Hari, *Stolen Focus: Why You Can't Pay Attention—and How to Think Deeply Again* (New York: Crown, 2022), 89. 비디오 게임: Adam Gazzaley and Larry D. Rosen, *The Distracted Mind: Ancient Brains in a High-Tech World* (Cambridge, MA: MIT Press, 2016), 89–92, 194–99.

40 Sinéad O'Sullivan, "Reading and the Lemma in Early Medieval Textual Culture," in *The Annotated Book*, ed. Teeuwen and Renswoude, 37–196.

5장 기억

1 Cassian, *Collationes* 14.9–13 (14.12 인용) ("nunc mens mea poeticis illis uelut infecta carminibus illas fabularum nugas historiasque bellorum"). 또한, ibid. 7.4.2 (신중하게 저장된 기억으로 마음을 단단히 묶은 세레누스). 네스테로스는 〈히브리서〉 9장 4~5절의 언약궤(십계명의 두 돌판을 보관)와 그 내용물을 바탕으로 이 공간을 설계했다; 이 텍스트는 유대교 성경(가령 〈출애굽기〉 16장 18절, 25장 18절, 〈열왕기〉 6장 23~28절)의 설명을 차례로 각색했다.

2 Mary Carruthers, *The Book of Memory: A Study of Memory in Medieval Culture*, 2nd ed. (Cambridge: Cambridge University Press, 2008), esp. 217–27 (윤리와 기억에 관하여); Carruthers, *The Craft of Thought: Meditation, Rhetoric, and the Making of Images, 400–1200* (Cambridge: Cambridge University Press, 1998) (중세 초기 기억법을 개발하는 데 수도자들의 역할에 관하여).

3 Carruthers, *Book of Memory*, 153–94 (153 인용); Scott Fitzgerald Johnson, *Literary Territories: Cartographical Thinking in Late Antiquity* (Oxford: Oxford University Press, 2016); Andy Merrills, "Geography and Memory in Isidore's *Etymologies*," in *Mapping Medieval Geographies: Geographical Encounters in the Latin West and Beyond*, ed. Keith D. Liley and Daniel Birkholz (Cambridge: Cambridge University Press, 2013), 45–64; Darlene L. Brooks Hedstrom, "The Geography of the Monastic Cell

in Early Egyptian Monastic Literature," *Church History* 78, no. 4 (2009): 756–91; Antonio Sennis, "Narrating Places: Memory and Space in Medieval Monasteries," in *People and Space in the Middle Ages, 300–1300*, ed. Wendy Davies, Guy Halsall, and Andrew Reynolds (Turnhout, Belgium: Brepols, 2006); Carruthers, *Craft of Thought*, 6–59, 272–76; Michel Lauwers, "Constructing Monastic Space in the Early and Central Medieval West (Fifth to Twelfth Century)," trans. Matthew Mattingly, in *The Cambridge History of Medieval Monasticism in the Latin West*, ed. Alison I. Beach and Isabelle Cochelin (Cambridge: Cambridge University Press, 2020), 1:317–39, esp. 330; Adam S. Cohen, "Monastic Art and Architecture, c. 700–1100: Material and Immaterial Worlds," in ibid., 519–541, at 525–33.

4 Elizabeth S. Bolman, "Late Antique Aesthetics, Chromophobia, and the Red Monastery, Sohag, Egypt," *Eastern Christian Art* 3 (2006): 1–24 (20 인용); Bolman, ed., *The Red Monastery Church: Beauty and Asceticism in Upper Egypt* (New Haven and London: Yale University Press, 2016), esp. Bolman, "A Staggering Spectacle: Early Byzantine Aesthetics in the Triconch," 119–27, at 122 (파울루스 실렌티아리우스 Paulus Silentiarius의 "저항할 수 없는 힘").

5 Yizhar Hirschfeld, "The Early Byzantine Monastery at Khirbet ed-Deir in the Judean Desert: The Excavations in 1981–1987," *Qedem* 38 (1999): i–xii, 1–180, at plate IV and pp. 107–12, 133–34; Rosemary Cramp, *Wearmouth and Jarrow Monastic Sites*, vol. 2 (Swindon: English Heritage, 2006), esp. 163–66; Luis Caballero Zoreda, "El conjunto monástico de Santa María de Melque (톨레도): Siglos VII–IX (Criterios seguidos para identificar monasterios hispánicos tardo antiguos)," in *Monjes y monasterios hispanos an la Alta Edad Media*, ed. José Angel García de Cortázar and Ramón Teja (Aguilar de Campoo, Spain: Fundación Santa María le Real—Centro de Estudios del Románico, 2006), 99–144, at 121–38; Caballero, "Un canal de transmission de lo clásico en la alta Edad Media española: Arquitectura y escultura de influjo omeya en la península ibérica entre mediados del siglo VIII e inicios del siglo X (1)," *al-Qantara* 15 (1994): 321–48, at 339–42. 정교한 수도원 공간을 두고 변화된 태도: Beat Brenk, "Klosterbaukunst des ersten Jahrtausends: Rhetorik versus Realität," *Annali della Scuola Normale Superiore di Pisa: Classe di Littere e Filosofia*, ser. 4, vol. 5 (2000): 317–42, esp. 330–36. 파코미우스: *Paralipomena* 32, in *Pachomian Koinonia* 2:55–56, trans. Vieilleux at p. 56. 시토회 수도자들: Carruthers, *Craft of Thought*, 84–87, 257–61.

6 Éric Palazzo, *L'invention chrétienne des cinq sens dans la liturgie et l'art au Moyen Âge* (Paris: Cerf, 2014); Bissera V. Pentcheva, *Hagia Sophia: Sound, Space, and Spirit in Byzantium* (University Park: Pennsylvania State University Press, 2017); Mary Carruthers, *The Experience of Beauty in the Middle Ages* (Cambridge: Cambridge University Press, 2013); Carruthers, *Craft of Thought*, 116–70.

7 신비적 해석: Peter Dronke, *Imagination in the Late Pagan and Early Christian World: The First Nine Centuries A.D.* (Florence: SISMEL/Edizioni del Galluzzo, 2003), 5–24.

8 Patricia Cox Miller, *The Corporeal Imagination: Signifying the Holy in Late Ancient Christianity* (Philadelphia: University of Pennsylvania Press, 2009), esp. 81–115 (104 페이지에서 "본능적 관찰visceral seeing"은 제임스 엘킨스James Elkins의 말을 인용); Kreiner, "A Generic Mediterranean: Hagiography in the Early Middle Ages," in *East and West in the Early Middle Ages: The Merovingian Kingdoms in Mediterranean Perspective*, ed. Stefan Esders, Yaniv Fox, Yitzhak Hen, and Laury Sarti (Cambridge: Cambridge University Press, 2019), 202–17; Joaquin Martínez Pizarro, *A Rhetoric of the Scene: Dramatic Narrative in the Early Middle Ages* (Toronto: University of Toronto Press, 1989).

9 *Life of St. Mary of Egypt* 10–12, trans. Maria Kouli, in Talbot, *Holy Women of Byzantium*, pp. 76–77. 이 텍스트의 라틴어 판본과 고대 영어 판본에 대한 이리나 두미트레스쿠(Irina Dumitrescu)의 분석도 참고하라: *The Experience of Education in AngloSaxon Literature* (Cambridge: Cambridge University Press, 2018), 129–56.

10 특히 Roland Betancourt, *Byzantine Intersectionality: Sexuality, Gender, and Race in the Middle Ages* (Princeton: Princeton University Press, 2020), 1–14.

11 사례: Beatrice Kitzinger, *The Cross, the Gospels, and the Work of Art in the Carolingian Age* (Cambridge: Cambridge University Press, 2019), 99–196; Laura E. McCloskey, "Exploring *meditatio and memoria* in Ireland through the *Book of Durrow*: Manuscript Illumination as the Intersection of Theological and Artistic Traditions," *Eolas: The Journal of the American Society of Irish Medieval Studies* 11 (2018): 32–59; Coon, *Dark Age Bodies*, 216–46. 간추린 설명: Kurt Weitzmann, *Late Antique and Early Christian Book Illumination* (New York: George Braziller, 1977), 15–24, 73–127; Lawrence Nees, *Early Medieval Art* (Oxford: Oxford University Press, 2002), 153–71, 195–211.

12 Benjamin C. Tilghman, "Patterns of Meaning in Insular Manuscripts: Folio 183r in the Book of Kells," in *Graphic Devices and the Early Decorated Book*, ed. Michelle P. Brown, Ildar H. Garipzanov, and Benjamin C. Tilghman (Woodbridge, UK: Boydell,

2017), 163–78.

13 *RM* 10; Eugippius, *Regula* 28; *RB* 7; John Climacus, *Ladder of Divine Ascent*. 앞의 세 텍스트는 〈창세기〉 28장 12절에서 사다리를 오르내리는 야곱의 꿈을 언급한다; 요한은 여기에 〈시편〉 83장 6절의 단계적으로 상승하는 이미지를 추가한다(*Ladder* 30). 또한, Jonathan L. Zecher, *The Role of Death* in The Ladder of Divine Ascent and *the Greek Ascetic Tradition* (Oxford: Oxford University Press, 2015), 36–48. 중세의 분류(*divisio*) 원칙: Carruthers, *Book of Memory*, 99–152.

14 Palazzo, *L'invention chrétienne des cinq sens* (42 인용); Mary J. Carruthers, "*Ars oblivionialis, ars inveniendi*: The Cherub Figure and the Arts of Memory," Gesta 48 (2009): 99–117; Lina Bolzoni, *The Web of Images: Vernacular Preaching from Its Origins to St Bernardino da Siena*, trans. Carole Preston and Lisa Chien (Aldershot, England: Ashgate, 2004), 126–35. *The Six Wings* was translated by Bridget Balint in *The Medieval Craft of Memory*, ed. Carruthers and Ziolkowski, 82–102 (텍스트는 12세기 시토회 학자인 릴의 알랑Alan of Lille이 쓴 것으로 추정된다).

15 중세 절정기의 기억법: Carruthers, *Book of Memory,* 153–94, 274–337.

16 *Moonwalking with Einstein: The Art and Science of Remembering Everything* (New York: Penguin, 2011); Joshua Foer, "How I Learned a Language in 22 Hours," *The Guardian,* November 9, 2012, https://www.theguardian.com/education/2012/nov/09/learn-language-in-three-months

17 Carruthers, *Craft of Thought*, esp. 77–81, 116–33; Rachel Fulton, "Praying with Anselm at Admont: A Meditation on Practice," *Speculum* 81 (2006): 700–733; Michaela Puzicha, "*Lectio divina*—Ort der Gottesbegegnung," in *Erbe und Auftrage: Monastische Welt*, ed. Beuron Archabbey (Beuron, Germany: Beuroner Kunstverlag, 2011), 245–63; Duncan Robertson, *Lectio divina: The Medieval Experience of Reading* (Collegeville, MN: Liturgical Press, 2011). 꽃과 약과 용도 변경된 기억은 모두 중세 초기의 신학자인 앨퀸(Alcuin)의 은유다(물론 앨퀸만 이 은유를 사용하진 않았다): John C. Cavadini, "A Carolingian Hilary," in *The Study of the Bible in the Carolingian Era*, ed. Celia Chazelle and Burton Van Name Edwards (Turnhout, Belgium: Brepols, 2003), 133–40, at 133; Carruthers, *Craft of Thought,* 117–20.

18 홀보어 아이프링(Halvor Eifring)의 분류 체계를 살펴보려면, "Types of Meditation," in *Asian Traditions of Meditation*, ed. Eifring (Honolulu: University of Hawai'i Press, 2016), 27–47; Halvor Eifring and Are Holen, "The Uses of Attention: Elements of Meditative Practice," in *Hindu, Buddhist, and Daoist Meditation: Cultural Histories, ed.*

Eifring (Oslo: Heremes Academic Publishing, 2014), 1–26. 400~700년경의 불교 명상: Eric M. Greene, *Chan before Chan: Meditation, Repentance, and Visionary Experience in Chinese Buddhism* (Honolulu: Kuroda Institute and University of Hawai'i Press, 2021), esp. 110–58.

19 〈고린도후서〉 10장 13절에 영향받은 고대 후기의 논평을 살펴보라: Ambrosiaster, *In epistulas ad Corinthios*, pp. 276–77; Pelagius, *Ad Corinthios II*, pp. 287–88. *RM*이 7세기에 작성되었을 가능성을 살펴보려면, Albrecht Diem, *The Pursuit of Salvation: Community, Space, and Discipline in Early Medieval Monasticism* (Turnhout, Belgium: Brepols, 2021), 273, 326, 331–45.

20 *RM*, 서문, 인용 구절 Ps. 2:9, 1 Cor. 4:21, Ps. 44:7–8, Ps. 88:33. *RM*은《라틴어 성경(*Vetus Latina*)》에 수록된 〈시편〉을 인용한다. 따라서 나는《불가타 성경》에 입각한《두에랭스 성경(Douay-Rheims Bible)》의 리처드 챌로너(Richard Challoner) 판본을 살짝 수정했다.

21 특히 Hilary of Poitiers, *Tractatus super Psalmos* 2.34–38, pp. 61–63 (비르가*virga*, 즉 왕의 권위를 나타내고자 들고 다닌 홀에 대한 목회적 해석); Jerome, *Commentarioli in Psalmos* 2, pp. 181–82 (하나님을 따르다); Augustine, *Enarrationes in psalmos* 44:17–18, pp. 505–6 in Dekkers and Fraipont's Latin ed. (통치는 규율에, 매는 그리스도에 묶는다); Pelagius, *Ad Corinthios II*, p. 150 (수도원의 반反영웅인 아나니아Ananias, 삽비라Sapphira와 관련된다); Arnobius the Younger, *Commentarii in Psalmos* 44, pp. 62–65 (금욕); Cassiodorus, *Expositio psalmorum* 2.10, 88.33, vol. 1, pp. 46–47 (권력과 공정성) and vol. 2, p. 813 (다양한 형태의 신성한 규칙) in Adriaen's Latin ed.

22 Bede, *Vita Cuthberti* 8; Shem'on d-Ṭaybutheh, *Mystical Works* 169b, trans. Mingana, p. 20. 성경 해석으로 산만해지는 명상: Brouria BittonAshkelony, "Pure Prayer and Ignorance: Dadisho' Qaṭraya and the Greek Ascetic Legacy," *Studi e materiali di storia delle religioni* 78, 1 (2012): 200–226, at 214–18; Sabina Chialà, "Les mystiques syro-orientaux: Une école ou une époque?" in *Les mystiques syriaques*, ed. Alain Desreumaux (Paris: Geuthner, 2011), 63–78, at 72–76.

23 Erica Weaver, "Premodern and Postcritical: Medieval Enigmata and the Hermeneutic Style," *New Literary History* 50.1 (2019): 43–64, "방황하게 하면서"라는 표현은 53페이지에 나온다; Aldhelm, *Aenigmata* 41 (베개), 42 (타조), 62 (거품), 도처에 등장하는 별자리.

24 메모: Markus Schiegg, "Source Marks in Scholia: Evidence from an Early Medieval Gospel Manuscript," in *The Annotated Book in the Early Middle Ages: Practices of Reading and Writing*, ed. Mariken Teeuwen and Irene van Renswoude (Turnhout, Belgium:

Brepols, 2017), 237–61, at 238, 243; Alberto Cevolini, "Making *notae* for Scholarly Retrieval: A Franciscan Case Study," in ibid., 343–67, at 351; Carruthers, *Book of Memory*, 3–8, 243–57. 라바누스와 그의 명상적 역할에 대해 더 살펴보려면, Lynda L. Coon, *Dark Age Bodies: Gender and Monastic Practice in the Early Medieval West* (Philadelphia: University of Pennsylvania Press, 2010), 13–41, 216–46. 라바누스가 활동하던 당시 풀다수도원의 도서관: Janneke Raaijmakers, *The Making of the Monastic Community of Fulda, c. 744–c. 900* (Cambridge: Cambridge University Press, 2012), 189–98.

25 이 발췌문은 라바누스의 《사물의 본성》 206–207에서 인용했다. 이 단락의 출처는 이시도루스(Isidorus)의 《백과사전(*Etymologiae*)》 8.1.25–26이다. 이는 호레이스의 《서간집(*Epistles*)》 1.2.26에도 들어 있다.

26 이 구절에 대한 라바누스의 출처: *Clavis sanctae scripturae* 12.2.15 (〈레위기〉 11장 7절을 암시); 같은 책 12.2.17 (살짝 다르긴 하지만 〈베드로후서〉 2장 22절에서 인용).

27 이 구절에 대한 라바누스의 출처: Bede, *In epistolas VII catholicas*, pp. 275–76 (그 자체로 그레고리우스의《목회자의 수도 지침*Regula pastoralis*》 1.30의 축약된 버전이다).

28 이 구절에 대한 라바누스의 출처: *Clavis sanctae scriptura*e 12.2.16 (〈마태복음〉 7장 6절, 8장 31절); 같은 책 12.2.18 (〈누가복음〉 15장 15절); 같은 책 12.2.20 (〈시편〉 16장 14절); Augustine, *Enarrationes in psalmos* 16 (〈시편〉 16장 14절과 〈마태복음〉 27장 25절); Cassiodorus, *Expositio psalmorum* 16.14 (〈시편〉 16장 14절과 〈마태복음〉 27장 25절); *Clavis sanctae scripturae* 12.2.19 (〈잠언〉 11장 22절); 같은 책 12.2.21 (〈이사야〉 65장 4절). 또한, Isaiah Shachar, *The Judensau: A Medieval Anti-Jewish Motif and Its History* (London: Warburg Institute, 1974), 8–10.

29 E.g., "Caueat lector bonus ne suo sensui obtemperet scripturas, sed scripturis sanctis obtemperet sensum suum": *Regula cuiusdam patris ad monachos* 1 (카시아누스의《공주公住 수도 규칙*De institutis coenobiorum*》 7.16을 그대로 따라 함).

30 카롤링거왕조의 종교 논쟁 맥락에서 본 라바누스: Jean-Louis Verstrepen, "Raban Maur et le Judaïsme dans son commentaire sur le quatre livres des Rois," *Revue Mabillon* 68 (1996): 23–55; Bat-Sheva Albert, "*Adversus Iudaeos* in the Carolingian Empire," in *Contra Iudaeos: Ancient and Medieval Polemics between Christians and Jews*, ed. Ora Limor and Guy Stroumsa (Tübingen: Mohr Siebeck, 1996), 119–42; Bat-Sheva Albert, "Anti-Jewish Exegesis in the Carolingian Period: The Commentaries on Lamentations of Hrabanus Maurus and Pascasius Radbertus," in *Biblical Studies in the Early Middle Ages*, ed. Claudio Leondari and Giovanni Orlandi (Florence: SISMEL/

Edizioni del Galluzzo, 2005), 175–92; Gerda Heydemann, "The People of God and the Law: Biblical Models in Carolingian Legislation," *Speculum* 95 (2020): 89–131.

31 Barsanuphius and John, *Letters* 60 (이 서신에서 에우티미우스는 자기 생각을 돼지에 침투한 악마와 연결하고자 복음서에 나오는 가다라Gadara의 돼지 떼와 동일시한다).

32 주관성: Scott Fitzgerald Johnson, *Literary Territories*, esp. 1–16, 29–60; Kreiner, *Legions of Pigs in the Early Medieval West* (New Haven: Yale University Press, 2020), 69–77.

33 Eucherius of Lyon, *Instructionum libri duo*, preface; Anna M. Silvas, introduction to *The Asketikon of St Basil the Great* (Oxford: Oxford University Press, 2005); Micol Long, "Monastic Practices of Shared Reading as Means of Learning," in *The Annotated Book in the Early Middle Ages*, ed. Teeuwen and Renswoude, 501–28 (그레고리우스, 앨퀸, 라바누스의 제자인 루오둘푸스Ruodulfus); Michael Fox, "Alcuin the Exegete: The Evidence of the *Quaestiones in Genesim*," in *The Study of the Bible in the Carolingian Era*, ed. Chazelle and Edwards, 39–60; Hugo Lundhaug, "Memory and Early Monastic Literary Practices: A Cognitive Perspective," *Journal of Cognitive Historiography* 1 (2014): 98–120. 가르치는 순간: Ferrandus, *Vita Fulgentii* 24; Isidore, *Regula* 8; *Vita Geretrudis* 3.

34 "Meditatio sancta de corde non cesset": Caesaerius of Arles, *Regula ad virgines* 18; repeated by Aurelian of Arles, *Regula ad virgines* 20; Aurelian, *Regula ad monachos* 24. Similar sentiments in Isidore, *Regula* 3; Jonas of Bobbio, *Regula cuiusdam ad virgines* 12.10–11. 테오필로스: Włodzimierz Godlewski, "Monastic Life in Makuria," in *La vie quotidienne des moines en Orient et en Occident* (IVe–Xe siècle), vol. 1, *L'état des sources*, ed. Olivier Delouis and Maria Mossakowska-Gaubert (Cairo and Athens: Institut Français d'Archéologie Orientale and École Française d'Athènes, 2015), 81–97, at 83–85.

35 위그의 텍스트: *Libellus de formatione arche*. 빅토리아왕조의 역사 편찬: Marshall Crossnoe, "'Devout, Learned, and Virtuous': The History and Histories of the Order of St. Victor," in *A Companion to the Abbey of St. Victor in Paris*, ed. Hugh Feiss and Juliet Mousseau (Leiden: Brill, 2018), 1–51; Ursula Vones-Liebenstein, "Similarities and Differences between Monks and Regular Canons in the Twelfth Century," in *The Cambridge History of Medieval Monasticism in the Latin West*, ed. Beach and Cochelin, 2:766–82. 위그의 텍스트가 실제 그림에 대한 일련의 강의를 나타낸다는 주장에 관하여: Conrad Rudolph, *The Mystic Ark: Hugh of St. Victor, Art, and Thought in the Twelfth*

Century (New York: Cambridge University Press, 2014). 방주가 정신적 그림, 즉 상상이라는 주장에 관하여: Carruthers, *Craft of Thought*, 243–46; Carruthers, *Book of Memory*, 293–302.

36 노아: Jean Leclercq, *Otia monastica: Études sur le vocabulaire de la contemplation au Moyen Âge* (Rome: Pontificium Institutum S. Anselmi, 1963), 87–88. 불안정(*instabilitas*)의 해결책으로서 방주에 관하여: Hugh, *De arca Noe* 1.1—이것은 그의 《소책자》에 대한 안내서였다.

37 콘래드 루돌프(Conrad Rudolph)의 *The Mystic Ark*에선 구조물의 맨 위층만 다뤄진다. 하지만 방주의 가장 멀고 가장 낮은 모서리들과 중심 기둥의 가장자리를 잇는 목재는 기울어진 벽이나 지붕 같은 평면을 이룬다: *Libellus de formatione arche*, pp. 124–26 in Sicard's Latin ed.

38 Hugh of St. Victor, *Didascalion* 3.10: "delectatur enim quodam aperto decurrere spatio."

39 Cassian, *Collationes* 10.8–14 (〈시편〉 69장 2절/70장 2절); 또한, Conrad Leyser, "*Lectio divina, oratio pura*: Rhetoric and the Techniques of Asceticism in the *Conferences* of John Cassian," in *Modelli di santità e modelli di comportamento: Contrasti, intersezioni, complementarità*, ed. Giulia Barone, Marina Caffiero, and F. Scorza (Turin: Rosenberg & Sellier, 1994), 79–105, at 88; Brouria Bitton-Ashkelony and Aryeh Kofsky, *The Monastic School of Gaza* (Leiden: Brill, 2006), 168–74, 176–82.

40 *Bohairic Life of Pachomius* 105, in *Pachomian Koinonia* 1:146. 하지만 *AP/G* Theodora 8의 상반된 태도를 참고하라; *AP/PJ* 11.13 (난쟁이 요한).

6장 마음

1 Gregory, *Dialogi* 2.3.5–9 (*cogitationis lapsum* at 2.3.9); Isaac of Nineveh, *Discourses* 2.3.4.65 (= *Centuries on Knowledge* 4.65), trans. Brock, *Syriac Fathers*, p. 267. 취한 상태로서 산만함: Cassian, *Collationes* 4.2, 10.13; Isaac of Nineveh, *Discourses* 2.5.4. 취한 상태로서 고양된 집중력: Pseudo-Macarius, *Logoi* 8.4 (collection 2); Isaac of Nineveh, *Discourses* 2.10.35; John of Dalyatha, *Letters* 7.1; Joseph Ḥazzaya, *Lettre sur les trois étapes de la vie monastique* 3.94. 후자의 은유는 동시리아의 환상 문학 어디에나 등장한다. 게다가 그리스도와 거의 동시대에 살았던 유대인 철학자인 알렉산드리아의 필로(Philo of Alexandria)도 취한 상태에서 오는 신비한 경험을 다루었다: Hans Lewy, *Sobria ebrietas: Untersuchungen zur Geschichte der antiker Mystik* (Giessen, Germany: Töpelmann, 1929).

주

2 Abraham of Nathpar, *On Prayer* 4, trans. Brock, *Syriac Fathers*, p. 194; 또한, Behisho' Kamulaya, *Memre* 3, p. 295 (= 54a).

3 Basil, *Great Asketikon*, LR 15.3; Erica Weaver, "Performing (In)Attention," *Representations* 152 (2020): 1–24.

4 'Enanisho', *Book of Paradise* 2.21, p. 390; Dadisho', *Compendious Commentary* 60–61; 또한, the Ge'ez version, *Filekseyus* 30.

5 Tudor Andrei Sala, "Eyes Wide Shut: Surveillance and Its Economy of Ignorance in Late Antique Monasticism," in *La vie quotidienne des moines en Orient et en Occident* (IVe–Xe siècle), ed. Olivier Delouis and Maria Mossakowska-Gaubert, vol. 2, *Questions transversales* (Cairo and Athens: Institut Français d'Archéologie Orientale and École Française d'Athènes, 2019), 283–300, 세누테의 말은 289쪽에서 인용(= *Canons* 3, ZC 302–3).

6 Dorotheus, *Didaskalia* 11.120; Shem'on d-Ṭaybutheh, *Book of Medicine* 191a, trans. Mingana, p. 54.

7 E.g., *AP/GN*, N. 56, 227; *AP/S* 1.8.249; Kevin Roose, *Futureproof: 9 Rules for Humans in an Age of Automation* (New York: Random House, 2021), e.g., 168, 172–75. '분별력'의 의미 범위를 살펴보려면, Antony D. Rich, *Discernment in the Desert Fathers: Diakrisis in the Life and Thought of Early Egyptian Monasticism* (Bletchley, England: Paternoster, 2007).

8 Dorotheus, *Didaskalia* 9.99; Cassian, *Collationes* 1.19–21, 2.5 (맥락의 중요성에 관하여; 21.11–17도 참고하라), 2.7 (아브라함식 망상).

9 Dorotheus, *Didaskalia* 3.40; Columbanus, *Regula Columbani* 8; Barsanuphius and John, *Letters* 407–8. 분별력의 본질적 부분으로서 불확실성을 살펴보려면, 특히 Lorenzo Perrone, "'Trembling at the Thought of Shipwreck': The Anxious Self in the Letters of Barsanuphius and John of Gaza," in *Between Personal and Institutional Religion: Self, Doctrine, and Practice in Late Antique Eastern Christianity*, ed. Brouria Bitton-Ashkelony and Perrone (Turnhout, Belgium: Brepols, 2013), 9–36. 멘토링: 2장과 Rich, *Discernment*, 189–202를 참고하라.

10 철학자 데이비드 J. 차머스(David J. Chalmers)가 *Reality+: Virtual Worlds and the Problems of Philosophy* (New York: Norton, 2022), 51–55, 452–53에서 이러한 비교를 시도했다.

11 악마의 집요한 설득과 현대적 집착의 유사성을 살펴보려면, Inbar Graiver, *Asceticism of the Mind: Forms of Attention and Self-Transformation in Late Antique Monasticism* (Toronto: Pontifical Institute of Mediaeval Studies, 2018), 129–62. 분석 마비: Ethan Kross,

Chatter: The Voice in Our Head, Why It Matters, and How to Harness It (New York: Crown, 2021), 27.

12 경비원: Johann Hari, *Stolen Focus: Why You Can't Pay Attention—and How to Think Deeply Again* (New York: Crown, 2022). 개절리와 한 인터뷰 내용은 43–44페이지에 나온다. 둥지 틀기: John of Apamea, *Letter to Hesychius* 41–42, in Brock, *Syriac Fathers*. 싹 틔우기: Cassian, *Collationes* 4.3. 살충제: Ferreolus, *Regula* 9 ("ne in mente sua bonum semen sparsum enecet adulterina permixtio").

13 Hildemar, *Expositio*, prol. 28; Dorotheus, *Didasaklia* 3.42.

14 Evagrius, *Peri logismon* 19, trans. Sinkewicz, p. 166; 또한, Michel Foucault, *Les aveux de la chair*, ed. Frédéric Gros, vol. 4 of *Histoire de la sexualité* (Paris: Gallimard, 2018), 140–42.

15 John of Apamea, *Letter to Hesychius* 41, trans. Brock, p. 91; *AP/G* Poemen 93, trans. Ward, p. 180 (포이멘의 은유는 서론에 나온다); Inbar Graiver, "The Paradoxical Effects of Attentiveness," *Journal of Early Christian Studies* 24 (2016): 199–227, at 216–27; Graiver, "'I Think' vs. 'The Thought Tells Me': What Grammar Teaches Us about the Monastic Self," *Journal of Early Christian Studies* 25 (2017): 255–79.

주

16 *AP/GN*, N. 104, trans. Wortley, pp. 76–77; John Climacus, *Klimax* 4, trans. Luibheid and Russell, p. 113. 잡념 몰아내기: Evagrius, *Ad monachos* 14, 37, 98; Isidore, *Regula* 6; Conrad Leyser, *Authority and Asceticism from Augustine to Gregory the Great* (Oxford: Clarendon, 2000), 95–100.

17 Origen, *Peri euches* 31–32 (32 인용), trans. Greer, p. 168; Lorenzo Perrone, *La preghiera secondo Origene: L'impossibilità donata* (Brescia: Morcelliana, 2011), esp. 51–122, 321–22, and 530–45 (알렉산드리아의 클레멘트Clement of Alexandria도 비슷하게 플라톤학파의 자신감을 전파했다); Brouria Bitton-Ashkelony, *The Ladder of Prayer and the Ship of Stirrings: The Praying Self in Late Antique East Syrian Christianity* (Leuven: Peeters, 2019), 21–51. 신플라톤주의자들이 산만함을 전혀 느끼지 않았다는 말이 아니다. 철학자 포르피리오스(Porphyrios)에 따르면, 고대 후기 플라톤주의의 대표 주자인 그의 스승 프로티누스(Plotinus)만 예외적으로 사람들과 대화하는 동안에도 내면의 생각이 흐트러지지 않았다(*Life of Plotinus* 8). 하지만 철학자의 다른 일과나 대화는 기도하는 동안 고군분투하는 마음과 같은 게 아니었다.

18 Cassian, *Collationes* 11.6–8.

19 Sahdona, *Book of Perfection* 2.8.3, trans. Brock, *Syriac Fathers*, 202; John Climacus, *Klimax* 4, trans. Luibheid and Russell, pp. 104–5 (〈시편〉 95편 6절을 참고하라).

20 Basil, *Great Asketikon*, LR 5.3.82–93; *AP/G* Antony 35, trans. Ward, p. 8; Cassian, *Collationes* 1.4–5; *AP/G* Dioscorus 1; *AP/GN*, N. 92, trans. Wortley, p. 73.

21 대화하기: Sahdona, *Book of Perfection* 2.8.25, in Brock, *Syriac Fathers*. 권력자와 판사: Basil, *Great Asketikon*, SR 21, 201, 306; Pseudo-Macarius, *Logoi* 15.19 (collection 2); Cassian, *Collationes* 23.6.2; Theodoret, *Historia religiosa* 21.33; Gerontius, *The Life of Melania the Younger* 42; *RB* 20; Donatus, *Regula* 18; *On Prayer*, in Brock, *Syriac Fathers*, p. 175; Hildemar, *Expositio* 52. 이 전략은 오리게네스의 *Peri euches* 8.2에서 비롯되었을 것이다: Perrone, *La preghiera secondo Origene*, 160–63. 거리 두기: Kross, *Chatter*, 51–61.

22 Shem'on d-Ṭaybutheh, *Book of Medicine* 171b, trans. Mingana, p. 23; Shem'on, *Profitable Counsels* 20, trans. Kessel and Sims-Williams, p. 293 (또한, 285); *AP/GN*, N. 548 ("접목할 수 있다" 번역. Wortley, p. 373); Cassian, *Collationes* 9.27–32; Barsanuphius and John, *Letters* 237.

23 Pierre Hadot, "Exercices spirituels," in *Exercices spirituels et philosophie antique*, 2nd ed. (Paris: Études Augustiniennes, 1987), 13–58, at 37–47; Ellen Muehlberger, *Moment of Reckoning: Imagined Death and Its Consequences in Late Ancient Christianity* (Oxford: Oxford University Press, 2019), 129–42의 고전 교육학 (132 인용) (= Libanius, *Progymnasamata* 24); Jonathan L. Zecher, *The Role of Death* in The Ladder of Divine Ascent *and the Greek Ascetic Tradition* (Oxford: Oxford University Press, 2015), 52–79.

24 Cassian, *Collationes* 23.9; Babai, *Letter to Cyriacus* 55, in Brock, *Syriac Fathers*; Dadisho', *Shelya*, 54a–55a.

25 John Climacus, *Klimax* 6; similarly Anastasios of Sinai, *Eratopokriseis* 17; Zecher, *The Role of Death*, 217; Evagrius, *Praktikos* 29, trans. Sinkewicz, pp. 102–103. 더욱 일반적으로는, Alan E. Bernstein, *Hell and Its Rivals: Death and Retribution among Christians, Jews, and Muslims in the Early Middle Ages* (Ithaca: Cornell University Press, 2017), 67–98.

26 천사들: *AP/GN*, N. 487, trans. Wortley, p. 319 (또한, Isaiah, *Asketikon* 2.9 and Dadisho', *Commentaire du livre d'abba Isaïe* 2.10); *Bohairic Life of Pachomius* 114, in *Pachomian Koinonia* 1:167–8; *RM* 10.92–120 (그림은 *Passio Sebastiani* 13, in PL 17:1027). 더욱 일반적으로는, Jean Leclercq, *The Love of Learning and the Desire for God: A Study of Monastic Culture*, trans. Catharine Misrahi (New York: Fordham University Press, 1961), 65–86.

27 John Climacus, *Klimax* 4 (오븐), 7 (침대), trans. Luibheid and Russell, pp. 96, 138; Catherine Jolivet-Lévy, "La vie des moines en Cappadoce (VIe–Xe siècle): Contribution à un inventaire des sources archéologiques," in *La vie quotidienne*

des moines en Orient et en Occident (IVe–Xe siècle), vol. 1, *L'état des sources*, ed. Olivier Delouis and Maria Mossakowska-Gaubert (Cairo and Athens: Institut Français d'Archéologie Orientale and École Française d'Athènes, 2015), 215–49, Simeon at 291–320.

28 *AP/GN*, N. 135. 또한, Paul C. Dilley, *Monasteries and the Care of Souls in Late Antique Christianity: Cognition and Discipline* (Cambridge: Cambridge University Press, 2017), 148–85; Zecher, *The Role of Death*, 104–9.

29 Isaac of Nineveh, *Discourses* 1.58.407, trans. Wensinck, p. 273; Antony of Choziba, *Bios Georgiou* 1.5, trans. Vivian and Athanassakis, p. 38 (낚싯바늘); John of Apamea, *Letter to Hesychius* 68, trans. Brock, *Syriac Fathers*, 97; John of Ephesus, *Lives of the Eastern Saints* 13, trans. Brooks, 1:202.

30 Oliver Burkeman, *Four Thousand Weeks: Time Management for Mortals* (New York: Farrar, Straus and Giroux, 2021), esp. 57–69.

31 Gregory, *Dialogi* 2.35. 여기서 스토아학파와 신플라톤학파의 영향을 살펴보려면, Pierre Courcelle, "La vision cosmique de saint Benoît," *Revue d'Études Augustiniennes et Patristiques* 13 (1967): 97–117. 밤 시간의 중요성을 살펴보려면, Basilius Steidle, "Intempesta noctis hora: Die mitternächtliche 'kosmische Vision' St. Benedikts (Dial. 2,25.2)," *Benediktinische Monatschrift* 57 (1981): 191–201.

32 *Visio Baronti* 11, 13; Jonas, *Vita Columbani* 2.12; *Vita Sadalbergae* 26; Gregory, *Dialogi* 4.50.6.

33 Boniface, *Letters* 10 (p. 8 in Tangl's Latin ed. 인용). 꿈과 환상에 대해 분별력이 필요한 이유: Rich, *Discernment*, 184–88. 중세 초기의 중국: Eric M. Greene, *Chan before Chan: Meditation, Repentance, and Visionary Experience in Chinese Buddhism* (Honolulu: Kuroda Institute and University of Hawai'i Press, 2021), esp. 57–109.

34 중세 초기 환상 문학의 급증: Claude Carozzi, *Le voyage de l'âme dans l'Au-delà d'après la littérature latine (Ve–XIIIe siècle)* (Rome: École Française de Rome, 1994), 13–297; Matthew Dal Santo, *Debating the Saints' Cult in the Age of Gregory the Great* (Oxford: Oxford University Press, 2012), esp. 21–148; Kreiner, "Autopsies and Philosophies of a Merovingian Life: Death, Responsibility, Salvation," *Journal of Early Christian Studies* 22 (2014): 113–52; Peter Brown, *The Ransom of the Soul: Afterlife and Wealth in Early Western Christianity* (Cambridge, MA: Harvard University Press, 2015), esp. 65–79, 158–67, 197–204. 고대 후기의 선례: Muehlberger, *Moment of Reckoning*, 147–82.

35 Bitton-Ashkelony, *The Ladder of Prayer*; Brouria Bitton-Ashkelony, "Pure Prayer and Ignorance: Dadisho' Qaṭraya and the Greek Ascetic Legacy," *Studi e materiali di storia delle religioni* 78, 1 (2012): 200–226, "undistracted prayer" at 204; Perrone, *La preghiera,* 564–87; Columba Stewart, "Imageless Prayer and the Theological Vision of Evagrius Ponticus," *JECS* 9 (2001): 173–204.

36 Vittorio Berti, *L'Au-delà de l'âme et l'en-deça du corps: Approches d'anthropologie chrétienne de la mort dans l'Église syro-orientale* (Fribourg: Academic Press Fribourg, 2015), 73–135 (123 인용). 교육과 네트워크: Sabina Chialà, "Les mystiques syro-orientaux: Une école ou une époque?" in *Les mystiques syriaques*, ed. Alain Desreumaux (Paris: Geuthner, 2011), 63–78.

37 다디쇼는 이와 관련하여 의견이 다소 달랐다: Bitton Ashkelony, "Pure Prayer and Ignorance," 209–14.

38 Isaac of Nineveh, *Discourses* 3.9.9–11, 3.9.15. 그레고리우스와 환상 해석: Conrad Leyser, *Authority and Asceticism from Augustine to Gregory the Great* (Oxford: Clarendon, 2000), 181–85. 에바그리우스와 카시아누스의 유사한 관점에 대해 살펴보려면, Luke Dysinger, *Psalmody and Prayer in the Writings of Evagrius Ponticus* (Oxford: Oxford University Press, 2005), 59–60, 62–103.

39 Asterius, *Liber ad Renatum* 9.19 ("Ut de praemio futurae uitae taceam, quam magnum est huic solo fixis haerere uestigiis, et animum per caelum cum sideribus ambulare!"); *AP/GN,* N. 371, trans. Wortley, p. 241; John of Dalyatha, *Memre* 6.16, 8.8; Joseph Ḥazzaya, *Lettre sur les trois étapes de la vie monastique* 4.140; Shem'on d-Ṭaybutheh, *Book of Medicine* 166a; Joseph Ḥazzaya, *On Spiritual Prayer*, in Brock, *Syriac Fathers,* 316–17.

40 John of Dalyatha, *Memre* 1.3; Mar Shamli, *Letter* 9; Columbanus, *Sermones* 1.4 ("Qui enim, rogo, terrena ignorat, caelestia cur scrutatur?"); Isaac of Nineveh, *Discourses* 3.5.6, trans. Chialà p. 44 and Hansbury p. 321; Behisho' Kamulaya, *Memre* 3, trans. Blanchard, pp. 306–7 (68a); 또한, Columba Stewart, *Cassian the Monk* (New York: Oxford University Press, 1998), 51–54, 에바그리우스와 카시아누스의 진보적 사색에 관하여. 베히쇼의 작품이 8세기 후반까지 거슬러 올라간다는 견해를 살펴보려면, Sabino Chialà, "La *Lettre* de Mar Šamli à un de ses disciples: Écrit inédit d'un auteur méconnu," *Le Muséon* 125 (2012): 35–54, at 40–45. 이 시기에 *mad'a*의 의미론적 범위를 살펴보려면: Winfried Büttner, *"Gottheit in uns": Die monastische und psychologische Grundlegung der Mystik nach einer überlieferten Textkollektion aus Werk des Šem'on*

d-Ṭaibuteh (Wiesbaden: Harrassowitz, 2017), 210 – 16, 286 – 98.

41 Behisho' Kamulaya, *Memre* 3, p. 309 (72a); Gregory, *Dialogi* 4.1.1.

42 Evagrius, *Peri logismon* 40, trans. Sinkewicz, p. 180; Evagrius, *Scholia on the Psalms* 8 on Ps. 138:16, trans. Dysinger, in *Psalmody and Prayer,* 175, 더욱 일반적으로는 172 – 84; Joseph Ḥazzaya, *Lettre sur les trois étapes de la vie monastique* 5.142.

43 Philoxenus of Mabbug, *Excerpt on Prayer*, in Brock, *Syriac Fathers*, p. 129; Barsanuphius and John, *Letters* 207, trans. Chryssavgis, 1:215; BittonAshkelony, *The Ladder of Prayer*, 198 (요셉 하자야); John of Dalyatha, *Memre* 6.15; Isaac of Nineveh, *Discourses* 1.22, trans. Brock, in *Syriac Fathers*, p. 257.

44 마비된 듯한 기분과 예배 건너뛰기: Robert Beulay, *L'enseignement spirituel de Jean de Dalyatha, mystique syro-oriental du VIIIe siècle* (Paris: Beauchesne, 1990), 215 – 39.

45 Isaac of Nineveh, *Discourse* 2.32.5, trans. Brock, p. 143; Behisho', *Memre* 4, pp. 326 – 27 (91a); 또한, Bitton-Ashkelony, *Ladder of Prayer*, 88 – 101 (니네베의 이삭), 174 (달야타의 요한), 197 – 203 (요셉 하자야); Joseph Ḥazzaya, *Letter* 49, trans. Hansbury, in John of Dalyatha, *Letters,* p. 298. 에바그리우스는 순수한 기도에서 마음의 한계에 대해 논의하지 않았다: Brouria Bitton-Ashkelony, "The Limit of the Mind (*nous*): Pure Prayer according to Evagrius Ponticus and Isaac of Nineveh," *Zeitschrift für antikes Christentum* 15, no. 2 (2011): 291 – 321, at 312. 몰입 개념은 심리학자 미하이 칙센트미하이(Mihaly Csikszentmihalyi)가 처음 개발했다: *Beyond Boredom and Anxiety: The Experience of Play in Work and Games* (San Francisco: Jossey-Bass, 1975), with contributions by Isabella Csikszentmihalyi.

46 Cassian, *Collationes* 23.5.7 – 9 (*labere, decidere, lubricis cogitationibus, conruere, abducere*); Isaac of Nineveh, *Discourses* 2.5.4, trans. Brock, p. 7.

47 Mar Shamli, *Letter* 13; Joseph Ḥazzaya, *Letter* 49, in John of Dalyatha, *Letters*; Shem'on d-Ṭaybutheh, *On the Consecration of the Cell* 17 (Isaac of Nineveh, *Discourses* 1.72.495, 또한 Macarius 인용).

48 Isaac of Nineveh, *Discourses* 2.3.2.18 (= *Centuries on Knowledge* 2.18); Büttner, *Gottheit in uns*, 132 – 34, 299 – 300; Beulay, *L'enseignement spirituel,* 423 – 64; Khayyat, introduction to John of Dalyatha, *Les homélies I–XV*, pp. 13 – 23; Bitton-Ashkelony, *The Ladder of Prayer*, 159 – 88.

49 Basil, *Hexaemeron* 8.2. 아우구스티누스: Muehlberger, *Moment of Reckoning*, 65 – 104 ("모의실험"은 68쪽). 머리핀: Asen Kirin and Katherine Marsengill, *Modernism Foretold: The Nadler Collection of Late Antique Art from Egypt* (Athens, GA: Georgia Museum of Art,

2020), 59, 194–95 (catalog no. 52). 고대 후기와 중세 초기의 축소적 사고 경향에 관하여: Kreiner, *Legions of Pigs in the Early Medieval West* (New Haven: Yale University Press, 2020), 44–77.

50 Peter Brown, *The Body and Society: Men, Women, and Sexual Renunciation in Early Christianity* (New York: Columbia University Press, 1988), 235–40; Foucault, *Les aveux de la chair*, 106–45; Joshua Cohen, *Attention: Dispatches from a Land of Distraction* (New York: Random House, 2018), 558.

에필로그

1 "The Parting of Body and Soul," in *Necrosima*, trans. Burgess, p. 29.

2 Livia Kohn, *Monastic Life in Medieval Daoism: A Cross-Cultural Perspective* (Honolulu: University of Hawai'i Press, 2003), 185 (기도와 예배 중의 산만함); Eric M. Greene, *Chan before Chan: Meditation, Repentance, and Visionary Experience in Chinese Buddhism* (Honolulu: Kuroda Institute and University of Hawai'i Press, 2021), 159–60, 174–76 (음주와 성관계); Greene, *The Secrets of Buddhist Meditation: Visionary Meditation Texts from Early Medieval China* (Honolulu: Kuroda Institute and University of Hawai'i Press, 2021), 61–69, 81–86 (육체적·정신적 위험). 출처 확산: Kohn, *Monastic Life in Medieval Daoism*, esp. 203–25; Greene, *Chan before Chan*; Ann Heirman and Mathieu Torck, *A Pure Mind in a Clean Body: Bodily Care in Buddhist Monasteries of Ancient India and China* (Ghent: Academia Press, 2012) (불교 경전/율장律藏).

3 Moschos, *Pratum spirituale* 130, trans. Wortley, p. 108. 현대의 진단: e.g., Johann Hari, *Stolen Focus: Why You Can't Pay Attention—and How to Think Deeply Again* (New York: Crown, 2022); Adam Gazzaley and Larry D. Rosen, *The Distracted Mind: Ancient Brains in a High-Tech World* (Cambridge, MA: MIT Press, 2016); *Out of My Skull: The Psychology of Boredom*, esp. 42–43, 90–100, 148–57; *A World without Email: Reimagining Work in an Age of Communication Overload*.

4 Samuel Rubenson, "The Formation and Re-Formation of the Sayings of the Desert Fathers," *Studia Patristica* 55 (2013): 3–22; Zachary B. Smith, *Philosopher-Monks, Episcopal Authority, and the Care of the Self: The Apophthegmata Patrum in Fifth-Century Palestine* (Turnhout, Belgium: Brepols, 2017); Brouria Bitton-Ashkelony and Aryeh Kofsky, *The Monastic School of Gaza* (Leiden: Brill, 2006), 99–100; Sabina Chialà, "Les mystiques syroorientaux: Une école ou une époque?" in *Les mystiques syriaques*, ed.

Alain Desreumaux (Paris: Geuthner, 2011), 63–78, at 70–72; Gianfrancesco Lusini, "Le monachisme en Éthiopie: Esquisse d'une histoire" and Florence Jullien, "Types et topiques de l'Égypte: Réinterpréter les modèles aux VIe–VIIe siècles," both in *Monachismes d'Orient: Images, échanges, influences. Hommage à Antoine Guillaumont*, ed. Jullien and Marie-Joseph Pierre (Turnhout, Belgium: Brepols, 2011), 133–47, 151–63; Samuel Rubenson, *The Letters of St. Antony: Monasticism and the Making of a Saint* (Minneapolis: Fortress Press, 1995), 14–34; J. Leclerq, "L'ancienne version latine des Sentences d'Évagre pour les moines," *Scriptorium* 5 (1951): 195–213; SimsWilliams, *An Ascetic Miscellany*.

5 Anastasios, *Eratopokriseis* 24. 자세한 내용은 John Haldon, "The Works of Anastasius of Sinai: A Key Source for the History of Seventh-Century East Mediterranean Society and Belief," in *The Byzantine and Early Islamic Near East,* vol. 1, *Problems in the Literary Source Material*, ed. Averil Cameron and Lawrence I. Conrad (Princeton: Darwin Press, 1992), 107–47, at 131–32. 랍비: Michal Bar-Asher Siegal, *Early Christian Monastic Literature and the Babylonian Talmud* (Cambridge: Cambridge University Press, 2013), 77–86.

6 토포스/트로포스: 코지바의 게오르기우스가 코지바의 안토니우스에게 했던 이야기: *Bios Georgiou* 8.33.

7 Abu Nu'aym, *Ḥilyat al-awliya* 10:136–47, trans. Suleiman A. Mourad, "Christian Monks in Islamic Literature: A Preliminary Report on Some Arabic Apophthegmata Patrum," *Bulletin of the Royal Institute for InterFaith Studies* 6 (2004): 81–98, at p. 92. 움직이는 마음: Cassian, *Collationes* 1.18; John Climacus, *Klimax* 4; Isaac of Nineveh, *Discourses* 2.15; Beh Isho', *Memre* 6. 자그마한 성과: e.g., *AP/GN*, N. 211; Isaac of Nineveh, *Discourses* 2.1.

옮긴이 박미경

고려대학교 영문과를 졸업하고 건국대학교 교육대학원에서 교육학 석사 학위를 취득했다. 외국 항공사 승무원, 법률회사 비서, 영어 강사 등을 거쳐 현재 바른번역에서 전문 출판 번역가이자 글밥아카데미 강사로 활동하고 있다. 옮긴 책으로 《에블린 휴고의 일곱 남편》《템플 그랜딘의 비주얼 씽킹》《내가 틀릴 수도 있습니다》《우리는 지금 문학이 필요하다》《인생의 마지막 순간에서》《아서 씨는 진짜 사랑입니다》《살인 기술자》《포가튼 걸》《언틸 유아마인》《프랑스 여자는 늙지 않는다》《오만과 편견》《이어 제로》《슈퍼히어로의 에로틱 라이프》《남편이 임신했어요》《내가 행복해지는 거절의 힘》 등이 있다.

집중력 설계자들

몰입의 고수들이 전하는 방해받지 않는 마음, 흔들리지 않는 태도

초판 1쇄 인쇄 2023년 8월 18일
초판 1쇄 발행 2023년 8월 30일

지은이 제이미 크라이너
옮긴이 박미경
펴낸이 이승현

출판2 본부장 박태근
지적인 독자 팀장 송두나
편집 김광연
디자인 함지현

펴낸곳 ㈜위즈덤하우스 **출판등록** 2000년 5월 23일 제13-1071호
주소 서울특별시 마포구 양화로 19 합정오피스빌딩 17층
전화 02) 2179-5600 **홈페이지** www.wisdomhouse.co.kr

ISBN 979-11-6812-644-2 03180